本书获长春师范大学学术著作出版基金资助

教育部人文社会科学研究青年基金项目"域外汉籍燕行文献与清代满族印记的整理与研究"（17YJCZH226）结项成果

吉林省社科基金项目"东亚视阈下清代满族女性域外镜像研究"研究成果

吉林省教育厅人文社科研究项目"朝鲜时代《燕行录》与清代满族女性形象的构建"（JJKH20220809SK）研究成果

《燕行录》与清代满族印记研究

姚晓娟 ◎ 著

中国社会科学出版社

图书在版编目(CIP)数据

《燕行录》与清代满族印记研究／姚晓娟著. —北京：中国社会科学出版社，2022.7

ISBN 978-7-5227-0345-9

Ⅰ.①燕⋯　Ⅱ.①姚⋯　Ⅲ.①文化史—史料—中国—清代　Ⅳ.①K249.03

中国版本图书馆 CIP 数据核字（2022）第 099460 号

出 版 人	赵剑英
责任编辑	慈明亮
责任校对	赵雪姣
责任印制	戴　宽

出　　版	中国社会科学出版社
社　　址	北京鼓楼西大街甲 158 号
邮　　编	100720
网　　址	http://www.csspw.cn
发 行 部	010-84083685
门 市 部	010-84029450
经　　销	新华书店及其他书店

印　　刷	北京君升印刷有限公司
装　　订	廊坊市广阳区广增装订厂
版　　次	2022 年 7 月第 1 版
印　　次	2022 年 7 月第 1 次印刷

开　　本	710×1000　1/16
印　　张	12.75
插　　页	2
字　　数	201 千字
定　　价	68.00 元

凡购买中国社会科学出版社图书，如有质量问题请与本社营销中心联系调换
电话：010-84083683
版权所有　侵权必究

目 录

第一章　绪论 ………………………………………………………（1）
 第一节　明清时期中国与朝鲜半岛的宗藩关系 ………………（2）
 第二节　域外汉籍燕行文献研究概况 …………………………（6）
 第三节　朝鲜时代燕行文献与满族文化研究的重要价值 ……（10）

第二章　清代满族生活的域外透视 ………………………………（16）
 第一节　燕行使眼中的满族服饰 ………………………………（18）
 第二节　燕行使舌尖上的满族味道 ……………………………（37）
 第三节　燕行使体验的满族民居 ………………………………（45）
 第四节　燕行使观察的满人出行 ………………………………（54）

第三章　游走于想象与亲历之间的满族民风 ……………………（62）
 第一节　直率质朴，淳实善良的品格 …………………………（62）
 第二节　勤于力役，耻于游食的特性 …………………………（70）
 第三节　慷慨热情，知礼守节的风貌 …………………………（85）
 第四节　精于骑射，崇武少文的传统 …………………………（91）

第四章　燕行使笔下的清代满语之盛衰 …………………………（109）
 第一节　通事的设置与朝鲜使节的言语交际 …………………（109）
 第二节　燕行文献所见清代满语的地位 ………………………（121）
 第三节　燕行文献所见清代满语的融合及衰落 ………………（126）
 第四节　满语和汉语融合的历史见证——满语音译词 ………（131）

第五节　东西方使行文献对清代满语的认知差异 …………（136）

第五章　民族融合背景下满族礼俗变迁的域外见证 …………（142）
　　第一节　异域之眼看清代朝堂礼制的历史变迁 ……………（142）
　　第二节　"满汉混俗，杂用其制"的社会呈现………………（150）

第六章　清代满族女子的域外镜像 ……………………………（156）
　　第一节　民族特性与满族女子日常生活的域外剪影 ………（157）
　　第二节　"贵女"习俗与满汉女子社会地位的域外考察 ……（167）
　　第三节　民族融合与满女生活历史变迁的域外印记 ………（174）
　　第四节　燕行使多重身份与满族女子域外镜像的建构 ……（179）

结　语 …………………………………………………………（183）

参考文献 ………………………………………………………（187）

后　记 …………………………………………………………（200）

第一章

绪　论

　　满族，原称满洲族，是一个历史悠久的民族，其族源可追溯到七千年前的肃慎人，此后挹娄、勿吉、靺鞨、渤海、女真均是对这一民族的称呼。1636年皇太极在盛京继位，改国号"大清"，并将"满洲"作为正式的民族称谓确定下来。满族入主中原建立了中国封建社会的最后一个王朝，但由于满族人口相对于汉族人口较少，在长期的接触和影响下，满族逐渐被汉化，融入了汉族文化体系中，最终成为中华民族文化的重要组成部分。目前学术界关于满族文化的研究已取得了丰硕的成果，"尤其是近20年来中国的满族文化研究取得了长足的发展，研究成果丰硕，从而使满学研究日趋兴盛，并使中国成为世界满学的研究中心"[①]。张佳生《满族文化研究百年》将满族文化研究分为四个阶段，分别阐述了每个阶段的研究成果、特点及贡献，全面总结了百年来满族文化研究的基本历程与发展轨迹，为今后的满族文化研究奠定了基础。根据近百年来的满学研究，学术界主要依靠本土文献，包括历史典籍及满文档案，而对于域外文献则关注较少。近年来，学术界在研究材料的挖掘上越来越重视域外文献，通过外国人观察中国的视角重新审视我们"熟悉"的中国，已成为目前学术界研究的一个重要方向和趋势。由于近代以来西方列强对中国形成的重大冲击和挑战，很长一段时间里，我们更重视中西文化之间的对话，更重视欧洲人对中国的认知与观感。实际上，我们更应该关注我们周边的"邻居"，以亚洲的视角重新评估各类域外文献的价值，正如张伯伟所言："就异域之眼对中国的观察而言，

[①] 张佳生：《满族文化研究百年》（上），《满语研究》2003年第1期。

其时间最久、方面最广、透视最细、价值最高的，首先应该算是我们的邻国，也就是在中国的周边所形成的这样一个汉文化圈地区。"① 朝鲜燕行文献便是其中一种，值得我们关注和研究。

第一节　明清时期中国与朝鲜半岛的宗藩关系

朝鲜半岛作为古代东亚"朝贡体系"的重要组成部分，自古以来与中国保持着密切的联系，从唐代开始建立了较为稳定的宗藩关系。1368年，朱元璋推翻元朝统治，建立了大明王朝。立国之初，朱元璋就确定了宗藩关系的基本原则。《皇明祖训》"首章"载："四方诸夷，皆限山隔海，僻在一隅，得其地不足以供给，得其民不足以使令。若其自不揣量，来扰我边，则彼为不祥。彼既不为中国患，而我兴兵轻伐，亦不祥也。吾恐后世子孙，倚中国富强，贪一时战功，无故兴兵，致伤人命，切记不可。"此后开列不征诸夷国名，朝鲜位列第一。洪武二十五年（1392），李成桂废高丽幼主，自立为王，建立李氏政权。为了获得宗主国对其政权合法性的认可，李成桂遣使大明王朝，请求赐国号，朱元璋以"东夷之号，惟朝鲜之称美，且其来远，可以本其名而祖之"，赐国号为"朝鲜"。从此李氏朝鲜便对明朝奉行"事大"原则，建立了更为稳定的宗藩关系。

1636年为了解除朝鲜对大清后方的威胁，皇太极率军征讨朝鲜，迫使朝鲜放弃了与明朝的宗藩关系，并于崇德二年（1637）与朝鲜签订了"丁丑约条"，规定：

> 去明国之年号，绝明国之交往，献纳明国所与之诰命、册印，躬来朝谒。尔以长子并再令一子为质，诸大臣有子者以子，无子者以弟为质。尔有不讳，则朕立尔质子嗣位。从此一应文移，奉大清国之正朔。其万寿节及中宫千秋、皇子千秋、冬至、元旦及庆吊等事，俱行贡献之礼，并遣大臣及内官奉表，其所进往来之表及朕降诏敕，或有事遣使传谕，尔与使臣相见之礼及尔陪臣谒见并迎送、

---

① 复旦大学古籍整理研究所、章培恒先生学术基金编：《域外文献里的中国》，上海文艺出版社2014年版，第7—8页。

馈使之礼,毋违明国旧例。①

从此,朝鲜向大清国称臣纳贡,建立了新的宗藩关系。丙子之痛的历史记忆相去未远,屈辱的城下之盟翕然而至,宗藩关系建立之初,双方都保持着警戒及不信任的态度,在朝鲜王朝看来,女真族始终是连年寇掠,其罪盈贯的蕞尔凶丑,对其政权能否在以儒家文化为核心的汉文化体系洪流中屹立不倒深表怀疑,而大清亦是对朝鲜充满了猜忌和不信任,尤其是三藩叛乱以来,朝鲜王朝内部"北伐"的呼声越来越高,康熙帝为了稳固后方,对朝鲜采取怀柔政策,随着三藩叛乱的平定以及台湾的收复,朝鲜对"反清复明"的期望情绪日渐低落,燕行途中,当朝鲜使臣怀着热切心情积极打听吴三桂时,从对方讳莫如深的态度和谨慎小心的应付之语,燕行使似乎已经读懂了"反清复明"几乎失去了可能。在东南局势业已稳定的情势下,为改善双方的关系,康熙帝对待朝鲜施德化与怀柔并举之策,经济上的厚待,政治上的恩许加快了双方冰释前嫌的脚步,尤其是乾隆皇帝,格外厚待朝鲜,礼待之意更非他国可比,朝鲜使臣蔡济恭曾言:"皇帝之于我国,其所优待者,迥出寻常。想其六十年治平,秦汉以来所未有,必有所以然而致之也。"② 不仅如此,赏赐颇丰,厚往薄来之举超过其祖父时许亦。在朝鲜燕行文献中,乾隆皇帝恩赐朝鲜使臣之记载不胜枚举,乾隆四十八年(1783)二月,时为冬至谢恩使身份的朝鲜使臣郑存谦记载:"皇帝赐臣以御桌玉杯之酒,仍问曰:'使臣能诗乎?'礼部尚书传语通官,通官传语于臣,故臣对曰:'文词卤莽,未能工诗矣。'皇帝顾礼部尚书多有酬酢,臣虽未谛解,而皇帝之和颜喜色,溢于观瞻。"③ 是年八月乾隆皇帝赴盛京,拜谒祖陵,朝鲜方面派出了以李福源为首的问安使团,《农隐入沈记》记载:

皇帝以鞭指使臣曰:"国王平安乎?"伯父对曰:"平安矣。"皇帝曰:"你国年事如何?"对曰:"幸免歉荒矣。"皇帝指伯父而

---

① 《情实录》第 2 册,中华书局 1985 年版,第 430 页。
② 吴晗编:《朝鲜李朝实录中的中国史料》,中华书局 1980 年版,第 4896 页。
③ 吴晗编:《朝鲜李朝实录中的中国史料》,中华书局 1980 年版,第 4715—4716 页。

问曰:"彼何品官?"通译徐继文对曰:"伊国阁老"皇帝曰:"你们远来久待,今番当比前加赏矣。"礼部官令使臣叩头谢恩,行一叩头礼。皇帝曰:"朝鲜人当有能满洲语者矣。"礼部官以玄译对。皇帝曰:"使臣何姓?"玄译曰:"姓李矣。"皇帝曰:"国姓乎?"对曰:"不然矣。"皇帝曰:"然则民官乎?"对曰:"然矣。"皇帝曰:"四十三年入来之使臣亦是姓李,此亦民官乎?"对曰:"然矣。"皇帝曰:"你等今番辛苦矣。"仍为进马,自初酬酢之际,言笑款款,显有和悦之容。盖皇帝戊戌幸沈时,笠洞李判府澱为上价,玄启百亦为随行与皇帝打话,故今问"朝鲜人当有满语者"及"四十三年使臣亦姓李者",皆记戊戌时事也。七十老人能思六年之事于万机烦扰之外,精力之过人亦可知也。①

乾隆皇帝勉慰数语令使团成员如沐春风,话语之间无不透露出大国君主对番邦使臣的体恤关切之情,且能将与朝鲜使臣数年前的交流情状娓娓道来,厚待之情不言而喻,这令使朝鲜使臣倍感振奋。此外,乾隆皇帝的宽恩厚德之举还体现在对使团成员的丰厚赏赐上,盛京接驾的朝鲜使臣共得到皇帝两次赏赐,尤其是作为回赠礼赐予朝鲜国王的"御制七律一章,《德符心矩》一帖,玉如意一副"②,被朝鲜使臣称为绝品,更视玉如意为异渥,受之顿感无限荣光。另有"缎弓一矢、九弓壶箭袋各一、龙栏缎四匹、红壮缎四匹、纺纱䌷五匹、鞍具马一匹、貂皮一百领"③。均是种类丰富、品质绝佳的宫中上品。接驾的随行使团官员也得到了丰厚的赏赐,"上、副使各缎十匹、银一百两、马一匹、书状官缎六匹、银八十两、通官各缎六匹、银六十两、押物官各缎二匹、银四十两,从人分等以十两、四两为差,达于驿奴、刷驱,通计银为二千六百六十二两。"④ 两日后,使臣正官又得到了格外赏赐,"上、副使各纸十张、笔十枝、墨十笏、砚一面、而纸有黄、白、缥、绯四色,即写御

---

① 李田秀:《农隐入沈记》,[韩]林基中编《燕行录全集》第30卷,首尔:东国大学校出版部2001年版,第255—256页。本书所引《燕行录全集》均出自此版本,以下只标《燕行录全集》卷数及页码。文献作者身份参见本章第二节。
② 李田秀:《农隐入沈记》,《燕行录全集》第30卷,第307页。
③ 李田秀:《农隐入沈记》,《燕行录全集》第30卷,第311—312页。
④ 李田秀:《农隐入沈记》,《燕行录全集》第30卷,第312页。

诗之品。笔芦管牙饰,刻'景星庆云'四字。墨如中品,紫玉光,而两面皆画蝙蝠,似取百福之义也。砚方四五寸,环刻小龙矣。书状以下从人,又分等赐银、缎。"① 赏赐之丰厚令朝鲜使臣大发感慨:"前日之赐已倍常例,而此则又是格外云!"此举足见乾隆皇帝泽被四表的慷慨气度,另一方面也让朝鲜使者遥想清朝"国力之殷富亦可知也"。

繁华而悠长的康乾盛世日渐化解了冰冻已久的中朝关系,康熙、雍正、乾隆三位皇帝一改努尔哈赤、皇太极对朝鲜的强硬态度,以政治怀柔取代武力威慑,以行宽之政取代苛刻之名,促进了宗藩关系的良性发展,朝鲜朝对清廷的负面情绪逐渐淡化。除此之外,朝鲜王朝"北学"思想的兴起也促使双方关系的进一步改善,"北学"中国是以朴趾源、洪大容为代表的朝鲜有识之士目睹乾隆盛世而兴起的实学思潮,皇帝的恩威之举,经济的富庶,政治的稳定,百姓生活的安宁,无不昭示着这个帝国的强大,朝鲜使臣也逐渐改变了固有的敌视态度,而是以客观的立场关注着这些变化,并提出了主动学习的诉求,北学派试图建立一种"华夷一也,皆为人类,相互学习,无可非议"的新世界观,朴趾源夸赞清王朝说:"今其天下所以百年无事者,岂为德教政术远过前代哉!"② 在此基础上,提出"苟使法良而制美,则固将进夷狄而师之"的主张,北学思潮极大地推动了中朝文化的互动与交流,是巩固良好宗藩关系的催化剂。中朝关系的良好局面是伴随着清廷的强大、城市的繁华、经济的富庶,文化的进步而产生的,是清王朝行包容优厚之举,朝鲜王朝以感慨接纳之姿共同促成的,这种良好的宗藩关系直至鸦片战争中西冲突而受到严重影响,面对西方列强的重压,天朝上国的迷梦被打破,清王朝自顾不暇,疲于应付,更无力保护属国,朝鲜与清廷渐行渐远,离心离德,随着西方列强及日本对朝鲜、越南、琉球等属国的染指,原有的宗藩体系面临前所未有的挑战,日占琉球、虎视朝鲜,朝贡属国危机重重,而甲午海战中国失利,其后中日《马关条约》载明了朝鲜国的独立自主,至此中朝之间的宗藩关系彻底画上了句号。

---

① 李田秀:《农隐入沈记》,《燕行录全集》第30卷,第318页。
② 朴趾源:《热河日记》,《燕行录全集》第53卷,第353页。

第二节　域外汉籍燕行文献研究概况

明清时期，高丽及其后的朝鲜作为中国的藩属国，每年都会定期派使者来华朝见。外交使节种类繁多，如冬至使、圣节使、谢恩使、进香使、陈慰使、进贺使、问安使，等等，少则一年两次，多则一年六次，由于往来频繁，使节常于途中相遇。这些朝鲜使节及随行人员来到"神秘"的中国，将他们的观感以日记、杂录、诗词歌赋等各种形式记录下来，逐渐形成内容丰富、数量庞杂的燕行文献，或称《朝天录》，或称《燕行录》，是古代中朝文化交流史上的重要文献，同时也是域外文献反观当时中国社会的巨大宝藏。据统计这类文献大概有五百多种，涉及当时中国社会的政治、经济、教育、历史、民俗、宗教、语言、文学、建筑等各个领域，成为中国七百年来重要的历史见证，其中不乏一些鲜为人知的珍稀史料，成为中韩关系史、清史、满族史研究的巨大宝藏，甚至可以弥补本土文献的缺乏，具有重要的历史文献价值。更为重要的是中国作为当时汉文化圈的中心，对周边的成员国产生了巨大辐射作用，朝鲜王朝作为其中一员，由于存在共同的文化基础，对中国社会的每一步变化都作出了积极的回应。因此，朝鲜朝燕行文献中对当时中国社会的观感，更值得我们关注和考察。

作为异域视角观察中国的宝贵材料，燕行文献逐渐引起了学术界的关注，学者们从各自研究领域挖掘其重要价值，近年来取得了可喜的研究成果，大致可以概括总结如下。

第一，从宏观上推介燕行文献材料，希望引起学术界的广泛关注，如陈尚胜《明清时代的朝鲜使节与中国记闻——兼论〈朝天录〉和〈燕行录〉的资料价值》、左江《值得关注的燕行录文献》、孙卫国《〈朝天录〉与〈燕行录〉——朝鲜使臣的中国使行记录》、王政尧《〈燕行录〉初探》《〈燕行录〉：17—19世纪中朝关系史的重要文献》、金柄珉《对中国〈燕行录〉研究的历时性考察》、漆永祥《关于〈燕行录〉界定及收录范围之我见》等；也有对一部燕行文献进行研究的，如黄健《朝鲜士人金尚宪燕行考略》、黄雅诗硕士学位论文《闵镇远〈燕行录〉研究》、张丽娜博士学位论文《〈热河日记〉研究》、杨小红硕士学位论文《金堉〈朝京日录〉整理塈研究》、刘秩伦硕士学位论文《朝鲜文献〈燕槎录〉研究》、颜宁宁硕士学位论文《金景善的〈燕辕直指〉研究》等。

第二，从政治视角，特别是宗藩体制、朝贡关系来认识明清时期的中朝关系，如王元周《小中华意识的嬗变——近代中韩关系的思想史研究》（民族出版社2013年版）在"对清认识与宗藩体制的变化""从人臣无外交到人臣做外交""宗藩体制的礼仪体验与认识"三章中主要以《燕行录》为资料进行探讨。此外，相关研究成果还有王元周系列论文《朝贡制度转变的契机——基于1873—1876年间〈燕行录〉的考察》《朝鲜开港前中朝宗藩体制的变化——以〈燕行录〉为中心的考察》《清韩宗藩体制的礼仪体验与认识——以三跪九叩头礼为中心》，黄雅诗《朝贡与恩赐——从康熙朝燕行录看朝贡制度的真相》等；"华夷"之辨的讨论也可纳入中朝关系研究，如王国彪《朝鲜"燕行录"中的"华夷"之辨》、宋玉波《"诸夏不如夷狄"——从〈燕行录〉看李氏朝鲜的"华夷情结"》、宋玉波与彭卫民《朝鲜燕行使节中华认同观的递嬗》、谷小溪《由〈燕行录〉看清初期朝鲜士人的华夷观——以李宜显〈燕行杂识〉为中心》等。

第三，立足历史与文化研究的视角，关注燕行文献的史料价值，这方面取得的研究成果较多，如邱瑞中《燕行录研究》（广西师范大学出版社2010年版）充分肯定了《燕行录》对中国七百年来历史研究的重要史料价值："燕行录以日记的形式记录历史，在东西方文化中它几乎是独一无二的，完全可以称为'日记体史料'，文学家、史学家都应该研究它。"[①] 该书主要利用《燕行录》探讨明末清初发生的"燕辽旧事"，可以作为明清史研究的重要原始资料，在某些方面甚至比《明实录》《清实录》的记载更为详尽。刘喜涛《"他者"文献与"自我"镜像互证视角下的域外史料价值——以〈燕行录〉的出版与研究为中心》、周俊旗《韩国版〈燕行录全集〉对中国史研究的史料价值》也着重强调其史料价值。在史料运用方面，有的将其作为东北史研究的材料，如王广义《〈燕行录〉记录的朝鲜使者在清代中国东北见闻》、王

[①] 邱瑞中：《燕行录研究》，广西师范大学出版社2010年版，第4页。

广义与许娜《朝鲜〈燕行录〉文献与中国东北史研究》、刘铮《朝鲜使臣所见18世纪清代东北社会状况——以〈燕行录〉为中心》及其博士学位论文《朝鲜使臣所见清代盛京社会——以〈燕行录〉为中心》；有的将其作为戏曲研究的史料，如葛兆光《"不意于胡京复见汉威仪"——清代道光年间朝鲜使者对北京演戏的观察和想象》、王政尧系列论文《朝鲜〈燕行录〉著者爱戏辨析》《略论〈燕行录〉与清代戏剧文化》《从徽班进京到京剧形成——以朝鲜燕行使著录为中心》、安祥馥《〈燕行录〉中有关杂技的记载》、赵永恒《论"燕行录"所记载的清代北京民间戏曲活动》、程芸《〈燕行录〉戏曲史料的学术价值初探》；有的将其作为医学研究的史料，如李春梅《"燕行录"之〈昭显沈阳日记〉医学资料分析》及硕士学位论文《〈燕行录全集〉中的医学史料研究》等；或者作为明清时期中国某一类现象研究的史料，如曹娟《〈朝天录〉中的明代北京藏传佛教研究》、王国彪《朝鲜使臣诗歌中的北京东岳庙》、杨盼盼硕士学位论文《朝鲜使臣眼中的道光朝——以〈燕行录〉为中心》、黄时鉴《朝鲜燕行录所记的北京天主堂》、王元周《燕行使与沈阳朝鲜馆的历史记忆》《〈燕行录〉中的西山园林——"胡运百年"的双重象征》、朴现圭《朝鲜使臣与北京琉璃厂》、杨雨蕾《朝鲜燕行录所记的北京琉璃厂》、黄美子与禹尚烈《朝鲜燕行使与中国琉璃厂》、黄普基《〈燕行录〉资料反映的16—19世纪东北南部地区冬半年气温变化》、金哲《朝鲜朝文人对"夷齐"的接受与认知——以"燕行录"中伯夷叔齐记录为中心》、张军山硕士学位论文《朝鲜汉籍文献研究——以1637—1664年间的燕行录为中心》、兰淑坤《朝鲜使臣视角下的清代茶文化》、赵兴元系列论文《康乾时期朝鲜燕行使眼中的中国北方教育与科举》《康乾时期燕行使眼中的满族习俗》《康乾时期燕行使眼中的中国北方建筑》《康乾时期燕行使眼中的中国北方市肆》《康乾时期燕行使眼中中国北方民众的宗教信仰》《姓氏、语言、相貌、性情、禁忌、教育——康乾时期燕行使眼中关于满族的几个问题》、赵现海《异域看长城——明清时期朝鲜燕行使的长城观念》、刘畅《近世东亚士人的园林艺术审美观——以清代朝鲜燕行使臣对中国皇家园林的风景审美为中心》、胡婷《域外视觉：康乾时期朝鲜燕行使眼中的大明衣冠》、张晓明《朝鲜使臣视角下的明代辽东民俗——以〈燕行录〉记载为中心》、钱蓉与郝晓琳《从〈燕行录〉看康乾时期中国民俗文化》,等等。

第四,从比较文学,特别是形象学的视角进行研究,也是目前燕行文献研究成果中较多的方面,如徐东日《朝鲜朝使臣眼中的中国形象——以〈燕行录〉〈朝天录〉为中心》《朝鲜朝燕行使臣眼中的中国汉族士人形象——以朝鲜北学派人士的〈燕行录〉为中心的考察》《朝鲜朝燕行使节眼中的乾隆皇帝形象》、金明实《朝鲜使节通过发式建构的满人形象及成因——以〈燕行录〉为中心》《朝鲜使节通过服饰建构的汉族男子形象——以18世纪上半叶〈燕行录〉为中心》《朝鲜使节通过服饰建构的汉族女子形象——以〈燕行录〉为中心》、漆永祥《论朝鲜燕行使笔下的清朝皇帝形象》、李根硕博士学位论文《朝鲜的中国想象与体验(从17世纪到19世纪)——以燕行录为中心》、黄彪硕士学位论文《情感与书写:明清时期朝鲜燕行使笔下的女性形象——以〈燕行录全集〉为中心》、杨光硕士学位论文《〈老稼斋燕行日记〉满族形象与满族文化研究》、曹圭益《〈燕行录〉中的千山、医巫闾山和首阳山形象》、李强硕士学位论文《域外汉籍"朝天录"中的中国明代辽东形象研究》、朴青梅《〈燕行录〉中的中国知识分子形象研究》、师存勋《试论"燕行录"中藏传佛教消极形象产生的原因》《试论"燕行录"中蒙古人消极形象之成因》、王硕《从〈燕行录〉看清前期的满与汉》、韩龙浩博士学位论文《19世纪〈燕行录〉中的中国形象研究——以三种〈燕行录〉为中心》、曹爱侠《朝鲜人眼中的蒙古社会——以〈燕行录全集〉为中心的考察》等;其他有关文学的研究成果,如朴先奎《浅析高丽、朝鲜使臣关于明代登州的文学作品》、朱婕《朝鲜文人李承辅燕行诗研究》、韩国学者金敏镐《朝鲜时代〈燕行录〉所见中国古典小说初探》、陈进国《〈燕行录〉咏北京东岳庙诗抄》、葛丽艳《〈燕行录〉中明代朝鲜使臣诗歌用汉典研究》、王宝明博士学位论文《乾嘉时期朝鲜文人使华汉诗本事系年》、朴香兰《燕行录所载笔谈的文学形式研究——以洪大容与朴趾源为中心》、赫晓琳《燕行使关于康乾时期中国东北商业之印象》等。

第五,立足文化文学交流的视角,关注燕行使与中、日、安南、琉球、俄罗斯及西方传教士之间的交流与沟通,如陈明《"吸毒石"与

"清心丸"——燕行使与传教士的药物交流》、吴政纬《从汉城到燕京——朝鲜使者眼中的东亚世界（1592—1780）》、李香硕士学位论文《朝鲜赴京使臣的西洋认知（17—19世纪）——以〈燕行录全集〉为中心》、王锦民《柳得恭与清朝士人的交游》、黄普基《"友情"与"文战"——日韩学者在〈燕行录〉通信使笔谈研究中的争论焦点》、夫马进《朝鲜燕行使与朝鲜通信使》、车欣硕士学位论文《〈燕行录〉中清鲜笔谈研究——以清朝为视角》、赵阳硕士学位论文《域外汉籍〈入沈记〉交游诗研究》、刘静《从〈燕行录〉看18世纪中国北方市集——兼论中朝文化交流与文化差异》、潘晓伟《古代朝鲜人眼中的俄罗斯人——以〈燕行录〉为考察中心》、付优与黄霖《混响的声音：朝鲜朝燕行使与安南、琉球使者的文学交流——以李睟光〈安南使臣唱和问答录〉和〈琉球使臣赠答录〉为中心》等。

　　近年来，围绕域外文献开展的研究选题逐渐增加，专著、论文也层出不穷，但以异域为视角，全面梳理清代满族印记的问题仍有很大的学术探讨空间，特别是在此基础上对清代满汉民族融合历程在东亚汉文化圈的折射与印记鲜有研究，非常需要系统的梳理。事实上以东国朝鲜所保存的汉籍燕行文献中为"异域之眼"揭示并复原清代满族文化印记，呈现满汉民族融合的整体历程，重新审视和观照东亚不同文化间的交流与互动，正是域外汉籍学术价值的重要体现。本书主要以朝鲜燕行文献为材料，勾勒其中关于清代满族印记的描述，包括民俗、民风、人物、语言、礼制等各个方面，为满族文化的研究提供了一个新的视角，力图重现清代满族文化曾经的历史"记忆"。

第三节　朝鲜时代燕行文献与满族文化研究的重要价值

　　回顾学界百年来的满学研究，主要依靠本土文献，包括历史典籍及满文档案，而对于域外文献则关注较少。而事实上，民族学的研究不仅仅只单纯依靠本土文献，民族繁衍生息、交融与嬗变的特性更需要在历史前进的洪流中寻求多方的考察与旁证，朝贡体系的建立与延续，东亚秩序的变动与更迭给满族提供了更多接触异族文化的机会，也引起了朝鲜、越南等国对满族族群的格外关注,燕行使的日记不忌堆砌,不避重复的记载着满族群体的衣食住行,民俗风貌,以及带给他们的冲击与感受,这里既有客观的记录也有主观的认知,既有理性的考察亦有感性的评断,因此,这批数量巨大,内容繁杂的燕行文献不仅清晰地勾勒了清代满族的历史印迹,更揭示了清代满族与东亚各国文化的互动与交融,为以域外为视角,考察满族文化符号"他者"形象的构建,提供了一个更加广阔的研究视角。

满族入主中原,承继了朱明王朝的朝贡体系,重建东亚国际秩序,成为东亚文化圈的中心,对周边的成员国产生了巨大辐射作用,朝鲜王朝作为其中一员,由于存在共同的文化基础,对中国社会的每一步变化都作出了积极的回应。明清易代,革故鼎新,面对神州陆沉的惨痛现实,饱受程朱理学"华夷观"和"事大至诚"意识影响的朝鲜王朝对异族建立的政权充满了无奈甚至敌意。对满族这样一个在风云变幻之际与金戈铁马中脱颖而出的"胜利者"充满了好奇与不甘。因此,入清燕行使以十分挑剔的眼光审视着满族群体在衣、食、住、行等社会生活的方方面面,并将其诉诸笔端,缜密又翔实、琐碎且不乏精细,以十分生动而细腻的笔触描述了清代满族群像的鲜活面貌,展示了朝鲜对满族从关注、抵触、鄙视到被动接受,甚至主动学习的嬗变过程,这也体现了东亚诸国在文化交流互动中的心态。因此,清代满族文化的历史印记就犹如零珠碎玉一般镶嵌在浩瀚而庞杂的燕行文献中,梳理其中、排沙简金,往往见宝,因此《燕行录》完全可以看作是一部清代满族文化印记的域外观察史。

朝贡体系的更迭对东亚文化圈影响巨大,与满族突如其来的"相遇"也放大了诸国使节的瞳孔,引起了朝贡诸国的关注,朝鲜、越南、日本、琉球留存的汉文文献中存在大量关于满族人形象的描述,上至满族皇帝,下至普通旗人平民。尤其是对皇帝的描述基本上就如同肖像般细致,这在忌讳颇深的汉人记载中是很难做到的。异国使臣在不自觉的观察满族民风民俗的同时,对比和观照本国的习俗,从饮食到服饰,从民风民俗到社会关系,从居住环境到城市建筑,甚至从生产工具的材质到劳动方式的不同都进行了细致的比对与观察。不仅如此,异国使臣还注意到了满族文化与汉文化之间的碰撞与融合,并站在不同的立场上对其点评。这种以周边邻国为参照的文化反思无疑更能唤回满族文化的历史记忆，进而丰富满族文化的研究内容，拓宽研究路径。

满族文化符号是民族的象征，体现了民族文化的核心，在当今汉族文化体系中，满族文化符号已成为亟待拯救的文化遗产。域外汉籍燕行文献中保存了大量关于满族文化符号的记忆，体现了东亚朝贡诸国对满族族群特征的认知和观感。如朝贡使节笔下的满族语言文字——满语满文，书写了满语满文在有清一代兴衰发展的历程，特别是满语已成为我国濒危语言之一，亟待抢救和保存；如朝贡使节笔下的满族服饰文化，诸如"马蹄袖"，民族特色鲜明；又如朝贡使节笔下的满族饮食文化，更是体现了一个民族的特色；再如朝贡使节笔下的满族民居民俗文化，大多没有流传下来，使行文献中保留和记载显得弥足珍贵，为我们了解满族民俗文化提供重要的参考价值。

海外珍藏使行文献作为"异域之眼"反观中国社会的宝贵汉籍文献，前人关注还不够，应充分挖掘域外文献在满族文化研究中的重要价值，特别是将满族文化的考察置于整个东亚文化圈的大背景下，考察满族族群在异域"他者"形象的构建，呈现出一条完整而清晰的满汉融合历史之路，将会成为一个非常有意义、有价值的研究视角。朝鲜汉文燕行文献作为其中一种，材料十分丰富，且时间跨度大，成为中国七百年来重要的历史见证，透过这批庞大而驳杂的燕行文献，以异域之窗观察历史满族与文化满族，不仅从观念上可以拓宽满族文化研究的新领域，在文献上展现满族文化研究的新视野，更可以在方法上构建满族文化研究的新理念，从而重新认知和观照东亚世界中的满族文化，评估和界定满族研究在中国乃至世界民族研究中的重要意义。

满族是一个历史悠久的民族，随着时代的变迁，满族在保留一定民族特性的条件下，积极吸取中华各族文化，特别是汉文化中的先进部分，从而创造了不断丰富、发展的满族新文化。近年来国家各级政府认真贯彻执行党的民族政策，高度重视民族文化工作，切实加大投入，不断加强民族文化基础设施建设，满族文化呈现出繁荣发展的良好态势。以海外珍藏使行文献反观满族及满族文化在异域"他者"形象的构建，可以更清楚地感受满族文化发展的民族性、时代性及多元化的特征。这不仅可以丰富满族文化内涵，厘清满族文化发展的脉络，也为我国今后更好地利用民族文化资源开发和拓宽文化建设的路径提供更有力的支持与保障。

由于满族是以异族入主中原，朝鲜王朝受到程朱理学"华夷观"和"事大至诚"意识的影响，对满族人建立的新王朝在民族心理上是无法接受的，甚至是排斥的。在燕行文献中燕行使对于所谓的"蛮夷"——满族人这一社会群体是高度关注的，对满族文化的描述也较多，且通过对比更好地体现朝鲜王朝的"小中华"意识。因此，通过燕行文献，我们可以了解作为汉字文化圈的朝鲜王朝，对于清代满族文化的认知与观感，重现百年来清代满族的生活场景，是展现清代满族文化印记的宝贵旁证。燕行文献中关于满族族群、满族文化的描述范围非常广泛，包括服饰、饮食、民居、出行、语言、器用等各方面，可以看作是一部展现清代满族生活的百科全书。

服饰方面，如《农隐入沈记》载男子上服："其长至腰者曰马褂子，亦开前衿，而俱用纽扣"①。

又如《梦游燕行录》载："汉女皆束发为髻，四面四绕；满女则直撮髻于顶。汉女缠足，着尖头短靴，行步摇摇如不自立；满女不缠而着高靴。"② 满族作为少数民族，其服饰很有特色，入主中原后，统治者力图保持满族的服饰文化传统，因此燕行文献有诸多关于满族服饰的描写和介绍，其民族特色非常鲜明，是我们研究满族服饰文化的重要材料。语言方面，如《老稼斋燕行日记》：

清人皆能汉语，而汉人不能为清语，非不能也，不乐为也。然不能通清语，于仕路有妨。盖关中及衙门皆用清语奏御，文书皆以清书翻译故也。闾巷则满汉皆用汉语，以此清人后生少儿多不能通清语，皇帝患之。选年幼聪慧者送宁古塔学清语云。③

又如金舜协《燕行录》：

---

① 李田秀：《农隐入沈记》，《燕行录全集》第30卷，第349页。
② 李遇骏：《梦游燕行录》，《燕行录全集》第77卷，第34页。
③ 金昌业：《老稼斋燕行日记》，《燕行录全集》第32卷，第322页。

凡有所奏于皇帝者，必用清语，皇帝亦必以清语为常用之言，故赞唱亦以清语唱之，盖所以用于郊庙朝廷之礼者也。汉语者，即中国之正音也，大小言语，必以文字为之，绝无释意之言，而又无悬吐之事。其余外国则方方各异，言言相殊，而莫非方言也。方言有万不同，而蒙古语、清语、朝鲜语尤难学习云。①

燕行使出使中国，语言沟通非常重要，因此对当时语言使用的记述非常全面，既凸显了清代"国语"——满语的绝对权威，同时也描述了当时汉语使用的普遍性。由于"小中华"意识的影响，燕行使多用贬斥色彩的词语来描述满族人，如"胡人、胡虏、胡皇、虏、虏酋、蛮夷"等；对清代的官方语言——满语，燕行使臣也蔑称为"胡语"，如孙万雄《燕行日录》载"使臣以下员役具冠带，诣鸿胪寺行朝参习仪，由西夹门而入，北向立于庭，鸿胪二人分东西相向立，以胡语传声，遂三跪九叩头而出"②；对满语的形容带有轻蔑、厌恶的态度，如赵最寿《壬子燕行日记》载"及一小溪边，清人四五结幕屯聚于雾树中，言语侏离不可辨。使马头辈通言，乃出猎者也"③。

满族民居也很有特色，如《农隐入沈记》："屋制三面多合壁，不如我国之多出窗眼，一面作中门而必用板门，入板门始为炕，或作左右炕，或作一字炕，或作匚字炕，此则随便。炕首灶口之间隔以板障，而如非店舍则皆作甎壁，又设一板门而至于灶口，则勿论华陋，皆在中门之内、一屋之中矣。"④ 目前此类满族的特色民居已不多见。

日常习俗方面，清代朝鲜燕行使出使中国大多走陆路，途经东北部分地区，这些地区满族人口较多，形成了独具特色的民俗文化。燕行使对异族文化兴趣浓厚，故大多记载下来，保存在文献中，成为我们了解清代满族民居的重要参考。如燕行使李田秀载摇车之制："揉木片为之，形如我国柳器，松扣而长且深，又以小板承其下，殆若铁厕匦，铺褥于底，置儿其上。用细竹当口旁弯插于底，盖衾其上使当其口鼻处，中空

---

① 金舜协：《燕行录》，《燕行录全集》第38卷，第366—367页。
② 孙万雄：《燕行日录》，《燕行录全集》第28卷，第357页。
③ 赵最寿：《壬子燕行日记》，《燕行录全集》第50卷，第371页。
④ 李田秀：《农隐入沈记》，《燕行录全集》第30卷，第343—344页。

通息，两头系索悬之栋上。"① 这是满族人传统的育儿工具——悠车，又称"摇车"，形状如船，一般用筛板圈成，用长皮条或绳将其悬于梁上。后来被称之为"东北三大怪"之一："大姑娘叼烟袋，窗户纸糊在外，养活孩子吊起来。"满族的育儿风俗，朝鲜燕行使觉得很是奇怪，也很新鲜，故饶有兴致地将其记录下来。

饮食方面，朝鲜燕行使出使中国，沿途多有驿站提供饮食供应，因此燕行使对当地的饮食文化也有诸多记述。其饮食文化，也体现了一个民族的鲜明特色。如《农隐入沈记》载"饼则通称饽饽，而不见甑上蒸炊，皆是油煮，故经久不败。有鸡蛋糕者，如我国白雪糕而色黄味甘，熏可食，似入鸡子于作糕时，而不可晓也"②，描述了满族人喜欢油炸食品的饮食特点。上文提及的"鸡蛋糕"，至今仍是东北地区百姓餐桌上的美味佳肴。又如："华人之嗜烟倍于东俗，烟袋几乎不离于口，下至幼稚，莫不皆然。"③ 这也是东北三大怪之一，无论男女老幼，都喜欢吸食旱烟，烟袋是吸食旱烟的专用工具，一般由烟袋锅、烟袋竿、烟袋嘴构成。《儿女英雄传》第二八回："太太把烟袋递给那丫鬟。"现在东北一些偏远农村地区，老年人尚保留这种习惯，但也并不是很普遍了。

燕行文献保留了大量的朝鲜使臣有关满族民俗文化的见闻和记忆。这种文化差异上的"他者"对于有着同源文化的朝鲜显然是既新鲜又有趣的。秉承中华传统礼制的朝鲜使臣会不自觉地将满族的生产与生活与本国相对照，从日常衣食住行到社会交往，从人文素养到民风民情，无不体现了朝鲜燕行使对满族族群的高度重视与密切关注。通过朝鲜使臣的态度与评议，不仅可以窥视朝鲜民族的社会文化心理，也可从侧面廓清民族融合背景下满族社会生活的嬗变轨迹，显然这种以周边邻国为参照的文化反思无疑更能唤回与完善清代满族文化的历史记忆。

---

① 李田秀：《农隐入沈记》，《燕行录全集》第 30 卷，第 366 页。
② 李田秀：《农隐入沈记》，《燕行录全集》第 30 卷，第 372 页。
③ 李田秀：《农隐入沈记》，《燕行录全集》第 30 卷，第 373 页。

第二章

清代满族生活的域外透视

东北不仅是女真族诞生和崛起之地,也是清代满族的主要聚居区,更是满族文化赖以生存与延续的地域重镇,而清代朝鲜使团的燕行路线,东北辽东沿途则是必经之地。燕行使朴趾源途经辽野,感慨非常,称其为"英雄百战之地也",又说:"天下安危常系辽野,辽野安则风尘不动,辽野一扰则天下金鼓互鸣何也?诚以平原旷野一望千里,守之则难为力,弃之则胡虏长驱,曾无门庭之限,此所以为中国必争之地,而虽殚天下之力守之,然后天下可安也。"① 以此足见辽东地理位置的重要性。另据《大清会典》记载,朝鲜燕行使大多"渡鸭绿江入境,由凤凰城陆路至盛京,入山海关赴京师"②。实际上朝鲜朝朝贡的使行路线共有两条:康熙十八年(1679)以前,使行路线是渡江后经九连城、汤站、栅门、凤凰城、松站、通远堡、连山关、甜水站、辽东、沙河、鞍山、牛庄、沙岭、高平驿、广宁、闾阳、杏山、宁远卫、沙河站、前屯卫、山海关、抚宁县、永平府、丰润县、玉田县、蓟州、三河县、通州至北京。康熙十八年,清政府"虑海防,设堡于牛庄,使臣不得经过",调整了使行路线中辽东至广宁一线,"辽东至十里堡六十里,盛京六十里,边城六十里,巨流河四十里,白旗堡七十里,二道井五十里,小黑山五十里,广宁六十里"③。调整后的使行路线为渡江后经镇江城、汤站、栅门、凤凰城、松站、镇远堡、连山关、甜水站、辽东、十里堡、盛京、边城、巨流河、白旗堡、二道井、小黑山、广宁、闾

---

① 朴趾源:《热河日记》,《燕行录全集》第53卷,第353页。
② 《大清会典》卷五六"礼部·朝贡",文渊阁四库全书影印本。
③ 《(增补)文献备考》卷一七七"交聘考"七。

阳、杏山、宁远卫、沙河站、前屯卫、山海关、抚宁县、永平府、丰润县、玉田县、蓟州、三河县、通州至北京。由此可见，调整后的朝贡路线增加了盛京这一大的中转站，盛京作为陪都，不仅是满族文化的生发之地，也是关外满族政权的统治中心，朴趾源认为："沈阳乃其始兴之地，则东接宁古塔，北控热河，南抚朝鲜，西向而天下不敢动，即所以壮其根本之术，非历代所比故也。入辽以来，桑麻翳菀，鸡狗相闻，百年无事，不得不为清室一攒眉矣。"① 鸭绿江入境之后的以盛京为中心通往燕京的辽东沿线实际上成为朝鲜燕行使观察、了解清代满族民俗文化的重要窗口。乾隆十四年，出使中国的书状官俞彦述所言："北京城内人户满人过半，自通州至山海关则皆是汉人，满人绝少，自山海关至沈阳则汉人多而满人少，沈阳以东则满人多而汉人少。"② 乾隆四十八年（1783）出使盛京的李田秀记载："山海关以外则皆是满人。故逢人问'旗、民'？称'民家'者十不一二，似为根本往来之地，以虑他日卷归之路也。"③ 在作者看来称"民家"者，汉族人也，而称"旗下"者，则为满族人也。可见当时留居关外的满族人为数众多，但随着汉化进程的加快，满汉通婚等其他因素的影响，留居关外的满族人逐渐减少，如道光二年出使中国的徐有素记载："自凤城至沈阳虽称满人最多居之地，比汉人不能什二三，自沈以西至山海关间或有之，山海关以西至北京可谓绝无而仅有。北京以南绝无焉，北京所存着亦不能什一于汉人。"④ 满族人口日益减少，满洲旧俗日渐消磨，清朝满族学者震钧说："自我生之初，所见旧俗，已谓其去古渐远。及今而日惜日忘，虽大端尚在，而八旗之习，去汉人无几矣。"⑤ 燕行使金昌业也曾说："满汉混俗，杂用其制。"⑥ 由此可见，满族族群的特征随着汉化进程的加剧而逐渐显得模糊，而燕行使的记录就更加显得弥足珍贵。满族有别于汉人的言谈举止、衣食住行、日常习俗引起了朝鲜使团的格外关注，乾隆四十八年（1783）来盛京谒见的李田秀记载："百物皆比我产甚大，人物

---

① 朴趾源：《热河日记》，《燕行录全集》第 53 卷，第 353—354 页。
② 俞彦述：《燕京杂识》，《燕行录全集》第 39 卷，第 293 页。
③ 李田秀：《农隐入沈记》，《燕行录全集》第 30 卷，第 396—397 页。
④ 徐有素：《燕行录》，《燕行录全集》第 79 卷，第 129 页。
⑤ （清）震钧：《天咫偶闻》第 10 卷，北京古籍出版社 1982 年版，第 208 页。
⑥ 金昌业：《老稼斋燕行日记》，《燕行录全集》第 33 卷，第 329 页。

之伟长胖硕姑舍是，其他牲口、室屋、器什之属无不倍蓰之，至于寻常蔬果之类，亦多我土所不见。推之政事、法度应皆若此，今人漫道腥膻，而终非小邦之所可几及也。"① 道光九年，出使盛京的朴来谦发现：

> 大抵栅内之地山川开敞，田原肥饶，宜于渔樵农桑，而又是燕货湾商往来交易之地，真可谓衣食之乐土也。居民则满多而汉少，风俗则先商而后农，饮食则以箸不以匙，衣服则用枢不用纽。坐必有椅，居则称坑，窗纸外涂，门扇内揭，牛不穿鼻而制，马不络头而驯。骑马者虽贵而无牵，吸烟者遇尊而不屏，女子束发而簪花，汉女尖足而弓鞋，此皆异域初眼目也。逢人则彼言而我不能听，我言而彼不能听，是口与耳俱病也。见物则不但名色之难知，又未知适用于何处，是心与眼俱病也。②

因此《燕行录》以详细的笔触记载了辽东及北京地区满族人的日常生活与民族风俗，可谓是一部生动的满族民俗文化生活的大百科全书。

第一节 燕行使眼中的满族服饰

满族生活在白山黑水之间，以骑射和狩猎为生，作为发源并发展于中国东北地区的少数民族群体之一，受其历史沿革及地理环境等因素的深刻影响，形成了悠久且颇具特色的民族服饰传统，这种与汉人服饰迥然有别的服饰特征给朝鲜燕行使留下了深刻的印象。

一 崇尚黑色

燕行使来华，途中所遇满人第一印象便是衣着尚黑，男女俱喜穿黑衣。如燕行使金舜协记载："其衣服则自上达下，由老至幼皆无衣白者，亦无衣青者，专用纯黑衣，而往往有黄赤者，盖色尚黄，故惟任使于皇帝，或居守于皇帝庙堂者，黄帽黄衣而其外则不敢用黄色矣。"③ 可见，

---

① 李田秀：《农隐入沈记》，《燕行录全集》第30卷，第399页。
② 朴来谦：《沈槎日记》，《燕行录全集》第69卷，第34—35页。
③ 金舜协：《燕行录》，《燕行录全集》第38卷，第434页。

除皇族外，大部分满族人的衣着皆是黑色。关于满人尚黑色的原因，朝鲜北学派代表洪大容在京师与清钦天监张石存的笔谈中，曾了解到"本朝水德，故上下服色皆尚黑"。① 燕行使徐文重则认为："以尘埃常满，故皆用黑色云矣。"② 道光二年（1822）出使中国的徐有素发现"市上多衣服铺皆新制售之，贵人好奢者亦买，着衣色本黑，故元无瀚濯之法，只易其衬体单衣而已。故着一衣能支数岁"③。可见黑色耐脏，可以避免因反复濯浣而导致衣服受损的情形，这种经久耐用的实用性因素确不失为满族喜欢着黑衣的一个主要原因。难怪燕行使李在学把"食不兼肉，衣用黑布"的习俗看作是满人节俭的标志，得出"满人之俗盖以俭啬为务"④ 的论断。满族男女不仅着黑衣，"有时还以黑绣数尺束腰"，满族女子"头发皆裹以黑缯"，雍正七年（1729）燕行使金舜协曾夜宿于张俊云家，见"胡女"服饰与男不相远，只是"头发则作髻于后，以黑纱覆之"⑤。不仅如此，据金舜协观察"男女所着靴鞋等皆以黑缯为之"⑥，甚至满族人常乘坐的太平车"其制圆长而覆以黑罽"⑦，满族衣饰尚黑不仅土布丝麻如此，就连代表贵族身份地位的裘皮、绸缎也无一例外地常被染成黑色，据《北盟录》载："女真地极寒，衣黑裘、细布、貂鼠、青鼠、狐貉之衣。"⑧

满族男女皆喜欢着黑衣，燕行使在途中所遇着黑色衣裤、黑靴的满族女子不在少数，如朴趾源曾在通远堡遇见一满族妇人"五旬以上年纪"，身穿服饰也是"着一领黑色长衣"⑨；在盛京遇见一位"足穿一对黑靴子"的满族村婆⑩；甚至在通远堡遇到满族迎亲队伍时，发现轿辇皆用黑布饰之，看到了轿中坐着"妆婆、乳媪"皆穿"黑衣黄裳"。⑪

---

① 洪大容：《湛轩燕记》，《燕行录全集》第42卷，第129页。
② 徐文重：《燕行日录》，《燕行录全集》第24卷，第200页。
③ 徐有素：《燕行录》，《燕行录全集》第79卷，第157页。
④ 李在学：《燕行日记》，《燕行录全集》第58卷，第182页。
⑤ 金舜协：《燕行录》，《燕行录全集》第38卷，第220页。
⑥ 金舜协：《燕行录》，《燕行录全集》第38卷，第438页。
⑦ 金舜协：《燕行录》，《燕行录全集》第38卷，第432页。
⑧ （清）阿桂等撰，孙文良、陆玉华点校：《满族源流考》，中国国际广播出版社2016年版，第360页。本书所引《满洲源流考》均出自此版本，以下只标撰者、书名和页码。
⑨ 朴趾源：《热河日记》，《燕行录全集》第53卷，第316页。
⑩ 朴趾源：《热河日记》，《燕行录全集》第53卷，第422页。
⑪ 朴趾源：《热河日记》，《燕行录全集》第53卷，第324页。

乾隆五十八年（1793）来中国出使的李在学也观察到满族男女喜穿黑衫的习俗："村中诸人群集纷詀，俱服黑色长衣，莫辨其男女，而女人则或绣花藤于靴鞋，发不剃，辫涂以脂膏括结于后，而稍上遍插剪彩假花，交横金玉钗笄指环耳瑱，老幼一样，浑身荤臊，男女皆然，见之甚可憎也。"① 为此作者还作诗打趣道："银钗乱插又花枝，面皱头蓬尚粉脂。一样长衣浑黑色，似乌谁得辨雌雄。"②

不仅普通百姓，帝王及朝中百官也常着黑色衣饰，如朝鲜使者金昌业于康熙五十一年（1712）出使中国，作者在京师受到了康熙皇帝的接见，这次近距离观察皇帝的过程被详细记载下来：

> 立而偷视，东有一带墙，去墙数丈，铺甓为庭，方可二十步，当中置一榻，高可尺许，上无覆，旁无围。榻上铺白毡，毡上设貂褥。皇帝向西盘膝而坐，广额，颌稍杀，疎髯犯颊而斑白，雌雄眼，神气清明。其衣帽皆黑，与凡胡无异。宦者数十人，捧香炉等物罗立坐后，又其后群胡皆垂手立，庭南畔列立者又六七十人，亦皆垂手，此外无他仪物。与通官退立于北偏五十步许，则为方箪之东，忽有鸣镝声，随而擂小鼓如此者五，通官云此皇帝亲射。始见其身，长可七八尺。③

金昌业对于康熙皇帝的外貌、身形、体态、神情、衣着都进行了详细描述。两鬓斑白、略带杀气的康熙皇帝身着日常黑色衣帽，看起来几乎与普通的满族人并无太大差异。乾隆四十八年，来盛京拜谒的李田秀、李晚秀兄弟观察乾隆"皇帝所着则黑色无纹缎褂子，羽缎缘无顶子帽子，紫绣围裙，坐下白马"④。燕行使朴来谦来盛京拜谒时，见道光皇帝着黑衣跨马而来，待回銮时，皇帝仍御黑衣、乘乌马。⑤ 康熙五十九年，来中国出使的李宜显也记载："胡人常时所服皆黑衣，贵贱无

---

① 李在学：《燕行日记》，《燕行录全集》第58卷，第41页。
② 李在学：《癸丑燕行诗》，《燕行录全集》第57卷，第480页。
③ 金昌业：《老稼斋燕行日记》，《燕行录全集》第33卷，第129—130页。
④ 李田秀：《农隐入沈记》，《燕行录全集》第30卷，第256页。
⑤ 朴来谦：《沈槎日记》，《燕行录全集》第69卷，第101页。

别"。但据朝服则有披肩、接袖等名,且披肩及表里衣皆是黑色。①

乾隆二年,书状官李喆辅在其日记中也记载寻常百姓和官宦人家所着服饰的颜色"色则尚黑"。金昌业还将满汉衣着服饰颜色作了对比,发现"男女衣服,勿论奢俭,其色尚黑。而汉女不然,穿青红裤者多"②。似乎黑色衣饰无关乎性别与等级贵贱,服色尚黑并不等于所有人皆穿黑色,因为染料的昂贵,深色的衣服则往往只有富贵者才能负担得起,正如嘉庆八年出使中国的李海应《蓟山纪程》载:"服色专尚黑,而贫贱者多衣青,盖靛色用甚广,非富者则不能深染故也。紫绣纹绣之服亦贵贱无碍,而贱者常服悉用大布染青。"③

二 衣料材质等级昭然

据燕行使观察,满族人的衣衫材质往往是等级与地位的象征,"富者绫罗之类,贫者三升棉布之类"④;"男子衣服,除富奢者外,悉用大布,虽北京亦然,女子衣服,贫寒者外,悉用绮罗,虽穷村亦然"⑤。春夏时节满族人所着服饰材质,"或生布、生苎,或三升布,或野茧丝,裤亦如之"。⑥ 如朴趾源于塔铺遇到一满族老妪及其孙,其孙"披一领杏子黄纹纱袄子"。⑦ 富贵者皆着丝绸,朴趾源在过鸭绿江后,到凤凰城栅门进行过关检查后,遇到满族商人,他注意到这些商人多身着"黑缎贡衣"。寒冬时节,满族贫贱者常着棉服,大抵因为棉花在辽东地区的广泛种植,弹棉花之法纯熟且效率高,令燕行使叹为观止,正如燕行使徐有素所言:"木棉东八站多种之,以其地多高燥也。"⑧ 作者还夸赞弹棉花之法称:"(大弓之制)一日所弹至数千斤云。其小弓之制,器用异于此,然其弹犹三倍于我弓云。"⑨ 然而,入关前,就地取材是女真族获取衣料的主要方式,渔猎生活使其衣料来源主要取自兽皮或鱼

---

① 李宜显:《庚子燕行杂识》,《燕行录全集》第35卷,第449—450页。
② 金昌业:《老稼斋燕行日记》,《燕行录全集》第32卷,第323页。
③ 李海应:《蓟山纪程》,《燕行录全集》第66卷,第529—530页。
④ 柳厚祚:《燕行日记》,《燕行录全集》第75卷,第375页。
⑤ 李宜显:《庚子燕行杂识》,《燕行录全集》第35卷,第451页。
⑥ 朴趾源:《热河日记》,《燕行录全集》第53卷,第276页。
⑦ 朴趾源:《热河日记》,《燕行录全集》第53卷,第357页。
⑧ 徐有素:《燕行录》,《燕行录全集》第79卷,第139页。
⑨ 徐有素:《燕行录》,《燕行录全集》第79卷,第185页。

皮,杨宾《柳边纪略》载陈敬尹谓余言曰:

> 我于顺治十二年流宁古塔,尚无汉人。满洲富者缉麻为寒衣,捣麻为絮,贫者衣袍鹿皮,不知有布帛。有之自予始,予曾以匹布易稗子谷三石五斗,有拨什库某,得予一白布缝衣,元旦服之,人皆羡焉。今居宁古塔者,衣食粗足,则皆服绸缎,天寒披重羊裘,或猞猁狲、狼皮打呼(皮长外套也)。惟贫者乃服布,而敬尹则至今犹布袍,或着一羊皮缎套耳。①

由此可见,生活方式的转变是布帛从富者的青睐对象降至贫者的普遍穿着的重要原因。据燕行使柳厚祚观察自栅门至燕京的满族女子"贫者青黑棉布等制,着其貌甚不美,富者制以青红段,其上下緟皆以纹绣着之,极为美丽"②。富贵满族人的服饰则往往"用裘不用绵",如李宜显《庚子燕行杂识》载:"男子所着胡帽及裘,富厚者用貂,其次用羔羊杂兽皮,而不用狗皮。"③ 且为了舒适与保暖"凡着裘,必使毛在表"。对于最高统治者的皇帝,着裘皮更是生活常态,对于康熙皇帝的衣着打扮,《俄国使团使华笔记(1692—1695)》记载:"皇帝穿着深底花纹绸缎的普通长袍和深蓝缎子的银鼠皮裤子。由颈至胸挂着用大粒珠子串成的朝珠或念珠。头戴貂皮镶边暖帽,帽上垂着红丝帽缨,向后垂着几根孔雀翎。皇帝的头发梳成辫子垂在背上。他身上没有佩带金饰物和宝石。靴子用黑色丝绒做成。"④ 燕行使金舜协于雍正七年出使中国,"望见雍正摄貂裘,戴豹帽,项垂念珠,据交椅而坐"⑤。

满族喜欢着裘皮的特性源自满族先祖,作为游牧群体的满族先人以蓄养牲畜为生活之计,衣食来源很大部分由牲畜提供,衣饰也不例外,

---

① (清)杨宾:《柳边纪略》卷三,《中国边疆研究文库·东北边疆》第8卷,黑龙江教育出版社2014年版,第62页。
② 柳厚祚:《燕行日记》,《燕行录全集》第75卷,第376页。
③ 李宜显:《庚子燕行杂识》,《燕行录全集》第35卷,第452页。
④ [荷]伊兹勃兰特·伊台斯、[德]亚当·勃兰德:《俄国使团使华笔记(1692—1695)》,北京师范学院俄语翻译组译,商务印书馆1980年版,第213页。
⑤ 金舜协:《燕行录》,《燕行录全集》第38卷,第408页。

满族先祖勿吉人"妇人则布裙,男子猪犬皮裘"①。辽金时,满族先世的服饰无论在颜色、样式、做工等方面都发生了很大的变化,较之于前有较大改进。如《满洲源流考》记载:

至于衣服,尚如旧俗,贵贱以布之粗细为别。富人春夏多以纻丝绵䌷为衫裳,亦间用细布,冬以貂鼠、青鼠、狐貉皮,或羔皮为裘。或作纻丝䌷绢,秋冬亦衣羊皮,或獐鹿皮为衫,裤袜皆以皮。②

朝鲜人申忠一曾于明万历二十三年(1595)赴建州与女真修好,其作《建州纪程图记》曾这样描述努尔哈赤:

奴酋不肥不瘦,躯干壮健,鼻直而大,面铁而长。头戴貂皮,上防耳掩,防上钉象毛如拳许。又以银造莲花台,台上作人形。亦饰于象毛前。诸将所戴,亦一样矣。身穿五彩龙文天益,上长至膝,下长至足,皆裁剪貂皮,以为缘饰。诸将亦有穿龙文衣,缘饰则或以貂,或以豹,或以水獭,或以山鼠皮。护顶以貂皮八九令造作。腰系银入丝金带,佩帨巾、刀子、砺石、獐角一条等物。足纳鹿皮兀剌靴,或黄色,或黑色。③

努尔哈赤及诸将从穿着到配饰无不体现了女真人对皮毛的喜爱,这不仅是民族习性与审美的外在表现,更是贵族身份的象征。清朝建立后,满族依然沿袭喜爱皮毛的习俗,市肆里贩卖毛皮的铺子很多,如《农隐入沈记》载:盛京城"各样毛裘挂张外铺,而山獭、水獭,皆以刷梳,粗毛净尽,一如貂皮。棚檐挂一虎皮,而长几曳地,其大可知也。其余卖缎、卖布、卖器,杂货诸肆,罗列成行"④。毛物铺与其他铺子一样栉比鳞次,可见销路不俗,足见满族人对毛皮的热爱。冬日里

---

① (北齐)魏收:《魏书》卷一百《勿吉传》,中华书局1974年版,第2220页。
② (清)阿桂等撰:《满洲源流考》,第360页。
③ 申忠一:《建州纪程图记》,转引自刘广铭《朝鲜朝语境中的满洲族形象研究》,光明日报出版社2013年版,第51—52页。
④ 李田秀:《农隐入沈记》,《燕行录全集》第30卷,第121页。

无论军服、官服还是坐褥皆用毛皮等装饰或制成,毛皮的种类则要遵照严格的等级归属,正如燕行使李在学所言:

> 男子军服朝服皆一样,裤不着絮,寒则辄着毛裘而亦无领,故以条毛挥项,名曰裘襟或称项圈,衣袖则皆作马蹄样,此所谓马蹄袖也。裘襟与袖口,贱人则不得以貂毛为之……帽子及裘饰,上自貂皮,下自狐、貉、鼠、獭,皆有等级,而银鼠皮及黑狐皮则禁不用……坐褥则自亲王至侯伯,貂皮、猞猁狲、豹皮及虎皮、狼、獾、貉、山羊等皮各随其品而用之。①

由不同毛皮制成的坐褥相对应的具体等级在李宜显《庚子杂识》中有更加明确的记载:"坐席有头爪虎皮为贵,其次无头爪虎皮,其次狼,其次獾,其次貉,其次野羊,其次狍。其次白毡为下。"② 在诸多种类毛皮中,貂皮极为尊贵,往往作为进贡之物,常为皇族及王公大臣所用,正如《满洲源流考》所载:貂"乌拉诸山林中多有之,索伦人以捕貂为恒业,岁有额贡,第其等以行赏。冬时供御用裘冠,王公大臣亦服之,以昭章采。"③ 而在朝鲜北部边市的交易中,与女真族的貂皮买卖更是屡见不鲜,朝鲜朝《成宗实录》记载:

> 俗尚奢侈,服饰必用貂鼠皮,朝士阶升四品,则与三品相混,故必着貂皮耳掩,且毛裘宜于老者,而年少妇女皆服貂裘,无此则羞与为会,数十妇女之会,无一不服者。貂皮价高,谋利者云集北道,市索无已,至以牛马,铁物买之。④

燕行使金昌业在盛京曾遇到一位"胡衣貂裘"的少年,佩带弓箭,骑骡而过,前后有满族随从六七人,询问其身份乃知是皇族子弟。

---

① 李在学:《燕行日记》,《燕行录全集》第59卷,第47—50页。
② 李宜显:《庚子燕行杂识》,《燕行录全集》第35卷,第449页。
③ (清)阿桂等撰,孙文良、陆玉华点校:《满洲源流考》,中国国际广播出版社2015年版,第410页。
④ 《成宗实录》卷五七,成宗六年七月辛酉条。转引自徐东日《朝鲜朝使臣眼中的中国形象》,中华书局2010年版,第184页。

衣料的材质不仅能看出满族人的贫富等级，朝堂中清代官员的品阶等级亦可以从服饰上体现出来，对此金昌业《老稼斋燕行日记》第四卷有如下记载："其帽顶、带版、坐席、补服，各以品级不同，盖冒顶以衔红石为贵，其次蓝石，其次小蓝石，其次水晶……补服，文禽武兽，悉遵明制。里衣，其长及踝，狭袖而阔裾。表衣，其长至腰，两袖及肘，是谓接袖。圆裁锦幅，贯项加肩，前后蔽领，是谓披肩。披肩及表里衣皆黑，而其绣以四爪蟒为贵。补服在表，束带在里，文武四品以上，方许挂数珠，拴马踢胸，马蹄脑，未详其制。此等服色，虽非华制，其贵贱品级，亦章章不紊矣。"[1]

由此可见，不同品级、不同职位的官员所着服饰大不相同，高级官员所着服饰极为奢华精细，而低品级官员服饰则相对较为粗糙。在官员等级制度上，满族入关后将清代官员皇帝以下共分九品，每品有正从之分，共十八级。既为"九品十八级"之官制。每品每级官员根据不同级别职位穿着不同服饰，戴不同顶戴花翎。按清律，官服为皇帝所赐，官员不得刻意损毁，如有刻意损毁官服之举将以重罪论处。因此清代各级官员对官服均较为看重，形成了独具特色的清代官场服饰表征，体现了满族官员服饰严格、完备的等级制度。金昌业一句"章章不紊矣"的夸赞，反映出朝鲜燕行使对由服饰彰显的等级制度的积极认同。

三 实用与美观兼顾的服饰形制

诞生于白山黑水的女真族精于骑射、善于狩猎、勇于征战。这使得民族服饰的形制非常注重实用与美观兼顾的功能，正如《满洲源流考》所言：

> 白山黑水风气质纯，骑射之精娴，士卒之勇果，自肃慎以下，史传所载皆同。至于用兵若神，人自为战。如《金史》所称，兄弟子侄才皆良将，部落保伍，技皆锐兵，征发调遣事同一家者，尤与我朝俗尚相近。故能风驰电扫，所向无前，所遣子弟之卫父兄，手足之捍头目，犹未足尽其形容矣。至冠服与骑射相需为用，肃慎、

---

[1] 金昌业：《老稼斋燕行日记》，《燕行录全集》第33卷，第17—18页。

夫余制度简质,新罗、渤海渐事文饰,金兴而返质还淳,务从其朔。金世宗申禁国人不得学南人装束,诚以故俗不可忘,而于习武实为利便。我朝冠服之制,不必尽与金同,而便于骑射,视《金史》所载尤为过之。洵亿万世所当遵守也。①

可见,为了配合征战与日常狩猎的需求,满族冠服制度,法守攸关,尤与骑射旧俗为便,且承袭已久,不断增益,显然实用性是满族服饰形制优先考虑的要素。承袭大明衣冠礼制的朝鲜使者对这种迥然有别于己的服饰形制非常好奇,多部燕行文献对其进行了详细的记载,如《农隐入沈记》载:

> 男子上服曰褂子,其长等身,中割前衿,如我国军服而不割傍,其长至腰者曰马褂子,亦开前衿,而俱用纽扣。其内曰袍子,状如我国周衣而无袂,傍小割如战服,后长割至尻前作交衿而右敛,敛至胁向内方割,又斜至于底,自领下交衿处作纽,至方割处而止后边中割者,则褂子亦然。故跨马之时,不烦敛后矣。其内曰大衫子,制如我国之衫而长及腰,其内曰小衫子,即贴肉里衣,而与大衫子同。②

这里提到的"马褂",顾名思义是便于骑马所着之衫,对此《清稗类钞》载:"马褂较外褂为短,仅及脐。国初,惟营兵衣之。至康熙末,富家子为此服者,众以为奇,甚有为俚句嘲之者。雍正时,服者渐众。后则无人不服,游行街市,应接宾客,不烦更衣矣。"③可见,最初只在军营中流行、士兵穿的马褂,以其出众的实用性特征逐渐得到满族贵族的青睐,从引以为奇到无人不服,马褂逐渐成为满族男子标志性服饰。正如燕行使成祐曾作诗云:"皮袄子加马褂子,脚穿裤腿一身轻,手中横拖铜鞭出,靴拍鞍鞯得得行"④,将满族男子策马扬鞭的神态描

---

① (清)阿桂等撰:《满洲源流考》,第360页。
② 李田秀:《农隐入沈记》,《燕行录全集》第30卷,第349页。
③ (清)徐珂编:《清稗类钞》第13册,中华书局1986年版,第6180页。
④ 成祐曾:《茗山燕诗录》,《燕行录全集》第69卷,第256页。

绘地活灵活现。对于"马褂"的功能，燕行使称"跨马之时不烦敛后矣"。"马褂"、长袍是满族在山林长期征战、狩猎过程中所形成的服饰式样。无领、窄袖是其基本款式。还会在袖口上接一个半圆形的袖头，形如马蹄，是为"马蹄袖"。正如燕行使金舜协记载：

> 人之平日所着者无非军服也，内着无领长衣，外着短衣皆用单袘而无纽，衣皆狭袖而袖甚短，别作吐袖而极长，其制作马蹄状，寒则覆手背，不寒则褰之，表里之衣多用皮物而不尚狭纩之衣焉。裤则皆用单裤，而自袜至膝束缚之，自晓至昏，元无脱履之时，入于室中则或踞于炕边栏头，或踞于交椅，虽盘坐炕上亦不解履，盖常习戎服战场之事也。①

"马蹄袖"，满语称"哇哈"，即在袖口上接一个半圆形的袖头，形如马蹄，故有此名。平时将袖子挽起，冬季狩猎时翻下袖口可以用来御寒，保暖。这种在燕行使眼中"胡人衣制"，其"本作狭袖"的设计也主要出于方便满族男子日常打猎活动的需要，颇具实用性的特征。正如李田秀在《农隐入沈记》中载："袍子之袖口狭杀，仅容臂腕，故射者不用臂韝，只为揎袖至半肘而已，又于袖端连一小袖，其长至指而削去下半，微举其端，冬则展之使手不寒，而亦不妨于用指，夏则叠在手端，即所谓'马蹄手'也。"② 李田秀也同样注意到满族男子的裤子，也颇具特色："自膝下套至大腿，套之上口作襻拴之腰带，所以便于骑也。袜子缝不在上下，而在四方，且用疏衲制，殊钝劣。足腕以上则割布斜缠至于膝，似是古所云逼之制也"③ 实际上，这就是"套裤"。为了加固耐久"骑而猎者及远行者皆用鹿皮作两条裾着于膝，是防衣裤之磨敝也"④，"套裤"的出现同马褂一样，也是为了方便满族骑射、战争与狩猎的需要。

马褂、"马蹄袖"及"套裤"的样式显然与宽袍大袖的传统汉族服

---

① 金舜协：《燕行录》，《燕行录全集》第38卷，第434—435页。
② 李田秀：《农隐入沈记》，《燕行录全集》第30卷，第350—351页。
③ 李田秀：《农隐入沈记》，《燕行录全集》第30卷，第350页。
④ 李海应：《蓟山纪程》，《燕行录全集》第66卷，第537页。

制大相径庭，也正是燕行使对满族服饰的最直观的印象，"马蹄袖"甚至成为清统治者获取政权的谶语，如康熙八年（1669）出使中国的闵鼎重记载："胡人衣制本作狭袖，而于袖口作马蹄状以覆手背。问之译官，则旧有红头马蹄袖四十年天子之谶。"① 李押在《燕行记事》中记载："明季有童谣曰'袖上走马，口中生烟者为天子'，清人衣服袖口皆作马蹄形，喜吸南草，故口中果能生烟，其谶乃验云。"② 朝鲜使臣来到中国，看到的景象即是："自天子达于庶人其所着表衣皆夹袖也，阔袖大袍则绝无其制焉。"③ 满族服制曾和满族男子的发饰一样被认为是胡俗而遭到朝鲜燕行使的质疑与厌弃，他们笃定的认为大明衣冠才是中华之正统，并且以已度人认为华人着胡服者必是逼不得已而为之，正如燕行使李宜显所言："一皆胡帽胡服，而见画本，虽画近来人物，冠帽则悉依汉仪，于此可见虽不得已从时制，而心实歉然也。"④ 然而在目睹满族服饰的便捷与实用后，也不得不改变固有看法，甚至对满族服饰的实用性盛赞不已，尤其朝鲜北学思潮兴起以来，洪大容、朴趾源以及朴齐家等代表人物均站在客观的立场上，评述满族服饰，并常常夸赞其实用性，洪大容认识到满族"凡衣裘必拆后以便跨马"的实用功能，又说"衣领缝厚毛以御寒。无挥项、耳掩、风遮诸钝具，薄裤轻裘，跨马甚便，平地超乘，不用仆御扶执。见我人衣绵太厚，虽果下小驹，必择高墩，右执蹬，左扶腿，贾勇如登峻坂，莫不失笑"。⑤ 洪大容通过满族与朝鲜服饰的对比，指出满族服饰轻薄、保暖而又简洁便利的特性；朴趾源则将朝鲜宽袍大袖的服制看作是御马之法的潜在危险，并将其视为阻碍骑兵发展、影响军队战斗力的极大障碍，他在《热河日记》中写道：

    盖我东御马之法极危，衣袖既阔，汗衫又长，畏缠两手，按辔扬鞭俱所妨碍，第一危也。……武将所服，谓之帖里，是为戎服，世安有名为戎服，而袖若僧衫乎？今此八危，皆由阔袖汗衫，而犹

---

① 闵鼎重：《老峰燕行记》，《燕行录全集》第22卷，第372页。
② 李押：《燕行记事》，《燕行录全集》第53卷，第94页。
③ 徐有素：《燕行录》，《燕行录全集》第79卷，第155页。
④ 李宜显：《庚子燕行杂识》，《燕行录全集》第35卷，第452页。
⑤ 洪大容：《湛轩书》外集卷十，平壤：朝鲜社会科学院出版社1965年版，第404页。

安其危。噫！虽彼伯乐，右控造父，左牵若以，八危临之，则八骏死矣！①

朴齐家则以古喻今，借赵武灵王胡服骑射的非凡之举呼吁朝鲜学习满族服饰的实用性，进而阐明北学中国先进制度的必要性，他指出：

> 昔赵武灵王卒变胡服，大破东胡，古之英雄有必报之志，则胡服而不耻。今也，以中国之法而曰可学也，则群起而笑之。匹夫欲报其仇，见其仇之佩利刃也，则思所以夺之。今也，以堂堂千乘之国，欲伸大义于天下，而不学中国之一法，不交中国之一士，使吾民劳苦而无功，穷饿而自废，弃百倍之利而莫之行，吾恐中国之夷未暇攘而东国之夷未尽变也。故今人之欲攘夷也，莫如先知夷之为谁。欲尊中国也，莫如尽行其法之为逾尊也。若失为前明复仇雪耻之事，力学中国二十年后共议之未晚也。②

金舜协将章服与军服相比，指出：

> 则于缯黑长衣之下，旁刺以华绣，有若蔽膝样，其上着短衣而付胸背，使其短衣之裔适于蔽膝之际，且于两肩之上以兼缎刺以金绣，作半月形而覆之，广可五寸缀于胸背，俾勿摇动项挂念珠而已。于礼部设宴时，见侍郎者着貂皮章服，而其缀肩之半月形，亦以貂皮为之矣。③

李宜显则记载得更为详细：

> （朝服）里衣其长及踝，狭袖而阔裾。表衣其长至腰，两袖及肘是谓接袖。圆裁锦帽贯顶加肩。前后蔽领是为披肩。披肩及表里衣皆黑。而其绣以四爪蟒为贵。补服在表，束带在里。文武四品以

---

① 朴趾源：《热河日记》，《燕行录全集》第54卷，第141—143页。
② 朴齐家：《楚亭全书》（下），首尔：亚细亚文化社1991年版，第402—405页。
③ 金舜协：《燕行录》，《燕行录全集》第38卷，第435页。

上方许挂数珠，拴马踢胸。①

《农隐入沈记》的作者李田秀在盛京期间还见到了时为满洲襄红旗出身的礼部侍郎，"戴珊瑚顶子，长须大耳，颇颀然有贵气，问是礼部侍郎，皇帝近族云。使臣、正官皆俱帽带，华人亦公服。所谓公服，帽有丝缨，项挂念珠，云有披肩之服，而恨未详察也"②。其后朝鲜使臣亲自参加礼部盛典，朝服之制始得详见："则内穿彩绣蟒龙袍，上穿褂子，前后心贴脑褙，顶子尖长，缨子用丝，项挂念珠，肩着披肩，而其制尖裁绣片，左右覆肩，其外一如常时所服也。"③ 由此可见，朝服形制与军服大致无二，只是在颜色、装饰毛皮的种类及衣饰图案上别贵贱，衣服颜色上"惟皇帝黄帽黄袍，其余则无论贵贱公私，常着之服大抵皆黑色。襦裤之属或有青紫色，白衣则绝无焉"④；装饰毛皮的种类则"裘襟与袖口，贱人则不得以貂毛为之"⑤；衣饰图案上"朝服里衣则长，而两袖及衣边皆绣蟒龙，此所谓蟒袍。上服则短而着胸排白鹤、麒麟、锦鸡、鹭鹚各有其品"⑥。故而，出使中国的李宜显、金昌业等人皆感叹清代朝服虽非华制，然而其贵贱品级，可谓章章不紊矣。

在渔猎时代，满族先祖手工制造业极其匮乏，"女工所织，只有麻布，织锦刺绣则唐人所为也"⑦，由渔猎到农耕生活方式的转变以及汉化的影响，入关后满族衣饰开始渐渐讲究绣花纹样，这给粗犷豪放的游猎民族增加了些许精细的特征，精致考究的绣花纹饰非常吸引燕行使的目光，燕行途中朝鲜使臣常常看到精工刺绣的满族女子，如咸丰五年（1855）来华的燕行使姜长焕在抵达盛京时见"胡人凡大小事役，男子悉任其劳，凡织布、裁缝、舂米、炊饭等事，亦皆为之。女子则不过缝鞋底，或刺绣而已"⑧。事实上，满族女子精工刺绣，着绣花纹样衣饰

---

① 李宜显：《庚子燕行杂识》，《燕行录全集》第35卷，第449—450页。
② 李田秀：《农隐入沈记》，《燕行录全集》第30卷，第130页。
③ 李田秀：《农隐入沈记》，《燕行录全集》第30卷，第161页。
④ 徐有素：《燕行录》，《燕行录全集》第79卷，第155页。
⑤ 李押：《燕行记事》，《燕行录全集》第53卷，第47页。
⑥ 李押：《燕行记事》，《燕行录全集》第53卷，第47页。
⑦ 《建州闻见录校释》，辽宁大学历史系，1978年，第43页。
⑧ 姜长焕：《北辕录》，《燕行录全集》第77卷，第343页。

的传统由来已久，花朵刺绣活灵活现，花样纹饰缤纷炫目，《金史》曾载：

> 妇人服襜裙，多以黑紫，上编绣全枝花，周身六襞积。上衣谓之团衫，用黑紫或皂及绀、直领、左衽、掖缝，两傍复为双襞积，前拂地，后曳地尺余。带色用红黄，前双垂至下齐。年老者以皂纱笼髻如巾状，散缀玉钿于上，谓之玉逍遥。此皆辽服也，金亦袭之。①

"花枝招展"的满族女子成为燕行途中，吸引朝鲜使臣的一道靓丽风景，精致的绣工，繁复的花样不禁令一向崇尚简朴的朝鲜文人惊奇不已，朴趾源在《热河日记》中描述途中所遇满族妇人："满髻插花，金钏宝珰，略施朱粉，身着一领黑色长衣，遍锁银纽；足下穿一对靴子，绣得草花蜂蝶。盖满女不缠脚，不着弓鞋。"② 而花样纹饰不仅为满族女子所钟爱，满族男子也经常着绣花纹样的衣饰，如朴趾源在栅门遇到的"胡商"，亦有身着"秀花绸衣"者，足见满族男女对绣花纹样衣饰的普遍喜爱。同时，满族男子在腰间还常常佩戴绣工别致的绣囊。如使臣金景善所言："绣囊，俗名荷包，或称憑口子。烟袋、烟包、槟榔、茶香之类装焉。斑布、洗巾、扇袋、妆刀、火镰具焉。"③ 事实上，佩戴绣囊是始自满族先民的一种风俗，满族人无论男女老少，都喜欢佩戴绣囊，清朝建立后，佩戴香囊的习俗一直延续下来，且在宫廷民间经久不衰，在宫里，荷包作为皇帝的赏赐之物，常常被满族官员和贵族子弟们佩于胸前，以示宠耀。小说《红楼梦》中，大观园建成后，宝玉试才题对额，大展诗才，众小厮讨赏，将宝玉佩戴之物劫掠一空。燕行使李押《燕行记事》载："无贵贱，老少皆腰佩小囊及火铁刀子。"④ 如果说，衣服尚黑色彰显了满族节俭务实的特性，形制设计简洁独特则突出了满族崇尚实用的民族智慧，而花样纹饰的衣衫鞋子更透露了满族骨子

---

① （元）脱脱等撰：《金史》卷四十三，中华书局1975年版，第985页。
② 朴趾源：《热河日记》，《燕行录全集》第53卷，第316页。
③ 金景善：《燕辕直指》，《燕行录全集》第72卷，第281页。
④ 李押：《燕行记事》，《燕行录全集》第53卷，第51页。

里散发的热爱自然之天性，以及在此基础上呈现的民族审美特征。尽管朝鲜燕行使对此非议不减，诟病颇多，但大多是源自华夷观的影响，导致他们内心深处充满对满族族群的抵触情绪，先入为主的成见很难一时间加以弭除，然而满族衣饰的实用、简洁、精美及等级分明还是给燕行使留下了深刻的印象，赞誉者与诟病者并存，学习者与厌弃者并行，作为族群表象特征的满族衣饰在燕行使对其态度的微妙变化中，完整地呈现了中朝两国的文化互动之路。

四 满族衣冠服饰与燕行使的思汉之心

满族服饰不仅是民族族群特征的外在表现，也在一定程度上代表了江山易主、王朝更迭，满族的衣冠服饰更直接牵动了朝鲜燕行使的思明之心。对衣冠服饰不厌其烦的描摹体现了燕行使对满族的关注，对清王朝的重视，当然客观的描述中有时夹杂着不屑一顾、戏谑嘲讽、屈辱不甘等多种情绪。此时的满族衣饰就不仅仅只是族群特征的外在体现，燕行使赋予了其深刻的情感内涵。李押《燕行记事》载：

  清人冠服渠辈自视歉然，我人亦笑之。而至若团领，乌纱帽，阔袖，长衣，渠不敢笑。虽妇人女子必谛视而慕悦之，是以戏谑之时，我人冠服通官辈虽或着之。渠辈服色未尝加之于我人，盖知我人之厌苦而然。每与渠辈语，问其衣服之制，则汉人辄赧然有惭色。问我人服色，或云此是中华之制，非不知。可喜吾辈时王之法亦多好处，诘其所以？则头发尽剃无梳栉之劳；上下均服无名分之别；制度简易，执事服役无所相碍，以此为便。有识者或曰此吾先祖之所服，我家尚藏旧衣，以时披玩，子服之华制宁不歆艳云？而亦为之怆然矣。然至于明时团领及华冠等物皆归于戏子堂，殆无旧制。大抵元氏虽入帝中国，天下犹未剃发，今则四海之内皆是胡服，百年陆沉，中华文物荡然无余，先王法服今尽为戏子辈玩笑之具，随意改易，皇明古制日远而日亡，将不得复见。至于外国四夷之来朝者，莫不服左衽，而言侏离，安南虽曰冠带，披发，染齿，则亦非可论于华制，此可谓天地长夜，未知江南有识之士尚能有殷礼之可征者也，良可慨然。①

服饰本是外在之物，然而燕行使目之所及，痛不可遏，究其原因不外是触及了衣冠所代表的情感归属，故难以自持，燕行使笔下的满族服饰凝集了真实具象的客观描摹与五味杂陈的情绪表达，鲜明地体现了燕行使的立场与态度，1749年出使中国的俞彦述写道："彼人有指我人衣服而嗟叹者曰：'此圆领衣也。好制度！好制度！'我人亦戏指其衣曰：'此亦好制度'，答曰：'不好，不好，此是鞑子打扮。'仍曰：'我辈独女人不顺云。'盖是汉人而可见其有思汉之心也。"② 如此类以衣冠为媒介，借助汉人之口宣扬思明之心的例子不胜枚举，也许在燕行使看来，汉人的黍离之悲犹盛于己，甚至着意渲染悲凉气氛，让中华陆沉的愁云惨雾更加厚重，康熙八年出使的闵鼎重与王秀才问答有云："中国有'便把杭州作满州'之句云，可闻其全篇耶？此乃时人戏改古诗，云：'山外青山楼外楼，西湖歌舞比时休。腥膻熏得游人醉，只把杭州作满州。'以笔代古终不能尽所欲言"，又言道："纸笔代喉舌，古人已言之矣，虽不能畅谈，然胜于肆口者多多也呵呵。"③ 戏改古诗本是读书人茶余饭后、消遣娱乐的方式，然而在燕行使闵鼎重看来，"只把杭州作满州"这一句却是改得意味深长，而王秀才的回答也同样耐人寻味，闵鼎重的冷峻记述中透露着同是天涯沦落人之感。有时，燕行使会通过对满族服饰的质疑来进一步证明中华衣冠的正统性，如燕行使李押记载：

  衣服之制无论男女贵贱奢俭，色皆尚黑，衣长及胫，袖则甚狭，表里俱无系，自上至下多悬小团珠，而敛束之，解脱之际甚不容易。表衣则无衽，里衣或有衽而皆是右衽，古所谓左衽者或指别种耶？或清人遵用华制耶？裤袜亦色青而男女皆同服，但汉女则或着裳，而必为前三后四，其色或红或淡红，其样甚长，系裙之女虽未见之，清人咏裙诗曰：潇湘六幅更重重，裁作巫山十二峰。然则

---

① 李押：《燕行记事》，《燕行录全集》第53卷，第52—54页。
② 俞彦述：《燕京杂识》，《燕行录全集》第39卷，第294—295页。
③ 闵鼎重：《老峰燕行记》，《燕行录全集》第22卷，第385—386页。

裳是七幅，裙则六幅，裁作十二幅者耶？①

在李押看来，左衽和右衽绝不仅仅是满汉服饰的简单差别，本该是"左衽"的满族服饰偏偏是"右衽"，"或清人遵用华制耶"更像是作者内心期盼的肯定答案，而作者对清咏裙诗的质疑则更象是在嘲讽连简单数字都计算不明白的愚笨之人。可见，朝鲜士大夫对满族衣冠的鄙夷与厌恶是源自对华夷之变，明清鼎革的不甘，18世纪下半叶随着朝鲜北学派的兴起，这种固有看法就逐渐发生改变，洪大容就是其代表，金柄珉教授说：

> 在《医山问答》里，实翁对未能看出华夷论实质的虚子作了这样的解释："天之所生，地之所养，凡有血气，均是人也。出类拔萃，制治一方，均是君王也。重门深濠，谨守封疆，均是邦国也。章甫委貌，文身雕题，均是习俗也。自天视之，岂有国内外分哉。"而朝鲜朝的封建士大夫阶级却把中国的满族视为夷狄，不承认清朝的存在。实际上，这不过是消极的文化防御心理。②

洪氏认为衣冠服饰无关乎民族国家，不过风俗之表，更不应以华夷分之而妄自揣度，这是对朝鲜士大夫固有看法的极大修正，也是朝鲜北学中国思潮影响下的客观评述。

有时燕行使会以己度人，通过满汉衣冠的比较，揣测汉人的心理，观察满人的表情去彰显思明归汉之心，康熙三年（1664），出使中国的洪命夏在北京记录了汉人对身着大明衣冠的朝鲜使者的羡慕之情："汉人无不来见，皆有嘻嘘叹息之色，欲语未语，通官甲军等皆退却之，而后来者亦如此，盖见我衣冠，自不觉其感慨而然也。"③乾隆四十八年（1783）出使中国的李田秀、李晚秀兄弟结识了盛京书商张裕昆，李氏兄弟身着大明衣冠，行汉礼，引起了张裕昆"倾喜歆艳之色"，身着大

---

① 李押：《燕行记事》，《燕行录全集》第53卷，第40—41页。
② 金柄珉：《论洪大容的哲学思想和文化意识——以〈医山问答〉为中心》，《东疆学刊》2011年第1期。
③ 洪命夏：《燕行录》，《燕行录全集》第20卷，第314页。

明衣冠的朝鲜使团自信满满,尤其路逢汉人便刻意展示,并不厌其烦地探听对方的感受,《农隐入沈记》记载朝鲜使者追问:"先生乃是汉人,见仆等衣冠,想有悦慕之心矣。"① 当得到的回答是"不言而喻"四字时,朝鲜使者倍感欣慰,显然这一回答更能暗合朝鲜使者的"黍离之悲"。

对于踏上中国土地,满眼尽是胡服胡帽的朝鲜使者来说,画本中,戏台上的汉族衣冠往往格外引人注目,这不仅仅勾起了对大明衣冠过往的追念,也触碰了他们对江山易代的沉痛感悟,更引起了朝鲜使者无限遐思,据李宜显《庚子燕行杂识》载:

> 男子所着胡帽及裘,富厚者用貂,其次用羔羊杂兽皮,而不用狗皮。凡着裘,必使毛在表,男女衣服,无论奢俭,色俱尚黑,而汉女则不尽然,穿青红裤者多,男女衣俱无衽,内外所着,又无敛结之带,皆以小团珠无数纽缀,解脱衣服之际,甚不容易,无论胡汉,一皆胡帽胡服,而见画本,虽画近来人物,冠帽则悉依汉仪,于此可见虽不得已从时制,而心实歉然也。②

在李宜显看来画本中人物的汉族衣冠并不是偶然现象,它显然暗合了朝鲜燕行使思明心理,体现了朝鲜燕行使对以夷变夏的客观现实的无奈接受与愤慨感伤。相较于画本,戏台则以布景及人物的巧思与真实性承载了燕行使更多的情绪体验。朝鲜燕行使一路行来,感受到了戏曲在中国的流行与普及,无论宫廷还是民间,市肆抑或乡野,戏曲成了皇室贵族、仕宦大夫、高才秀士以及普通民众最喜闻乐见的形式,辉煌气派的宫廷戏场,纸醉金迷的市肆茶楼,搭建简陋的乡间戏台上演绎了无数的悲欢离合,这种浓厚的文化景观常常令朝鲜使者流连不已,朝鲜使者朴齐仁记载:"寺观及关庙之对,必设戏台,深高雄杰,丹腰金碧,凳桌之属,动以千计,沿道往往设芦簟为高台楼阁之状,结构之工,缥缈峥嵘,每于上中元佳节和畅之时演剧。"③ 乡间戏台虽是简陋,然而依

---

① 李田秀:《农隐入沈记》,《燕行录全集》第30卷,第267页。
② 李宜显:《庚子燕行杂识》,《燕行录全集》第35卷,第452页。
③ 朴齐仁:《燕槎录》,《燕行录全集》第76卷,第289—290页。

然挡不住民众看戏的热情，人们或立或坐，棚上棚下，如堵如海，尤其是观戏的女子"皆凝妆盛饰，百十为群，并乘大车，连络道路以赴戏，所住车于台前，仍乘而观戏"①，这些盛装打扮，举止娴雅的观戏女子，常常是乘车而来，有时观戏之余，常将所驾骡牛散放于山隈之间，任其吃饱，随同主人尽兴而归，真是"人无杂还扰攘之弊，马无横迭换绪之患"，好一副自在闲适的景象！人潮鼎沸的场面丝毫不亚于婚礼、丧礼，据他记载："凡有事可以容众，则必以芦簟结构高阁，结构之工若不费力，结构之材亦皆常有，初非暂时间办出者也。沿路村落及都会处，每见高阁皤然，则不问可知为唱戏，如非唱戏场，则即是婚家丧家也。"② 可见，观戏俨然时为百姓最常见的消闲方式，最令朝鲜使者惊讶的是，戏台上戏子的装扮竟然是大明衣冠，一时间熟悉的感受扑面而来，引发了他们无限的遐想，朝鲜使者金昌业记载清朝戏台戏曲说："其所演皆前史及小说，其事或善或恶，使人见之皆足以为惩，而前代冠服制度，中国风俗，可观者多如今日，汉人之后生犹羡慕华制者，未必不由于此。以此言之，戏子亦不可无也。"③ 曾经象征中华文明与礼制的汉族衣冠如今成了戏台上的装扮，这着实令朝鲜使者无限感伤，如朝鲜使者洪昌权感慨云："往观戏子戏，其所着纱帽冠带，全似我国，曾闻此戏尤明朝冠带而如优人之戏云，果然矣。"④ 但同时小小的戏台也带来了些许安慰，戏服成为朝鲜使者复见汉官威仪，追忆皇明礼制的窗口，而戏台则成为宣扬儒家伦理道德，教化百姓知礼守节的媒介，正如朝鲜使者李在学记载北京演戏的茶园：

    阁中栏下稍北，作戏场。而揭"乐庆韶舞"四字，柱之左右牌刻题"学君臣学父子学夫妇学朋友，汇千古忠孝节义，历历说道逢场；或富贵或贫贱或喜怒或哀乐，将一时得失悲欢，重重荣教演戏"五十字。⑤

---

① 朴齐仁：《燕槎录》，《燕行录全集》第76卷，第290页。
② 朴齐仁：《燕槎录》，《燕行录全集》第76卷，第290页。
③ 金昌业：《老稼斋燕行日记》，《燕行录全集》第32卷，第167页。
④ 洪昌权：《燕行日记》，《燕行录全集》第39卷，第173页。
⑤ 李在学：《燕行日记》，《燕行录全集》第58卷，第130—131页。

可见，对朝鲜使者而言此时戏台便不再只是娱人耳目、娱乐遣兴的工具，也是承继中华礼制，宣扬朱子之学，教化民众的重要载体，他们固执地相信："中华衣冠，前代风俗，于此乎亦有可征者矣。"①

第二节　燕行使舌尖上的满族味道

满族先民早年长期穿梭于高山密林之中，居于地广人稀、动植物繁多、冰天雪地的自然环境之下，野生资源的丰富，促成了满族"民以猎为业，农业次之"②的生活方式，狩猎、渔猎、采集是女真先人的生活传统。清朝建立以来，随着政权的逐步稳定与民族融合的不断深入，汉族人以农为本的生产方式多为满族人所吸收借鉴，勤于耕作的满族人给使团人员留下深刻印象，这从满族人的日常饮食便可窥知一二，体现了丰富多彩的满族饮食文化。

一　"尚油腻""口味重""重肉而不重饭"的饮食习俗

满族长期穿梭丛林间，精湛的骑术及以渔猎为主的生活方式赋予了他们强健的体魄和以肉食为主的饮食习惯。《满洲源流考》载满洲族先祖女真首领聚诸将共食：

> 则于炕上用矮台子或木盘相接，人置稗子饭一碗，加匕其上。列以薤韭长瓜，皆盐渍者。别以木楪盛猪、羊、鸡、鹿、兔、狼、麂、獐、狐狸、牛、马、鹅、雁、鱼、鸭等肉。或燔或烹，或生脔，以芥蒜汁清沃，陆续供例。各取佩刀脔切荐饭。食罢，方以薄酒传杯而饮。③

肉食种类之丰富，由此可见一斑，无论是皇家盛宴还是满族百姓家日常待客，肉类都是餐桌上的主角，如谈迁《北游录》记载："朝贺赐宴。三品以上铜盘。置大胾。牛羊豕之肠胃。不之遗也。四品以下木

---

① 李遇骏：《梦游燕行录》，《燕行录全集》第77卷，第18页。
② 滕绍箴、滕瑶：《满族游牧经济》，经济管理出版社2001年版，第54页。
③ （清）阿桂等撰：《满洲源流考》，第379页。

盘。其饼饵甚精。旗下降官。日趋再点。三品上红。四品绿顶。凡大宴执役。每二人舁一木盘。分割诸肉散之。"① 满族人待客: "彻一席又进一席。贵其叠也。豚始生。即予直。浃月炙食之。英王在时。尝宴诸将。可二百席。豚鸡鹅各一器。彻去。进犬豕俱尽。始行酒。"② 清代满族人得舆创作的诗集《草珠一串》道出了满族喜食肉类的饮食习惯,其中有首竹枝词云: "关东货始到京城,各处全开狍鹿棚。鹿尾鳇鱼风味别,发祥水土想陪京。"诗中的陪京就是沈阳,关东满族的发祥地。《满族源流考》记载"盛京之鱼肥美甲天下,而鲟鳇尤奇,巨口细睛,鼻端有角,大者丈计,重可三百斤。冬日辇以充庖备赐,亦有售于市肆者,都人分鲙之,目为珍品"③。18 世纪初,以子弟官身份来中国的朝鲜使者金昌业还曾在八里铺品尝过一种味道鲜美的白鱼羹,称"此地鱼鲜中为最"。清军入关后,满族继续保持着对肉类的饮食偏好。金昌业在路经小黄旗堡时就看到满族庭院门梁上悬挂着一些狐狸、鸱、雉等野味。朝鲜使者李在洽《赴燕日记》载: "彼地肉品,莫如羊肉,腴腻绝美,其次鸡、猪、鹅、鸭,牛肉硬涩无味,殆不堪食。狗畜之肉,俗不之吃。蛇蟒之属,亦有可食者。"④ 朝鲜使者金舜协也写道: "其馔羞则以猪羊为主,而极其油腻,故必和荤蒜于酱,以为开胃之资,且用芥姜,所谓腥毡,盖以此也。"⑤ 然而在这些肉类中,猪肉是满族人家最青睐的食物,如非大宴不设的"肉盘子",就是以极肥猪肉配青葱而成。待客的馅饼也常由猪肉制成,如李宜显记载:

  所谓柔薄儿,以面造,似我国霜花而皱其缝,亦似我国馒头,此盖古之馒头也。其馅以猪肉和蒜为之,又以面作圆饼,熬以猪羊油,轻脆易碎,似我国干钉状。其珍者和糖屑而为之,虽有精粗美恶之不等,店肆所卖率皆此类也。又有以糖面茬子之属,合成果形,略如我国柏子饼薄馓样者,不至太甘,亦不油腻,稍为可口,

---

① (清)谈迁:《北游录》,中华书局1960年版,第349页。
② (清)谈迁:《北游录》,中华书局1960年版,第356页。
③ (清)阿桂等撰:《满洲源流考》,第412页。
④ 李在洽:《赴燕日记》,《燕行录全集》第85卷,第180页。
⑤ 金舜协:《燕行录》,《燕行录全集》第38卷,第438—439页。

大抵燕中馔品，皆以猪羊油熬成，故多有膻气，不宜于口。①

朝鲜使臣姜浩溥曾在凤凰城满族人家品尝过猪肉，赞叹其白如雪，软融无比，称其为人间至味。满族人还喜欢将猪肉做成汤羹，滋味鲜美，猪肉汤其清如水，略有滓而沉在底，少和椒盐者，满族人家最为喜爱。《农隐入沈记》记载朝鲜使臣在盛京谒见乾隆皇帝期间，曾多次品尝猪肉汤粉。"汤以菜末为面酱，水和鸡卵，上加捣蒜，切肉而下面者，即食铺中上味也。"②

对于喜欢吃肉喝汤的满族人来说，下水汤和火锅往往是上佳选择，下水汤又称"热锅汤"。李宜显《庚子燕行杂识》载"以羊、猪、牛、鸡卵等杂种，乱切相错，烹熬作汤，略如我国杂汤，素称燕中佳馔，而膻腻之甚，不堪多啜，又有所谓粉汤者，即我国水面，而和以酱水，入鸡卵，亦热锅汤之类，而稍淡不甚腻"③。满族火锅一般分成上下两层，高不及尺，中间的红铜似为火筒，将炭放置其中，待汤沸时，可以将一切鸡鱼肉等置入其中烹煮，味道非常鲜美。朝鲜使臣徐有素在日记中也对满族火锅作了详细记载："其器团圆如缸，以铜铁或鍮铅造之。缸中竖铜筒（如竹筒），筒中爇碳，筒之外即缸之内，置所煮之物，凡各色肉与菜和油酱纳之，而筒火炽则缸内之物自熟。"④ 由于满族人喜欢吃肉食及油腻之物，故饭后往往需要饮茶来解腻，以促进消化。正如《农隐入沈记》所载满族"大抵尚油腻之馔。故吃后必啜茶"⑤，使臣金舜协记载："惟茗茶足以降气调肠，佳可啖矣。见到处人家必置罐于炉上，常煮茗茶，人有入其家者，则女以小钟进茶，以为接待之礼也。"⑥ 茶必要热饮，正如李宜显《庚子燕行杂识》载："而茶要必热，在钟稍冷，则还倾壶中。饮茶尤要缓缓，呷茶一盏，几至吸烟之久。茶不惟待客，亦无时不饮，如东八站茶贵处，以炒米代之，谓之老米茶。"⑦ 柳

---

① 李宜显：《庚子燕行杂识》，《燕行录全集》第 35 卷，第 467 页。
② 李田秀：《农隐入沈记》，《燕行录全集》第 30 卷，第 121 页。
③ 李宜显：《庚子燕行杂识》，《燕行录全集》第 35 卷，第 465 页。
④ 徐有素：《燕行录》，《燕行录全集》第 79 卷，第 163 页。
⑤ 李田秀：《农隐入沈记》，《燕行录全集》第 30 卷，第 371 页。
⑥ 金舜协：《燕行录》，《燕行录全集》第 38 卷，第 439 页。
⑦ 李宜显：《庚子燕行杂识》，《燕行录全集》第 35 卷，第 465 页。

厚祚《燕行日记》载："其人不饮生冷，善吃茶，又喜食芦子、槟郎、缩砂，皆消食安胃之物，茶则无时不啜，而待客必先劝一杯矣。"① 与此同时，与饮茶并存的习俗还有吸烟，李宜显记载：

> 南草，男女老少无人不吃，而待客之际，与茶并设，故称南草为烟茶，市肆尤多卖者，揭之以名烟者，处处皆是。然其草细切，晒得极干，无一点湿气，故一瞬蓺尽，亦不叠吃，一竹便止。通一日所吃，多不过四五竹，其竹亦细而短，使吸我国南草，则未尽一竹，颦眉即止，称以辣毒，见我国人连吸累竹者，目动有惧色，恐其中毒也。②

二　善制腌菜、咸菜与酱菜

虽然满族先祖擅长以骑射为技、以渔猎为生，但是随着汉化程度的加剧与稳定的民居生活的影响，种植粮食瓜果蔬菜并贩卖获利的满族人也为数不少，如金昌业就记载了很多满族人皆以卖菜种为业，种类如白菜红萝卜等。作者尤其对红萝卜赞赏有加，在凤城一户满族人家做客时，还曾向主人求萝卜，据朝鲜使者金景善记载，满族居民尝食的菜类还有："葫、葱、菘、芥、萝菖，菱菠菜（俗名时根菜）、胡萝菖（俗名唐根）、东瓜、南瓜、西瓜、甜瓜之属最多，……莴苣、芹、苦菜亦有之。"作者还将这些菜类与本国作了比较：

> 芹味稍辛，苦菜亦与我国所产微不同，惟蔓菁绝无所见。菘菜一根数十叶，视我国所产，大可倍之，其肉甚脆，冬月储于地室，常如新採。山药亦多，而皆家圃所种，肥而少味。薇蕨则以通远堡所产为最，竹笋产于南方，而北京菜铺多卖之，肥而味淡，留馆时厨人常买而作羹。③

---

① 柳厚祚：《燕行日记》，《燕行录全集》第75卷，第386页。
② 李宜显：《庚子燕行杂识》，《燕行录全集》第35卷，第466页。
③ 金景善：《燕辕直指》，《燕行录全集》第72卷，第267—268页。

满族长居东北苦寒之地，冬季寒冷漫长，因此蔬菜的储存与保鲜便成为满族居民日常饮食居家的必备功课。酸菜、酱菜与咸菜是满族餐桌上最常见的佐餐小菜，朝鲜使臣金昌业的日记中就有用萝卜、冬瓜、甜瓜腌成咸菜的记载，这些咸菜不仅美味而且有益脾胃。①酱也是满族人家常用的佐餐之物，然而朝鲜使者大概出于口味原因，似乎对此并不称善，据李宜显记载："酱皆用大豆，和小麦为之，见其燻造，如我国所造，而一块大如斗，酱味淡而微酸，市酱或和小豆为之，味尤不好。"②顺治时期，滞留中国的日本人也发现满族"吃的东西，有鸡、鱼，有猪、牛、羊肉。他们是把肉煮熟，然后加上盐酱。菜也是先是做熟了后放酱油。他们也用大酱做菜，但和日本的大酱味道不一样，不合乎我们的口味"③。

三　主食尚"黏""酸""辣""油"

《满洲源流考》记载盛京"地脉厚则谷宝滋，黍、稷、稻、粱、菽、麦之类，植无不宜，亩获数石，而斗直三钱。故百室盈，而四鬴充，岁以为常"④。可见，盛京地区山川浑厚，土壤肥沃，农殖蕃滋。据使臣金昌业记载："关内外炊饭，率用小米、蜀、黍，而蜀、黍居多，间有旱稻米。"⑤至于玉米，则在康熙年间就已传入东北，乾隆时期已经在盛京东部地区普遍种植。朝鲜使臣李田秀途经盛京看到诸谷之中米极稀，玉米甚多，一眼望去"则玉蜀黍被于原野，其高踰丈，其穗盈尺，蒸炊吃之，用以代饭，问其名，称'包米'云"⑥。玉米作为主食迎合了满族人喜欢黏食的口味。

满族人喜欢喝粥，粥与酱是满族餐桌上的常见吃食，满洲族先祖女真人"春夏之间，止用木盆注粥，随人多寡，盛之以长柄小木勺子，数柄回环共食，下粥肉味无多，止以鱼生獐生，间用烧肉。冬亦冷饮，以

---

① 金昌业：《老稼斋燕行日记》，《燕行录全集》第33卷，第37页。
② 李宜显：《庚子燕行杂识》，《燕行录全集》第35卷，第470—471页。
③ 《汉译〈鞑靼漂流记〉》，辽宁大学历史系，1978年，第59页。
④ （清）阿桂等撰：《满洲源流考》，第408—409页。
⑤ 金昌业：《老稼斋燕行日记》，《燕行录全集》第32卷，第332页。
⑥ 李田秀：《农隐入沈记》，《燕行录全集》第30卷，第372页。

木楪盛饭,木碗盛羹,下饭肉味与下粥一等"①。李海应《蓟山纪程》载:"朝夕之馈或饭或粥,男女围一桌而坐,各以小钟子分食,一器尽又添一器,随量而止,其简率极矣。"② 李田秀在《农隐入沈记》中,对满族的米粥有这样的记载。他说:"所谓夕饭,则比饭略希,比粥略稠,盛在铜锅,用沙碗舀出,以筋引饮。"③ 朴趾源在《热河日记》中有对满族少女吃饭的描写:"把铁镟子,倾绿色瓦盆,满勺子蜀黍饭盛得一碗,和镟沥水,坐西壁下交椅以箸吸饭。更拿数尺葱根,连叶蘸酱,一饭一佐。"④ 现如今"和镟沥水"的米饭与葱蘸酱仍保留在东北民间的饮食习俗中。可见,粥是满族最常见的吃食,燕行使来华,看到沈阳一带水质差,对此能否煮粥而提出质疑,如李押《燕行记事》载:"东八站则水味清洌,沈阳以后皆是腐水,浑浊味恶,一板门二道井之间尤甚,至于不能煮粥。"⑤

此外,满族人喜欢吃酸味食品,朝鲜使臣李田秀在盛京期间,就曾品尝过一种名为"酸汤子"的食品,另外还有"臊辣逆胃"的"胡卢粉汤"也颇具满族特色,满族人长居关外苦寒之地,"胡卢粉汤"燥热的特性具有很好的御寒效果,朝鲜使臣洪大容记载了品尝"胡卢粉汤"的经过,其到凤城时:

> 直入食铺。铺内可十余间,分列椅桌,可坐百人。傍有店小二十数人,鼎俎刀匕挥霍,并作叫声:"高丽老爷要吃什么东西?"余亦戏叫掌柜的拣着好东西来,即进胡卢一碗。胡卢者,汤面也……且吸且啜,吞嚼如珍饴。顷刻吃两碗,吃茶而按之,从此成口习,恣意吃之。⑥

作者还盛赞了"胡卢粉汤"的口感与作用,称其"但晓夜风雪,非

---

① (清)阿桂等撰:《满洲源流考》,第433页。
② 李海应:《蓟山纪程》,《燕行录全集》第66卷,第538页。
③ 李田秀:《农隐入沈记》,《燕行录全集》第30卷,第81页。
④ 朴趾源:《热河日记》,《燕行录全集》第53卷,第316—317页。
⑤ 李押:《燕行记事》,《燕行录全集》第53卷,第20页。
⑥ 洪大容:《湛轩燕记》,《燕行录全集》第42卷,第430—431页。

此不可御寒"。① 又如"山楂糕",也是备受满族喜爱的传统果品,山楂满语叫"温普","形似楂味甘而酢,或借温桲字书之。考《花木记》以温桲为梨别种,则徒取音近,固不相类耳"。② 清代北京竹枝词中写道:"内城果局物真赊,兼卖黄油哈密瓜。我到他乡犹忆食,山楂糕与奶乌他。"《农隐入沈记》作者李田秀在《纪行百首》中也写道:"山查更林檎,牛奶与马乳"③,足见满族人对这种酸甜适口的果品之喜爱。

满族人喜食油腻之物,《满洲源流考》记载:"《北盟录》女真俗重油煮面食,以密涂拌,名曰茶食,非厚意不设。"④ 可见油煮面食既是传统也是待客需要,油炸之物不仅仅是因为口感好,更重要的是善于保存,不易变质。如满族餐桌上最常见的主食饽饽与糕就是典型的油煎之物,如李田秀在《农隐入沈记》中载:"饼则通称为饽饽,而不见甑上蒸炊,皆是油煮,故经久不败。"⑤ 使臣洪大容的《湛轩燕记》还专门记载了满族民间甚至宫廷的饽饽与糕,真是品类竞繁、不胜枚举:

> 凡糯糕油煎者,统称果子,其鹿茸糕、人参糕、鸡鸣糕之类,珍美可食,关内外多有之。在皇城无名诸糕,专尚甘香,往往中包五采,片片分割,随成各样花纹。其圆饼号为饽饽,多包雪糖,其称元宵饼者,团面如鸟卵,中有糖汤,烹而吃之,最可口也。⑥

从深宫内院到普通民家,从寺院到市肆,饽饽都是最常见的满族美食。如嘉庆二十三年(1818)出使中国的成祐曾路遇沈阳愿堂寺"有衣黄僧即蒙古喇嘛邀三使入炕,先进香茶,次设饽饽(饼名,小如雉卵,外涂者如蜡,中包以糖,市廛所卖大如沙果,以大麦为之,味不甚佳也)"⑦。《草珠一串·时尚》记载了满族糕点的花样繁多,其诗云:"满洲糕点样原繁,踵事增华不可言。惟有棹张遗旧制,几同告朔饩羊

---

① 洪大容:《湛轩燕记》,《燕行录全集》第42卷,第430页。
② (清)阿桂等撰:《满洲源流考》,第413页。
③ 李田秀:《农隐入沈记》,《燕行录全集》第30卷,第473页。
④ (清)阿桂等撰:《满洲源流考》,第434页。
⑤ 李田秀:《农隐入沈记》,《燕行录全集》第30卷,第372页。
⑥ 洪大容:《湛轩燕记》,《燕行录全集》第42卷,第431—432页。
⑦ 成祐曾:《茗山燕诗录》,《燕行录全集》第69卷,第148—149页。

存。"另有满族人经常用来待客的馅饼,也是油香扑鼻,据朝鲜使臣李海应记载,满族馅饼"以面作团饼,熬以牛猪油,轻脆易碎"①,作者称其味道为"饼饵中最佳"。

除此之外,满族居民经常食用的果品种类也不少,朝鲜使臣李宜显记载:

> 果品则梨小如鸡卵,而味则佳,烂梨亦佳。柿比我国产绝大,淡而无味,干而作团,如我国蹲柿者,味稍佳而其甘不及。栗子、榛子、石榴、沙果、林禽,味亦平平。唯山查大如李,无一蠢,肉厚味佳。葡萄紫色者味最佳,大枣比我国产倍大,肉厚核小,所谓黑枣尤佳。柑橘多至六七种,而其味皆佳,其中乳柑,皮如柚,味倍佳,最大者味酸,不堪吃。荔支龙眼之属来自南方,颇多有之,而皆是干者。曾前使行时或得尝其生者,味绝佳云。而今行未得尝,可恨。西瓜仁形圆而黑,肉厚,不比我国之尖薄,车载市积,男女老少行坐皆吃。槟榔出于南中,坚硬不可食,味且辣涩,而燕中人置诸囊中,常常嚼之。②

李田秀《农隐入沈记》也记载:"果则葡萄、烂梨、山查、林檎,皆比我国甚大。而梨与葡萄为尤好,惟苹果差,少而味劣,香瓜小而甚甜,西瓜亦比我产为大,而西瓜之子多入干果品,或为滋味之用矣。"③ 李田秀兄弟在前往盛京途中,来到身为译官的徐继文家中做客,受到了这位满族官员的热情款待。徐继文尽显地主之谊,精心准备了丰盛的果品菜肴,单是餐前主人准备的果子就有"橘饼、龙眼、荔芰、松子、榛子、西瓜子"④ 等数种。使臣金昌业等朝鲜文人出使进京的途中,使团一行曾受到过满族友人的盛情款待,作者写道:

> 通官文凤先,是日娶子妇宴客,以其馔送于三使臣各两桌,一

---

① 李海应:《蓟山纪程》,《燕行录全集》第 66 卷,第 542 页。
② 李宜显:《庚子燕行杂识》,《燕行录全集》第 35 卷,第 467—469 页。
③ 李田秀:《农隐入沈记》,《燕行录全集》第 30 卷,第 373 页。
④ 李田秀:《农隐入沈记》,《燕行录全集》第 30 卷,第 87 页。

各样鱼肉,一各样糖饼果子,水陆珍味尽具而极精洁,间染五色杂汤之类最多,余遍尝皆可食。我国鳆鱼海参大口亦有焉。果则自龙眼柑橘至梨柿之属,无不登者。而柑子剥皮细切,又有药饭,仿我国法为之,其味最佳。①

通过金昌业的表述,不难看出满族饮食菜品齐全、种类繁多的特征,不仅如此,主人细心慷慨的性格也凸显出来。在品尝美食的同时,金昌业还将满族菜肴同朝鲜菜肴进行了对比,通过对于"药饭"虽为满族菜肴,味道最佳,但却为仿朝鲜之法的记载,体现了满族饮食文化在其发展与演变的过程中,同其他饮食文化的相互借鉴与彼此交融,反映了满族宴请及饮食独具特色的文化内涵。

第三节 燕行使体验的满族民居

朝鲜燕行使来华途中详细记录了使团自都城汉阳出发直至盛京再到北京的全过程,尤其是对逗留辽东期间的满族民居生活作了相当生动的描述,从都城形制到村落布局,从名胜古迹到民俗风情,都进行了细致入微的考察,可以说是清代中期全面反映辽东满族风貌的一部百科全书。值得一提的是盛京作为留都,聚集了大量的满族人,正如《农隐入沈记》所言:"山海关以外则皆是满人。"②可见当时留居盛京的满族人为数众多,他们的言谈举止、衣食住行、日常习俗引起了此次朝鲜使团的格外关注。满族先祖早年一直以游牧渔猎为生,日常居住流动性很大,《满洲源流考》引《金史》载:"黑水旧俗,随水草以居,迁徙不常。献祖乃耕垦树艺,始筑室,有栋宇之制。"③随着清朝的建立,满汉杂居现象频繁,汉化影响的加剧,流动性的满族民居生活逐渐被稳定的农耕生活所取代。

---

① 金昌业:《老稼斋燕行日记》,《燕行录全集》第33卷,第64页。
② 李田秀:《农隐入沈记》,《燕行录全集》第30卷,第396—397页。
③ (清)阿桂等撰:《满洲源流考》,第365页。

一 栅栏围篱，错落有致

在由游猎生活方式向农业定居生活方式转变过程中，满族人因地制宜，凭借着山林树木的自然优势，用野草饲养牲畜，用木头制造门扉、篱笆等生活必需品。《满洲源流考》引《金史》载女真人"依山谷而居，联木为栅，屋高数尺，无瓦，覆以木板，或以桦皮，或以草绸缪之。墙垣篱壁，率皆以木门，皆东向"①。满族聚居的辽东地区，曾经人烟稀少，野兽出没频繁，朝鲜使者李田秀出使盛京，途宿九连城时，"夜斫木爇火，吹天鹅声，驿夫齐声呐喊，所以吓虎也"。②据燕行使朴来谦记载："康熙设栅以后，自鸭江至栅门百余里，空其地以隔两界。许多沃土只作虎豹之窟，而往往山回路转，依然闻鸡鸣犬吠也。"③栅栏围篱的设立能有效地防护家园，阻止野兽的侵袭，因此朴来谦一行至连山时看到："有三十余家，夹大溪而居，皆劈大树为篱，极其坚致，盖防虎也。"④朴趾源随燕行使团过栅门，抵达栅外，就看到了一派温馨富足的满族生活景象："羊豕弥山，朝烟缭青。刳木树栅，略识经界。可谓折柳樊圃矣。栅门覆以苫草，板扉深锁。"⑤朴趾源多次提到"朱红木栅"，可见栅栏藩篱在满族人日常生活中起到的重要作用。

栅栏起到围墙的作用，有时用土筑成，是为土墙，使臣金昌业途经辽东古城子村时，见该"村数十家"满族住户，家家"皆广围土墙"，这里的土墙便是满族民居常见的院落围墙，联木而成者，是为栅栏，土筑者，则为土垣，关外的满族人家"夜户多无关，惟大门设木栅或横木为限，防牛马逸出也"。燕行使李田秀详细记载了土垣的形制及材质，并将其与东国朝鲜进行了比较：

> 沿路村舍多作篱障，及到沈阳则皆筑垣墙。而垣制有四焉：有以纯用砖灰隔筑如城制者；有内筑土堑而外用灰墁者；有以砖瓦交筑而巧用瓦抱，或作叠环，或作花瓣，使之内外透望，而多用于曲

---

① （清）阿桂等撰：《满洲源流考》，第433页。
② 李田秀：《农隐入沈记》，《燕行录全集》第30卷，第78页。
③ 朴来谦：《沈槎日记》，《燕行录全集》第69卷，第29页。
④ 朴来谦：《沈槎日记》，《燕行录全集》第69卷，第46页。
⑤ 朴趾源：《热河日记》，《燕行录全集》第53卷，第276页。

墙短垣，非施于作外围者；有以草杂土筑之者。而上三制多用瓦盖，下一制皆用草覆，而不如我国之用空石，皆协黍秸以盖，出垣旁者不过数寸矣。①

满族民居庭院内秩序错落，井然有序，更喜欢在庭院中种植蔬菜和花草。朴趾源记述在栅外寓居的满族鄂姓人家的庭院布局时写道："北庭平广，葱畦蒜塍，端方正直。苽棚匏架磊落，荫庭篱边，红白蜀葵及玉簪花盛开。檐外有石榴数盆及绣球一盆，方秋海棠二盆。"② 事实上，回顾燕行途中的满族人家，放眼望去，庭院中皆是丈二芭蕉、太湖石、荼蘼架子、斑竹栏杆、护阶绿竹、满帘翠梧等自然景观。足见满族亲近自然、热爱自然的民族天性，在庭院种植花草早已成为满族独特的生活习惯。

二 草屋、土屋和瓦屋并存

辽东、辽西地区在民居建筑中所使用的材料是有很大差别的，建筑风格也有很大不同。如金昌业日记所载："自凤城至周流河，草家居多；自周流河至山海关，土屋居多；自有土屋以后，间有瓦家而绝不见草家，此无草而然也。"③ 李押《燕行记事》则记载的更为翔实：

> 自凤城至周流河多草家，自周流河至山海关多土屋，关内则多瓦家而间有土屋，绝无草家，此则盖苽草甚襏之致也。凡土屋多是汉人，皆无梁，问之则曰我无君上故不为梁云，然清人亦多如此，其实则贫者不能办得瓦舆，盖草只以土覆之，而若梁高而檐低，则土必流下，故不得已作此制。富豪之家或飞甍连云而外廊别室则间有多仿此屋，似取其制样别异也。关外则地皆闲旷，故家垈俱甚阔大，关内及京城间阎栉比，故基址甚窄。④

---

① 李田秀：《农隐入沈记》，《燕行录全集》第 30 卷，第 344—345 页。
② 朴趾源：《热河日记》，《燕行录全集》第 53 卷，第 292 页。
③ 金昌业：《老稼斋燕行日记》，《燕行录全集》第 32 卷，第 320 页。
④ 李押：《燕行记事》，《燕行录全集》第 53 卷，38—39 页。

草屋和土屋是满族最为常见的居室,据燕行使赴清途中所见,凤凰城栅门城内的满族居室建筑多为草屋,即居此地十余间店铺和民居皆覆以草,这种草屋一般屋制高大,而且从通远堡至东八站,一路所见满族所居的屋制大抵相同。草屋、土屋的建造材料多为木、草、泥之属,所谓木为骨、草覆顶、泥筑墙,三者各得其用,整齐完备,便可建成一居室。据朝鲜使者金昌业观察:"草屋上平涂以土,而不漏,草生其上,或以石灰涂之。草家所覆茅皆不编,但束而积之,其本在下厚尺许,屋脊则泥涂其缝。"① 可见草屋坚固、耐用、保暖性好,极为实用,得到了燕行使的称赞,如洪大容认为满族的"草屋亦弘壮坚致,绝不类我国店幕之疏陋"②。朝鲜使者李田秀也说:"草屋以茅盖之,不用编结。倒置茅束,而以木椎鳞次扣上,使之束下者为檐,束上者为脊。铺土脊上,更无绳网等事,而虽值大风亦不卷起。于凤城见方改茅者,问几年一改,则云十年一次,亦可异也。"③ 这也充分反映了满族居民善于利用自然、就地取材、因地制宜的生活智慧。

除了土房、草屋外,满族的传统民居还有瓦房,比较而言,土房草屋居多,瓦房较少,一般来说瓦房,多为富贵人家、佛寺、官宦人家所建,房顶皆覆以瓦。房屋材质、用料等级井然不乱:

> 屋瓦惟宫殿公廨及寺观用鸳鸯瓦,私家不得用元瓦,只覆央瓦,而公侯驸马家则许用鸳鸯瓦,屋甍皆以砖为之,屋脊亦然,而皆雕镂,或加青绿彩,屋壁厚尺余,以砖夹灰筑之,或筑以土坯,外涂石灰,瓦缝亦悉用石灰涂之,雀鼠不得穿,到处罕见雀鼠,岂亦以此耶。④

由此可见,瓦屋不仅外饰华彩美观,内里更是坚实耐用。《农隐入沈记》的作者李田秀与使团一行在去往盛京的途中也发现所经村间,或有瓦屋,且"公宫及神宇之外皆不许用夫瓦,故以女瓦覆,女瓦沟甚狭

---

① 金昌业:《老稼斋燕行日记》,《燕行录全集》第32卷,第320页。
② 洪大容:《湛轩燕记》,《燕行录全集》第42卷,第434页。
③ 李田秀:《农隐入沈记》,《燕行录全集》第30卷,345—346页。
④ 李宜显:《庚子燕行杂识》,《燕行录全集》第35卷,第446—447页。

矣"①。可见，普通满族民家还是以住土屋为主，瓦屋数量较之土屋、草屋少了很多，盖砖瓦稀有，也只有地位尊贵的公侯富贵之家才能享用。

满族房屋建制虽有贫富大小之殊，但多呈"一"字形，且"屋皆南向"。雍正七年（1729）出使中国的金舜协记载："其家制则自宰相家至于店舍，大小虽殊而其制则同，皆五梁阁也。每家一字其形，而元无曲阁，且无房而有炕，炕狭而高，两炕相对，而其间则铺甓焉。"②乾隆四十八年（1783）出使盛京的朝鲜使臣李田秀也记载："无论公宫、私第、神宇、官廨，皆是一字屋。虽于制作之宏大者，只是进数层叠而已，更无转折环抱，从一屋脊而拖长至数十间，故其屋无一有抑者。"③金种正《沈阳日录》亦载："胡人家皆作一字形，纵可四五间，横可二间许，南北各截半间为卧炕，而空其中间。炕高尺余，筑以砖石。门在前面，而一间两扇，无枢及镮，只以木权权之。墙壁灶堗，屋上盖茅，四傍斩然，或以石灰涂其脊，远望如瓦屋。"④李宜显在《庚子燕行杂识》中曾详细记述了其在赴清途中所见到的满族屋制：

> 公私屋大抵多南向，虽下户草家，皆五梁，梁长者二十余尺，小不下十四五尺，其大屋七梁、九梁者或有之，亦或有无梁之屋，而无论间架多少，皆一字，无曲折连络之制，而前面中央为门，左右设窗，东西北三面，皆筑墙，而北墙当中设门，与南门相直，通人往来。前后门之间，即正堂，而堂左右各有门，其内即室也。室中附窗为炕，其高可踞，长可一间，广可卧而足不可伸。炕外皆铺砖，而贫者否。灶在室中，皆安釜炊，烟恒满而人不以为苦，由其习惯为常而然也。枢悉用木，门无铁环，以木贴门之中央而穴其内，欲闭则插木于其穴，欲开则抽之。⑤

---

① 李田秀：《农隐入沈记》，《燕行录全集》第 30 卷，第 347 页。
② 金舜协：《燕行录》，《燕行录全集》第 38 卷，第 433 页。
③ 李田秀：《农隐入沈记》，《燕行录全集》第 30 卷，第 341 页。
④ 金种正：《沈阳日录》，《燕行录全集》第 41 卷，第 189 页。
⑤ 李宜显：《庚子燕行杂识》，《燕行录全集》第 35 卷，第 445—446 页。

满族屋宇南向和一字型走向的建制主要是为了"迎暄也",也就是室内采光。

三 家居陈设简单实用

在满族聚居的辽东一带,冬季气候极为寒冷,因此冬季居室取暖是满族民居生活的显著特色,火炕很好地解决了这一问题,满族先祖女真就已"环屋为土床,炽火其下,寝食起居其上,谓之炕,以取其暖"[1]。满族的火炕又称"万字炕",初到中国的朝鲜燕行使对满族这种特殊的室内陈设相当感兴趣,如洪大容在《湛轩燕记》中对满族火炕的使用方法及功能描述道:

> 造炕,专用甓,涂以石灰。灶口多在炕前,覆以一砖,骤看不可辨也,拨之口,深可没膝,灶喉在其底,折黍茎爇火而纳之,火到喉门焰,焰内就如有物从而引吸之。是以一炕长或五六间,而均受火气,灶在屋中,而人不苦烟也。[2]

朝鲜使臣李田秀不仅将作炕之法细加描述,而且还与朝鲜国作了比较:

> 作炕之法纯用砖砌,作亩五道,亩间狭以浅,左右通穴如我国。薪突灶口甚紧小,而火入亩间直为陡上,不作陵夷。亩上铺砖,砖缝填灰,直铺苇席而更不用负沙、沙壁等项。屋外砌烟洞高过于檐,而但未见俗所云狗寝之制如何也。辽土薪贵,以黍代柴,黍秸一捆其大无几,而五六间之炕自上达下通宵暖烘,诚是好制。而其广若我国房突,则火力分开,恐难如此矣。一灶或安二釜,其大多至一石。二釜之设又非并炊,皆是连串,而两釜所烹,略无前后生熟之别。又有前釜灶口不与炕对,有若曲突而火势折旋而入,亦能齐熟两釜,暖通全炕,甚可异也。[3]

---

[1] (清)阿桂等撰:《满洲源流考》,第433页。
[2] 洪大容:《湛轩燕记》,《燕行录全集》第42卷,第435页。
[3] 李田秀:《农隐入沈记》,《燕行录全集》第30卷,第346—347页。

李宜显也对土炕功能赞赏有加："燕中炕室不用突，只以砖铺之，爇火又用黍干，浮轻无力，不如柴木，而爇得十余干，则七八间长炕上下之间，虽相距广远，而熏暖之气，终夜如一，又无冷暖浅深之差，此可见造炕之善矣。"① 对于土炕形貌，金昌业写道："其高可踞，长竟一间，广可卧，而足不可伸。"② 一般来说，满族火炕多于南北西三面设置，《宁古塔纪略》也记载，"屋内南、西、北接绕三炕，炕上用芦席，席上铺红毡。炕阔六尺，每一面长二丈五六尺"。炕上陈设，贫富之家各有不同，燕行使李押记载：穷者之家"炕上皆铺苋簟，富人则簟上又铺白毡，炕下亦皆铺砖，奢侈之家其下又作囚爨火，称以地炕，囚则皆设于炕前，而从外爨火之家则绝少"。③ "万"字炕作为满族民居的典型特征，一般来说，南炕由长辈或者客人居住，晚辈住北炕。《柳边纪略》载："十年前行柳条边外者，率不裹粮。遇人居，直入其室。主者则尽所有出享。或日暮，让南炕宿客，而自卧西北炕。"④ 朝鲜使者李田秀兄弟随同正使李福源借宿一满族人家，"主鄂姓家，闻是满人，而兄弟三人皆为甲军，三家常为三使下处云。大房是是字炕，伯父寝南炕，我陪仲兄宿北炕"⑤。南炕为尊者、老者所居，因而让给了年长的朝鲜使臣李福源大人，北炕一般为晚辈所居，让给李田秀兄弟所居，足见主人慷慨好客，礼数周到。

火炕不仅是满族人御寒保暖的重要发明，也是日常饮食、习字、读书甚至待客的重要所在，由火炕的广泛功能而衍生出来的"炕桌"，又称"食桌"，便是极具满族特色的另一种陈设，据燕行使李宜显观察："灶在室中，皆安釜炊，烟恒满而人不以为苦，由其习惯为常而然也"⑥，"炕上设食桌，长仅三尺，高六七寸，广不及长三之一，是谓桌子，不惟设饭，亦供据而写字。其炕下所设桌子，其高称凳椅，凳椅之

---

① 李宜显：《庚子燕行杂识》，《燕行录全集》第35卷，第473—474页。
② 金昌业：《老稼斋燕行日记》，《燕行录全集》第32卷，第319页。
③ 李押：《燕行记事》，《燕行录全集》第53卷，第39—40页。
④ （清）杨宾：《柳边纪略》卷三，《中国边疆研究文库·东北边疆》第8卷，黑龙江教育出版社2014年版，第66页。
⑤ 李田秀：《农隐入沈记》，《燕行录全集》第30卷，第84页。
⑥ 李宜显：《庚子燕行杂识》，《燕行录全集》第35卷，第445页。

制,或圆或方或长,其高取其可踞"①。

普通满族民家的家具陈设以简单实用为主,而皇室贵族之家的样样精好则呈现出另外一幅景象,桌匣器皿精细考究,古玩字画不一而足,奢华之风扑面而来。如燕行使李宜显描述皇族贵臣图纳之家,极尽华美:

> 胡皇贵臣图纳有病,要见我国医人,副使裨金重镒粗解医术,往见之。归言其家四面筑灰墙,当中设大门,而门之左右挂彩画,门内有厩,置鞑马六十余匹,橐驼五十余头,柴草积于外庭,其高如山,门内有近三百间行廊,女婢四十余人,头上遍插彩花,见我国人来,各出廊房而见之。中门外有歇厅五六间,苍头四十余人充其中。入第二中门,门内又有二十余间行廊,其前有莲池几数十余间,达于河水上,一望渺然。入第三中门,门左右有家,家内杂置屋轿、马鞍等物七十余件,其内又有歇厅十余间,厅内排列三十余椅子,又杂置碁局、博弈、管弦之属,其左右有华杻木桌,两头刻龙形,上积百余匣书册,其前有小桌,桌上杂置金银、玉器、画、瓷器,而皆非今制,乃古制也,俱极华侈。迆入外炕,炕之前后左右,俱以华杻雕刻修妆,以防灰壁冷气,其底设画彩五色毡,散置锦缎方席,文房诸具无不尽备,华采眩耀人目。入小虹霓门,内庭几五百余间,左右月廊皆有炕,粉壁纱户,尽是女婢所居之处,当中有三十余间大家,阶砌皆用玉石,窗户皆雕刻异木,或刻寿字,或刻福字。入炕门,炕之四隅设豆锡绮花烛台,台上各置朱红烛台,其傍各排豆锡片铁以遮风,炕内所置器皿杂物及所排毛毡,与外炕所排一样,而器皿则无非金银,且散置琉璃瓶、玉瓶、水晶瓶于炕之左右,又以席大琉璃灯悬于前,而以金银彩雕饰之,炕之一边设壁欌,而欌上积置宝器玉盘等物,其他玩好不可胜数。寝炕之边以沉香刻云形,涂以青纱,纱之四隅悬琉璃方面块,自此转入其子所居,美器华物又极侈靡,与右所见无异,处处有中门,或有窗户,内外寂无喧哗,若虚无人者。一处又有避暑之炕,四面设窗,

---

① 李宜显:《庚子燕行杂识》,《燕行录全集》第35卷,第466—467页。

涂以青纱。又有狮子香炉焚香于背后，则香烟由口中出，其傍有大鼓大钟，而皆是诸葛武侯时所用云，不可取信矣。此外奇奇怪怪之物不可以一笔尽记云矣。所谓图纳，不知何状人，而穷奢极侈如此，其能终始安享富贵否？①

室内"纸糊窗"也是满族民家的一大特色，这种既经济又实用的方法引起了燕行使的格外关注与赞叹，康熙五十九年（1720）出使中国的李宜显不仅悉心观察了糊窗纸的类别，而且还与朝鲜国作了比较："东八站辽东等店多糊以我国白纸，以近我国，易于觅得也。过此则以唐纸之甚薄者糊之。我国则虽以壮纸糊窗户，日月稍久，犹不免破落多穴，此则无论唐纸与我国纸，皆以至薄者糊之，烟熏黯然，可知其久，而少无穴破者，且以唐纸涂壁而无一皱纹，其用心精细，非我国所及也。"②《农隐入沈记》的作者李田秀也认为："涂窗之纸极爱我产，闻皇宫及京师大臣皆以涂东纸为贵。而东八站店房无不用我纸者，盖一日房钱，纸或至三四十束，他物称是。"③作者还发现盛京城内的一间药铺"窗骨皆作碗子，涂壁尽用粉纸"④。而"食铺，即非大去处，而亦作碗子窗、粉纸壁，内扁'幽雅处'"⑤。朴趾源称赞以纸糊窗"由室内视外无微不瞩，从外视内则无所见"。朴趾源对充满生活智慧的满族民居生活赞叹不已，途中饮酒，作者"周视铺置，皆整饬端方，无一事苟且弥缝之法，无一物委顿杂乱之形，虽牛栏豚栅莫不疏直有度，柴堆粪庤亦皆精丽如画。嗟呼！如此然后始可谓之利用矣，利用然后可以厚生，厚生然后正其德矣，不能利其用而能厚其生鲜矣！生既不足以自厚，则亦恶能正其德乎？"⑥朴趾源作为朝鲜北学派的代表人物，洞始察今，鉴往知来，不仅以审美的眼光夸赞了宫殿、庙宇的气势恢宏，也从实学的视角肯定了满族民居的实用与耐久性，更以主动学习的态度详细记载了制砖、弄瓦、造屋之法，他用"正德、利用、厚生"的理念

---

① 李宜显：《庚子燕行杂识》，《燕行录全集》第35卷，第400—403页。
② 李宜显：《庚子燕行杂识》，《燕行录全集》第35卷，第446页。
③ 李田秀：《农隐入沈记》，《燕行录全集》第30卷，第342—343页。
④ 李田秀：《农隐入沈记》，《燕行录全集》第30卷，第135页。
⑤ 李田秀：《农隐入沈记》，《燕行录全集》第30卷，第136页。
⑥ 朴趾源：《热河日记》，《燕行录全集》第53卷，第288—289页。

看待中国的方物制度，很大程度上肯定了满族的居住民俗与生活智慧，改变了朝鲜士大夫轻视排斥满族及其政权的固有认知，以朴趾源为代表的北学派从汉城到燕京的所观、所思、所感是对朝鲜士大夫皇明情结的最大冲击，其长久以来秉持的华夷观念也正在发生本质性的变化，体现了朝鲜对满族族群从敌视排斥到客观正视再到虚心接受，进而主动学习的嬗变过程。

第四节　燕行使观察的满人出行

　　生长于白山黑水之间的满族，以游牧、打猎为生，习武骑射也被作为满族家法而流传，所以满族人给人的印象常常是彪悍、英武、善于骑射。满族人认为万物有灵，在围猎、放牧和采集之前都有祭奠神仙的传统，在满族看来是山神保佑了他们的骑射以及围猎的安全，使他们获得了很多猎物。一个满族男人从出生开始就被寄予射鹄之志。凡生男儿，便要悬挂弓矢以报喜，六七岁时，便以木质弓箭练习射鹄，"女人之执鞭驰马，不异于男。十余岁儿童，亦能配弓箭驰逐。少有暇日，则至率妻妾畋猎为事，盖其习俗然也"①。燕行使来中国常见满人有骑马者，皆不用人牵马，大抵是骑术纯熟，风俗使然，且汉人不许乘马，故而燕行使常见胡人骑马者则不足为奇了。骑马不仅仅是满族出行方式，更是必备技能，甚至是谋生之术。如权扰《朝天录》记载蓟州"段家岭铺有二女，年才十五六，被彩衣，骑大马，按辔徐行，行数步，跃马而来。于马上起舞，或以手攀马鬃，横载而驰，倒首于鞍上，两足向上，千变万殊，倏忽如神，观者如堵，争以钱购"②。这些善于骑射的满族女子成为燕行使观察并了解满族风俗的一个重要渠道。

　　骑射是满族人代代相传的民族习俗，无论男女老幼，都以精湛的骑射技艺为荣，并多数人以打猎为生，以猎物果腹。为方便骑射游猎，他们住毡庐，穿短衣长袍，皮毛皮革。满人有喜好养猪及放猪的习俗，满族先民肃慎国就已经精通养猪，满族日常饮食不但喜欢喝奶酪，吃羊肉、鹿肉。为了方便携带，满族人还喜欢将肉做成肉干，这一方面是源

---

① 《建州闻见录校释》，辽宁大学历史系，1978年，第44页。
② 权扰：《朝天录》，《燕行录全集》第2卷，第352—353页。

于满族人世代依山林而居的地理环境因素，另一方面也与乾隆皇帝推崇"国语骑射"的方针政策有关。国语骑射为"旗人之要务"，崇尚武力和武功。清朝定满语为国语，视骑射为立国之本。清军在崛起和入关一统中国之时，其军队主力八旗为骑马重步兵，以骑马机动，到达战场后下马步战，先以弓箭射击，再进行肉搏冲锋的打法，以武力为胜负之决定因素，所以八旗兵必须练就长时间的骑马耐力和高超的射箭技术。为了巩固和壮大满洲统治政权，使满族旗人官兵成为清王朝的军事支柱，清帝规定"国语骑射"是八旗的根本。雍正、乾隆两代皇帝曾多次下达谕旨强调"骑射国语，乃满洲之根本，旗人之要务"。提倡"国语骑射"的目的，是要求八旗人员保持本民族的特长、习俗，防范浸染汉民习俗而全盘汉化。因此骑射在满族百姓的生活中是日常行为，但对于皇亲贵族来说，是一种血脉相传的爱好。满族人崇尚骑射，朝鲜使臣金昌业曾目睹豫王出行打猎，随从队伍人数众多，马鞍皆金制，衣帽华丽，弓箭设备等一应俱全，可见满族贵族豫王对此次围猎的重视程度，也从侧面反映了骑射活动在满族生活中的重要性。在皇帝的倡导和呼吁下，骑射之俗，蔚然成风。《农隐入沈记》记载公主："今方十一岁，亦能跨马而来"[1]，甚至选差之际，以骑射论其才品，因此"诸军聚会试射如前间，日日如此"[2]，崇武善射之风，可见一斑。

满族虽擅长骑马，然而以马驮载者绝少。稍有钱财者皆不乘马，可见日常道路出行则专仗车制，正如雍正二年（1724）出使中国的朝鲜使臣金舜协所言："地宜使车，故毋论远近，凡有出入者必乘车焉，凡有运输者必用车焉。"[3] 京城尤是如此，"北京市中，最多驾车必以马，否皆骡，骡力大故也。将车者持丈余鞭，坐车上，鞭不尽力者，众马齐力，车行如飞"[4]，真可谓"车辙满路，纵横如织"，道光二年（1822）出使中国的徐有素记载："城内咫尺之地出必乘车，故京城街路上罕见步者，妇人则虽至贱流绝无步行者，又不见骑牛骑驴者，皆其所耻也。"[5]

---

[1] 李田秀：《农隐入沈记》，《燕行录全集》第 30 卷，第 257 页。
[2] 李田秀：《农隐入沈记》，《燕行录全集》第 30 卷，第 178 页。
[3] 金舜协：《燕行录》，《燕行录全集》第 38 卷，第 432 页。
[4] 李宜显：《庚子燕行杂识》，《燕行录全集》第 35 卷，第 454 页。
[5] 徐有素：《燕行录》，《燕行录全集》第 79 卷，第 152 页。

根据《燕行录》记载,满族居民出行,运输的车制有太平车、翰林车、哑车、大车以及独轮车,一般来说太平车、翰林车常为贵者所乘,大车、独轮车、哑车则常用于运输重物。翰林车较之太平车"其制尤侈,上施流苏,尊显者所乘"①。实际上,即便是贵族乘坐的车子,其外貌也会因乘者的身份等级而存在明显的差别,如燕行使李押记载:"公主以下官民妻坐车亦皆有等级,车顶或金或银为最贵,其下用红蓝绿青四色,四角则红镶最贵,蓝绿青镶为其次。辕轮则紫色为上品,辕青轮红次之。"② 雍正七年(1729)出使的金舜协就记载了太平车的外观与乘坐者的身份:

其乘行车则作屋于车上,其制圆长而覆以黑毳,左右及后作纱窗,前面则垂幨而开合之,名曰太平车,驾之于马而人人通乘焉。或有作轿于车上而左右以琉璃为窗者,亦曰太平车,有官者乘之,又有同其制而朱其轮者,亦曰太平车,位高者乘之。任载之乘则有一马当前而驾輗,又以四马居驾马之前,各引左右长绳而行,其驯如组无相违戾。或有三马三驴而驾之者,其载物如山。四马奔驰而惟一人坐于车上,挥袭长鞭而御之,以左以右无不任意,隘巷结辙亦不相碍。盖其驱马驻马之际,为声各殊焉。③

1780年为贺乾隆皇帝七十大寿而来的朴趾源以及道光二年(1822)出使中国的金景善都对太平车的具体形制作了具体描述,只是后者描摹观察更加细致:

太平车者,乘车也。轮高及肘,三十辐共一毂,以枣木凑成。以铁片铁钉围遍轮身,以备磨破。其轮轴当其箱底,故车中顿撼振摇,且载物虽多,马分其重也。上为屋,可容二人,屋上为盖以覆之。屋之三面,以青布或绫缎或羽缎为帐以遮之,前为车户,垂缃帘或锦障,用银纽开闭之,左右傅玻璃为窗,以便窥望。帘外设横

---

① 李遇骏:《梦游燕行录》,《燕行录全集》第77卷,第44页。
② 李押:《燕行记事》,《燕行录全集》第53卷,第51页。
③ 金舜协:《燕行录》,《燕行录全集》第38卷,第432—433页。

版，御者坐之，屋后辕端，亦坐从者。一驴或骡驾之，能驱驰如飞，若与人并乘或载物，则加以一驴或骡助引。"①

太平车设计精巧，实用美观，且因有窗、有盖，形似坐落在车轮上移动的房屋，因而也称作"屋车"。满族男女乘之者非富即贵，如燕行使金昌业就曾路遇一屋车，见"大胡坐其中，衣帽鲜华，似有官者，从胡十余人，皆佩弓箭，散行草间搜兽也"②。燕行使李遇骏也言："每于路上见乘车者辄有姿色，车中坐者或至数三人，前揭门帘，全露身面，衣妆鲜华，略不谛视，颇有贞静之态，此皆朝士家妇女云。"③乾隆四十二年（1777），来中国出使的李押还在《燕行记事》里记载了亲乘太平车的感受："今日始乘太平车，驾骡快走，制度轻妙，而若遇石路则簸扬颇甚矣。"④道光九年（1829），出使盛京的朴来谦也对太平车盛赞不已："贯乘太平车，驾以二骡，道路极险，非沙石则泥泞，非峻岭则大川，而如履平地，车制之坚致，御车之娴熟，盖可知也。"⑤太平车轻妙便捷，深受满族百姓喜爱，故而沈城门外常系太平车数十乘以待雇者。

另有大车，是专门载重之车，据李遇骏《梦游燕行录》载："所谓哑车，即卜载之用，而驾以五六骡马，或有无马而手推者，盖引重致远，舍此则难矣。"⑥这里提到的卜载之用的哑车就专为远道运输而用。就用途的广泛性与载重能力而言，大车丝毫不逊色，甚至更胜一筹，"大车驾五马，或驾八九马，小车不过一马一牛，而其轮俱无辐，但贯木一纵二横，以纵者为毂，方其孔，使轮轴同转，轮裹以铁叶，周围加钉，防其磨破。"⑦据燕行使李宜显记载，大车、小车的区别在于驾车畜力数量的多寡，以及载重能力的大小，形制上则是仿效蒙古车制，为

---

① 金景善：《燕辕直指》，《燕行录全集》第72卷，第287—288页。
② 金昌业：《老稼斋燕行日记》，《燕行录全集》第32卷，第423页。
③ 李遇骏：《梦游燕行录》，《燕行录全集》第77卷，第35页。
④ 李押：《燕行记事》，《燕行录全集》第52卷，第468—469页。
⑤ 朴来谦著，张杰校点：《沈槎日记》，《韩国史料三种与盛京满族研究》，辽宁民族出版社2009年版，第332页。
⑥ 李遇骏：《梦游燕行录》，《燕行录全集》第77卷，第44页。
⑦ 李宜显：《庚子燕行杂识》，《燕行录全集》第35卷，第454页。

了适应游牧民族的生活,蒙古车制具备轻灵便捷、善于载重的优点。《农隐入沈记》对大车的形制、用途作了详细记载,并将其与东国朝鲜的车制做了比较:

> 其一大车,制如我国,牛车而无轭,轮外妆铁而无毂辐,只于輈围之内插二纵一横木,形如艹字,当中作方轴,辕下设伏兔而叉于轴,回转之势使之在轴而不在轮。驾畜不择骡、马,随驮多寡,或五或六,而一马常在辕间,而其余并列辕前。辕间者有小荐以皮勾辕而绻之荐上,有若我国双轿马鞍。辕前者无荐无勒,只以大圈套项总群辔出于辕间。马背之上而贯之一环,使不散乱。御者坐车前,执丈余长鞭而揽驱之。车上之载,多几至十马之驮,小不下七八驮,载物之上以苇席为屋,四五人足以容住,行到无店之处,则亦能以止宿避风雨矣。①

朴趾源《热河日记》则指出了大车与太平车的区别,并对大车的具体载重能力,以及御者驾轻就熟的姿态作了详尽的描述:

> 载物曰大车,轮高稍异于太平车,辐为一字形,载准八百斤,驾两马。八百斤以外量物加马,载上以簟为屋,如舡蓬坐卧其中,大率驾用六匹,车下悬大铎,马项环数百小铃即当警夜。太平车轮转,大车轴转,双轮正圆故能勾转而行疾辕下,所驾必择壮马健骡,不用衡轭为小木鞍,再以革条套索互敛,辕头而驾之,余马皆以牛革为鞦韀系绳而引之,载重者驾出轮外高或数丈,引马多至十余匹,御者号称看车的,高坐载上,手执一条长鞭,系两条长可二丈,挥条打中不用力者,中耳中胁,手惯妙中,鞭打之乡震动如雷。②

由此可见,大车不仅行走平稳、载重能力可观,而且用途颇为广泛,不仅可以作为载重载人的工具,更可以为乘者提供临时居所,因此

---

① 李田秀:《农隐入沈记》,《燕行录全集》第30卷,第360—361页。
② 朴趾源:《热河日记》,《燕行录全集》第53卷,第461—462页。

而成为百姓十分倚重的载乘工具。

相较于大车，独轮车则主要以设计轻便，操作简单而见长，其形制：

> 上无屋，傍无箱，辕势前短而后长，辕间前狭而后广。轮在于前而轴才出毂两边，设湾柱夹轴而插于舆，载物舆上以索拴之。后辕之下作短柱，驱者从后执辕以行，若有反车之虑，及将为休息之时，只放后辕则两柱柱地，并前一轮共成品字，故见似倾危而亦无反覆之患矣。一车所载，可为健夫一人所负之数。①

独轮车虽然看似简单，但却极尽巧思，它设计的精妙之处就在于后辕之下的短棒支撑了独轮车出色的平衡性，不仅节省了人力，且经济实用，因而成为满族百姓日常载重出行的主要工具，正如燕行使朴趾源所说：

> 后辕下有短棒双垂，行则与辕俱举，止则与轮俱停，所以支吾撑住使不倾翻也，沿路卖饼饵果瓜者皆用独轮车，尤便于田中输粪，尝见两村妇分坐两箱，各抱一子载水者，左右各五六桶，载物重且夥，则一人系绳而曳之，或二人三人如舡之牵缆。②

可见独轮车用途十分广泛，不仅可为沿途的小本商贩提供承载工具，而且

> 载粪皆用此车，亦有载牛猪肉以去者，皆用此车。③

朴趾源在目睹了太平车、大车、独轮车的精妙设计后，不禁感叹："诚以利生民之日用，而有国之大器也，今吾日见而可惊可喜者，推此

---

① 李田秀：《农隐入沈记》，《燕行录全集》第 30 卷，第 362 页。
② 朴趾源：《热河日记》，《燕行录全集》第 53 卷，第 463 页。
③ 李宜显：《庚子燕行杂识》，《燕行录全集》第 35 卷，第 454 页。

车制而万事可征也,亦可以小识千载群圣人之苦心也夫!"① 不仅如此,作者还将其与朝鲜车制进行了对比:

> 我东未尝无车而轮未正圆,辙不入轨,是犹无车也。然而人有恒言曰:"我东岩邑不可用车"是何言也?国不用车故道不治耳,车行则道自治,何患乎街巷之狭隘,岭陁之险峻哉!传曰:"舟车所至,霜露所坠"是称车之无远不届也。中国固有剑阁九折之险,太行羊肠之危,而亦莫不叱驭而过之,是以关陕川蜀,江浙闽广之远,钜商大贾及挈眷赴官者,车毂相击如履门庭。訇訇轰轰,白日常闻雷霆之声,今此摩天青石之岭,獐项马转之坂,岂下于我东哉!其岩阻险峻皆我人之所目击,亦有废车而不行者乎?所以中国之货财殷富,不滞一方,流行贸迁,皆用车之利也。今以近效论之,我使之行除却百弊,我车我载直达燕京,何惮而不为也?②

朴趾源秉承实学思想,是朝鲜北学派的先驱,中国之行更加激发了他厚生正德、利民于本的思想,辽东地区本地处边鄙,然而却一片富庶景象,这里聚居了大量的满族居民,先进的车制早已融入了满族生活的日常,在他看来,车制不仅仅是民众生活之需,更是富国安邦之本,朴趾源的所观、所感及所思有力地驳斥了朝鲜守旧派的固化思维,同时也坚定了朝鲜有识之士北学中华的思想,这对于打破华夷之分的藩篱,重新构建朝鲜燕行使笔下的满族形象无疑具有十分重要的意义。

满族,作为一个历史悠久的民族,其族源多样,称呼众多,从早期的肃慎到此后挹娄、勿吉、靺鞨、渤海、女真均是对这一民族的称呼。关于满族先祖的习俗,《满洲源流考》载:

> 女真人耐寒忍饥,不惮辛苦,能食生物。依山谷而居,联木为栅,屋高数尺,无瓦,覆以木板,或以桦皮,或以草绸缪之。墙垣篱壁,率皆以木门,皆东向。环屋为土床、炽火其下,寝食起居其

---

① 朴趾源:《热河日记》,《燕行录全集》第53卷,第467页。
② 朴趾源:《热河日记》,《燕行录全集》第53卷,第464—466页。

上，谓之炕，以取其暖。以牛负物，或鞍而乘之。遇雨多张牛革以为御。以糜酿酒，以豆为酱，芼以芜荑。食器无瓠陶，皆以木为盆。春夏之间，止用木盆注粥，随人多寡，盛之以长柄小木勺子，数柄回环共食，下粥肉味无多，止以鱼生獐生，间用烧肉。冬亦冷饮，以木楪盛饭，木碗盛羹，下饭肉味与下粥一等。饮酒无算。用一木勺子，自上而下，循环酌之。炙股烹脯，以余肉和菜捣臼中，糜烂而进，率以为常。道路无旅店，行者息于民家，主人与饮食而纳之。其市易惟以物搏易，无钱，无蚕桑，无工匠，屋舍车帐，往往自能为之。[1]

1636年皇太极在盛京继位，改国号"大清"，并将"满洲"作为正式的民族称谓确定下来。满族先祖的习俗基本保留下来，但由于满族人口相对于汉族人口较少，在长期的接触、杂居和影响下，满族逐渐被汉化，满汉习俗相杂的情形屡见不鲜，渐渐融入了汉族文化体系中，最终成为中华民族文化的重要组成部分，朝鲜时代《燕行录》以十分广博而宏大的笔触记录了清代满族生活的方方面面，是窥探历史满族与文化满族的域外之窗，不仅可以展现清代满族生活的历史全貌，更可以透视清代满汉民族融合的完整历程；不仅可以考察朝鲜燕行使对满族族群的认知与观感，更可以透过文字，感受朝鲜燕行使对满族从关注、抵触、鄙视到被动接受，甚至主动学习的完整历程。这也体现了东亚诸国在文化交流互动中的心态。

---

[1] （清）阿桂等撰：《满洲源流考》，第433—434页。

第三章

游走于想象与亲历之间的满族民风

在燕行使的笔下,满族形象的构建首先便存在着集体想象的成见与偏失,对满族族群及其政权的排斥存在着历史与现实的双重因素。一直以来,朝鲜奉中华礼制为圭臬,以"小中华"身份而自居,身份优越感伴随着清王朝的建立而愈加强烈,加之女真族的铁骑曾踏上朝鲜的土地,被征服后的屈辱成为朝鲜王朝的梦魇,满族妖魔化的形象早已成为挥之不去的阴影,深深镌刻在朝鲜士大夫的脑海中,然而以夷变夏的局面业已形成,神州陆沉的事实摆在眼前,沉痛的记忆被唤起,朝鲜士人笔下的满族形象就再次被贴上了野蛮与粗鄙的标签,于是礼制沉沦、上下无章、全无模样、人畜杂居、主仆共处、男卑女尊、文风扫地、挥拳打人等先入为主的观念就成为燕行使出使前对满族的所有想象,李田秀《农隐入沈记》诗云:"杂畜同一群,荒野任远牧。胡儿数声鞭,归蹄森如束。"[1]"胡儿""杂畜""荒野""远牧"这些和农耕文明衍生出来的中华礼制相去较远的词汇充分体现了燕行使的轻蔑态度,甚至他们会在出使途中将这些想象一一对号入座,来进一步证明固有观念的正确性,然而实地考察后的观感与认知却与之前所想大相径庭。

第一节 直率质朴,淳实善良的品格

燕行使对满族先入为主的观念首先就体现在称谓上,"胡皇""胡儿""胡人"是对满族人最常见的称呼,伴随这样的称呼,燕行使勾勒

---

[1] 李田秀:《农隐入沈记》,《燕行录全集》第30卷,第477页。

满族人的形象往往是恐怖而令人生畏的,如《老稼斋燕行日记》的开篇《往来总目》中,金昌业就有如下记载:"一行人马各就薪水,处处屯聚若战然。清人三人来,即昨日过去者也。一人驱马从山坡间过去,两人步过幕前,到诸译坐处,索烟吸之。衣帽敝恶,面目丑陋,始见不似人。"① 作者又写道:"午后开栅门,数百清人,一拥出来,乍见骇怕。"② 李田秀记载:"夕后,有三胡过去,伯父教马头双同叫来。初见异类,不觉骇眼,问之,云是旗下(凡问人称民家者,汉人也;称旗下者,满人也),住在栅门,而为买酒于行中来云。"③ 李宜显记载:"清人大抵丰伟长大,而间有面目极可憎者,膻臭每多袭人,言辞举止,全无温逊底气象;汉人则颇加敛饬,外貌亦稍端正;而南方人轻佻狡诈,面形尖薄。气禀然也。"④ 丑陋、骇眼、始见不似人,这些字眼背后多半掺杂着燕行使对满族人的心理预判,对固有观念的坚持使得燕行使笔下的满族形象大多是负面的,充满了主观化的色彩,然而在实际的接触与交流中,却逐渐感受到了满族人的慷慨热情,深刻体会到了满族民风的醇厚质朴。域外汉籍中的满族形象往往是糟糕外表与美善心灵的结合体,外表的骇眼恐怖多半是来自燕行使内心的抵触,心地的纯真善良则是由于实地考察的真切感受,而这种感受经常是在满汉对比中产生的,金昌业《老稼斋燕行日记》曾将满汉官员的外貌作了对比:

  归寺,百官自皇帝所皆退出,五阁老在后殿月廊,余随神将辈往见。清阁老二人,同坐于北边一炕,汉阁老三人,设椅炕下一带坐焉。各前置卓子,叠积文书。清阁老,一松柱,一温达。温达短小,容貌古怪,而有猛意,面赤黑须髯少一目眇。汉阁老一李光地,福建安溪人,容貌端整,眉目清明,鬓冉白;一萧永祚,奉天海州人,身短面长,前一齿豁;一王琰,江南太仓人,有文雅气而容貌丰盈,精彩动人……兵部尚书及侍郎二人,来坐东月廊阶上,尚书主辟,侍郎左右坐。尚书清人而身小,眼有精神,举止轻率,

---

① 金昌业:《老稼斋燕行日记》,《燕行录全集》第32卷,第370—371页。
② 金昌业:《老稼斋燕行日记》,《燕行录全集》第32卷,第373页。
③ 李田秀:《农隐入沈记》,《燕行录全集》第30卷,第80页。
④ 李宜显:《庚子燕行杂识》,《燕行录全集》第35卷,第460—461页。

侍郎在右者，汉人，容仪魁伟，沈静有威，不轻瞻视。左者，容貌平常，清人云。有一官过去，身大面黑，颇雄壮。问之，乃工部尚书，清人也。①

一面是身材矮小、容貌古怪、面赤须黑，举止轻浮的满族权贵；一面是容仪魁伟，沉静有威，不轻瞻视的汉族官员，这样泾渭分明，褒贬明显的肖像描写很难说是完全没有掺杂任何主观色彩的描摹，它或多或少地隐含了作者的好恶之情，然而外貌毕竟是表象，在与满族人实际交往接触的过程中，内在的品格往往与其外貌形象形成错位，早于金昌业出使中国的朝鲜使者韩德厚曾认为"汉人则多诈少诚实，清人则质实虚怯"②。无独有偶，乾隆四十二年（1777）出使中国的燕行使李押亲遇一卖瓜老汉，奸巧使诈赚取朝鲜使臣钱财，又谎话故作可怜状向使臣索要清心丸，这让朝鲜使臣愤慨不已，感叹："此汉即汉人也，满人无似此妖恶事云。"金昌业《老稼斋燕行日记》亦载："清人貌丰伟，为人少文。少文故淳实者多，汉人反是。南方人尤轻薄狡诈，然或不尽然。清人亦入中国久，皇帝又崇文，故其俗寝衰矣。"③ 在使臣金昌业看来，满人多淳厚之辈，性情耿直憨厚，而汉人多有不及，在汉人中，南方人尤显得狡诈好利，不守诚信。如其在日记中写道：

  盖北京解文字者稀少，以南方之人为序班，而遣送玉河馆者凡六人，此皆南方人也，颜貌本不庞厚，虽有料亦凉薄。万里羁旅，生理艰难，贫窭之色见于面目。使行时，书册卖买，此属担当，以此有若干见利之事，且我国欲知此中阴事，则因序班求知，故此属大半为伪文书而赚译辈，虽无一事之时亦以为有事，事虽轻者言之若重，此属之言从来少可信，是日问答亦此中疵议，而其间亦不无真诈矣。④

---

① 金昌业：《老稼斋燕行日记》，《燕行录全集》第33卷，第197—199页。
② 韩德厚：《承旨公燕行录》，《燕行录全集》第50卷，第266页。
③ 金昌业：《老稼斋燕行日记》，《燕行录全集》第32卷，第321—322页。
④ 金昌业：《老稼斋燕行日记》，《燕行录全集》第33卷，第33页。

在作者看来，南方人的经济头脑显然是其狡诈多欲的根源，与此相比，清人的直率诚实则更显弥足珍贵，其后金昌业与佟姓满族兄弟结识，更感受到了两位满族兄弟的率直可靠，其在日记中写道：

> 朝饭于佟姓清人家，屋新造而三面为炕，甚敞豁，即其客堂也。炕下尽布砖，中央设土炉爇石炭……主胡兄弟，皆身长貌俊，而其兄一目眇，自言是满州人。其兄方为凤城带子，带子即章京之小者。问其俸银，一年支六十两，章京支八十两。章京中又有号牛录者，支一百两云。主胡皆不解文字，问答皆请人书之，然为人皆良顺。①

另据金昌业记载："朝首译来告曰驿卒一人，自八里铺落后，至今不来。言于衙门，使甲军寻来，而昨日极寒，其人又初行，不通言语或不能得入人家，则不无冻死之虑。已而甲军率来，问之，言因日寒入店，处以温炕馈之食，此地风俗可知其厚也。"②作者在听闻满族民家解救掉队士卒的义举后，感慨良多，盛赞民风之淳实。

满族先祖长居边鄙苦寒之地，民风淳朴，待人接物简单直接而又慷慨热情，因为常年以渔猎为生，手工业与商品经济皆不发达，经济观念较为淡薄，往往不计较银钱之资，正如杨宾《柳边纪略》载："宁古塔交易，银数不计奇零。如至两则不计分厘，至百十则不计钱分。食用之物，索于所有人家，无勿与，直一两以上者偿之，不则称谢而已。若有而匿不与人，或与而不尽，则人皆鄙之矣。"③入关后，满族的生活方式从原来的渔猎转变为稳定的农耕生活，手工业与商业均有长足的进步，生活方式发生转变的同时，价值观念也在悄然发生着变化，然而这种转变却并非在朝夕间完成，满族人骨子里的质朴与热情并没有随着物质的丰富，生活环境与方式的改变而消磨殆尽；相反，真诚与质朴的满族民风给燕行使留下了极为深刻的印象，尤其是在些许汉人势利机巧的

---

① 金昌业：《老稼斋燕行日记》，《燕行录全集》第 32 卷，第 418—419 页。
② 金昌业：《老稼斋燕行日记》，《燕行录全集》第 32 卷，第 562 页。
③ （清）杨宾：《柳边纪略》卷四，《中国边疆研究文库·东北边疆》第 8 卷，黑龙江教育出版社 2014 年，第 69 页。

对比下，满族人的天真直率更显突出，带给了远道而来的燕行使良好的情感体验。金昌业《老稼斋燕行日记》第八卷记载：

> 月台上有三胡，设椅坐殿门，而旁群胡侍者亦六七人，似是官员也。遂往入西廊，屋中群胡填满，始至门有一胡戴假面，面大如盘，作开口笑容，张两手直就前盖，欲吓之也。余遂执其手而入，其胡遂脱其假面而笑。余坐炕上，群胡围拥斟茶以劝书字，问何以来，答看看来。仍问月台上三人是何人，答曰本州官员。问寺中人多有何事，答曰皇上万寿节将设水陆于此寺，故地方官为办事而来云。①

为准备皇帝万寿节的盛典而设水陆法会于寺的满族官员们，繁忙之余盛情款待了金昌业一行，其淳实好客之举令作者如沐春风。

乾隆四十八年（1783），以李福源为首的朝鲜使团在结束出使任务即将归返途中，遇到凤凰城一满族商人，在与使臣接触中尽显宽厚之风，李田秀详细记载了事情经过：

> 饭后，凤凰城将始来开门，方得出栅。而守仁马夫负债于主家而逃出栅外，避于后市人丛中，主胡夺其马而不给之。守仁手持朵子愁乱独立之状，极可笑也。遂送言于通官，艰辛得马，而马夫则仍不现。盖刷马驱人皆是义州人，连年入去者，故彼中物情无不习熟。自渡江以后，日以窃盗欺哄为事，往来盘费亦多不给，而去时则以来时为托，来时则以再来时为托，如此者非直一二，故彼人之视我人，渐以盗贼待之，虽有争诘之事，亦不与之。②

朝鲜使臣的随从马夫欠债潜逃，"主胡"家资受损，怒而扣其马也属正常之举，然而在通官的调解下，"主胡"并未不依不饶，而是归还其马，表现了其宽厚大度的品性。

18世纪中期，李氏兄弟来盛京拜谒时，中国正值乾隆盛世，政治

---

① 金昌业：《老稼斋燕行日记》，《燕行录全集》第33卷，第334—335页。
② 李田秀：《农隐入沈记》，《燕行录全集》第30卷，第330—331页。

稳定，经济繁荣，城市繁华，朝鲜使臣细心观察盛京满族社会的风土人情，作者以大量的篇幅记载了盛京地区满族人的日常生活与民族风俗，塑造了纷繁驳杂的盛京满族群像，上自皇帝官员下至普通文士及民人均涵盖其中，皇帝的施恩厚德，官员的殷勤好客，普通民人的长幼有序、勤力宽厚都给李氏兄弟留下了极为深刻的印象。《农隐入沈记》记载：

> 习俗但知有银钱，不知其他，故人之贵贱一视贫富。虽以华贯世胄，亦不耻为商贾，鸡鸣而起，孳孳为之者无非是利。至于满人则尤多黑欲，路上漫遇曾无半面之雅，而直请清心丸。但其人虚廓无城府、曲直小机关，表里如一，多全其天真者，故一面数话即便款洽，虽有官爵者，揖而进之，无不拨忙接话，此皆我国之大不及者也。①

显然，满族人的天真直率与盛京繁华机巧的都市气象似乎显得有些格格不入，但也再次证明了质朴醇厚的民族品格是根植于满族血液骨子里的传承基因。朝鲜使臣常常利用闲暇游览盛京城，更与当地的满族人频繁交流，在前往盛京途中，使团成员来到身为译官的徐继文家中做客，受到了这位满族官员的热情款待。徐继文尽显地主之谊，精心准备了丰盛的菜肴款待使团成员，单是餐前主人准备的果子就有橘饼、龙眼、荔枝、松子、榛子、西瓜子等数种，继而进菜、进肉、进汤，最后进饭，食器精美，自不待言，使团人员不禁发出了"大抵器什甚侈，饪熟亦精，连沓出来者若都排一盘，则于我国可谓盛馔"②的感叹。后又遇到一满人去买酒，与之闲谈，并给了他药果盐脯，满人也十分有礼貌，"跪膝磕头而食，藏其余于怀中"，当被称赞其帽好看时，他慷慨地对使臣说，"尔若真好，到门上当买给一个"。③此外，朝鲜使臣在与一位胡姓满族人交往过程中，更直接感受到了他的直率，胡姓满族人对朝鲜使臣衣饰称赞有加，称："你们纱帽玉带立于朝班，想甚好看也。"同时自指其帽曰："吾辈真真鞑子。"胡姓满族人的坦率与真诚令朝鲜

---

① 李田秀：《农隐入沈记》，《燕行录全集》第 30 卷，第 396 页。
② 李田秀：《农隐入沈记》，《燕行录全集》第 30 卷，第 87 页。
③ 李田秀：《农隐入沈记》，《燕行录全集》第 30 卷，第 80 页。

使臣感慨不已，"胡是满人，而其说如此，何况于皇明遗民哉！后问他人，皆云你们的衣裳强也。"① 这令朝鲜使臣倍感荣耀，优越之情溢于言表。此外，慷慨大方，热情周到、诚实待客的满族商人也给远道而来的朝鲜使臣留下了深刻印象，如"主人进茶，给价不受"的杂货店老板，吃饭时"见吾辈欣然有款意，请椅坐"的热情店家；诚实经营"无一文欺取"的食铺主人等。尤其是满族书商张裕昆，更是与朝鲜使臣李氏兄弟结成莫逆之交，其博学、谦虚、大方、真诚等品质给李氏兄弟留下了深刻的印象，一定程度上缓解了李氏兄弟对寥落、颓废的盛京文坛与文士的失望情绪，双方通过笔谈、题赠、书信等多种方式真诚交往，品诗、论画、风俗杂谈，相交甚欢，对于比较私密的话题，如皇室立储、吴三桂的评价、科举之风与读书人的境遇等，张裕昆也是直言相告，坦率性情可见一斑。朝鲜使臣初次拜访张裕昆就对他赞赏有加，感慨道："数十日东寻西找终未见一人，此子虽未见大可意，亦自肮脏，朊略少城，市态谈说亦频频可喜，即其室中图书，足令人开眼。"② 此后双方你来我往，数次笔谈，建立了十分深厚的友谊，李晚秀还为张裕昆作了一篇《裕昆真赞并序》，其中有："余观万泉翁三十岁写真，韶颜英风，蔼然芳华，方其品题图书，分列花石也，必有词朋墨徒、高释道流为之左右，如兰亭之群贤、竹溪之六逸也。"③ 给予了张裕昆很高的评价，在朝鲜使臣别期将近之时，也为归国后会无期而感到悲伤，其留别古诗"引生便永诀，握手惨别颜"等句也寄托了对张裕昆的不舍之情。双方甚至在朝鲜使臣归国后仍保持着书信往来，跨国之交的深情厚谊令人赞叹不已。盛京作为留都，满族人口所占比重较大，李氏兄弟的盛京之行接触了大量的满族人，真诚质朴，慷慨热情的满族民风颠覆了燕行使关于满族群像的整体记忆，引发了他们"盖到此处，见人莫不款厚相待矣"的感叹，客观再现了历史满族与文化满族的丰富图景，一定程度上刷新了朝鲜使团对满族族群特征的重新认知与观感。

如果说，清朝建立初期，燕行使还存有对满族族群天生的抵触与敌意，那么在后续不断的接触与交往中则给予了满族人更多正面的评价，

---

① 李田秀：《农隐入沈记》，《燕行录全集》第30卷，第149页。
② 李田秀：《农隐入沈记》，《燕行录全集》第30卷，第206页。
③ 李田秀：《农隐入沈记》，《燕行录全集》第30卷，第447—448页。

首先是称呼上的改变,道光二年(1822)出使中国的徐有素称:"中国人规模大抵多恭谨少踞傲,满人始见若偃蹇骄亢,及与接话,则其恭过于汉人。"① 继而是外貌形象的变化,徐有素称满人:

> 身长貌伟,个个健壮,人品仁善平坦,多率性径情,少阴鸷邪曲,待人恩厚款曲,处物慈谅平善,盖其天性本然而又其习俗使之然也。自宁古塔黑龙地方初至北京,仪容言语、接物之节虽未见笑笃于汉人,而天真烂熳多有可取。如我国浦狄愚氓初入京者,虽质野太过而犹有大朴未散之意也。满人之居北京者岁久,则其言语动作寖变,本习与汉人无异,犹不至全失本性,不似汉人之多华少实也。满人之所与知面往来寻访者颇有之,而皆有峻整齐落之意,绝无浮虚庸琐之态。②

显然,同汉人相比,徐有素认为满人更加醇厚诚实,待人行事落落大方,少做作之态,更无奸邪诡诈之意。当然,这种论断并非空穴来风,而是道出了朝鲜使臣在接触了不少满人、汉人之后的亲身感受。如谈到汉人的投机势利、心口不一,作者指出:"满人之入中国已近二百年,非惟死者丘陇,存者长孙而已。今则便成世居之乡,日用常行之道皆用中国风俗,其嫁娶也,期欲与汉人结婚在前,则汉人颇不肯之。近世则反欲之,盖冀其有助于仕路及生计也。然而时势所压外,虽尊敬而内实卑少之也。"③ 提到汉人的虚伪自大、重视门第则言:"汉人之与我人接话也,先称某省、某府、某县居、姓名某,稍熟则必举其显祖,若曾昕之曾子后、张青云之称留侯后、周达之称濂溪后、程恭之称明道后,虽其真赝未分,其重门阀、贵世族如此,故其婚姻交游必欲以类为之。"④ 至于人品习俗则更是南北有别:

> 南方人则虽文华有余而实地不足,多轻燥少沉重,接人之际善

---

① 徐有素:《燕行录》,《燕行录全集》第79卷,第170页。
② 徐有素:《燕行录》,《燕行录全集》第79卷,第129—130页。
③ 徐有素:《燕行录》,《燕行录全集》第79卷,第130页。
④ 徐有素:《燕行录》,《燕行录全集》第79卷,第131页。

饰边幅，每做殷勤款曲之意，而考其实则未必然。如李鹏、周达、叶志诜、舒恭寿之辈皆南方人，其容仪文翰尽是佳士而多文少质，浮轻浅露，虽其文人本习例多如此者而实由于土风。惟湖南人陈自涵举止凝重，言语迟讷，虽少即席，款款之态颇有临别恋恋之意。此则别有禀赋之异，能摆脱习俗而然也。云南人汪坚，福建人伊念曾皆才华出等而有质野之意，云南福建盖极南方之地，无或风气反有淳朴而然耶？孙阳子、顾立皆北京人，其为人在不华不贫之间。庆獝保、恩桂、托伦、那祥等皆满人而俱有文华，待人诚意蔼然，临别凄怅，其实心可掬。①

从"胡"到"满人"称谓上的变化，代表了朝鲜燕行使集体想象的偏见正逐渐被实地考察的客观事实所取代，随之而来的满族外貌描写的变化很好地说明了这一点，从"面目可憎"到"身长貌伟"体现了燕行使对满族族群从排斥鄙夷到认可接受的心理变化，为我们全面了解清代满族民风提供了重要的参考价值。

第二节 勤于力役，耻于游食的特性

生活在白山黑水间的满族先祖，生活资料的取得大多依靠自然的馈赠，恶劣的环境与有限的资源造就了满族人吃苦耐劳、勤俭节约的品性，燕行使金舜协记载："其性耻言身寒，故虽不堪寒气而股战者，若问其寒则必曰不冷，所谓不冷即汉语而不寒之谓也。万口所言如出一口。"②满人的勤俭起自于对先祖艰难生活的体会和训诫，如《满洲源流考》曾引《金史》金世宗对大臣的告诫："国初风俗淳俭，居家惟布衣，非大会宾客未尝辄烹羊豕"③，又说："太平岁久，汝等皆奢纵，往往贫乏，朕甚怜之。当务俭约，无忘祖先艰难。"④故而满族立国之初，无论皇室贵族还是满族民人始终保持着简朴的作风，无论是朝鲜使者金

---

① 徐有素：《燕行录》，《燕行录全集》第79卷，第131—132页。
② 金舜协：《燕行录》，《燕行录全集》第38卷，第435页。
③ （清）阿桂等撰：《满洲源流考》，第359页。
④ （清）阿桂等撰：《满洲源流考》，第367页。

昌业还是法国传教士白晋都对尚俭惜费的康熙皇帝感触颇深，如金昌业所见皇室皇子所着衣服，衾枕不仅全无皇室奢靡之气，甚至不如常胡之富者，器用之类更是无一奇物。康熙皇帝为了节省开支，还取消了朝恭礼仪前后的茶宴礼，对此《老稼斋燕行日记》载：

  前闻朝参后，例行茶礼宴礼，癸巳癸丑两年先君子日记，有参茶宴礼之语。而癸丑则使礼部尚书引先君坐太和殿内赐酒，此固别举。然若宴礼乃例行之事，而近来废之，曾于太和殿前十二炉烧沉香，今亦无此事，意皇帝尚俭，惜费而然也。①

此外，关于朝参仪，金昌业还记载到："又问朝参时见殿庭甲军，衣装伤獘，所佩弓剑亦不精利，或言平时虽然，若出兵时则衣服军装，换给好件然否？答：'岂有临饮而掘泉乎？'细思之是知。又问殿庭鼓吹手所着红衣亦不一，有新有旧，此必皇上尚俭而然矣。"②

朝参仪作为上朝之时皇帝与大臣所行之礼，集中体现了清代的礼制文化，代表天子的威仪与皇家的气象，茶礼宴礼以及于太和殿前十二炉烧沉香的礼仪活动，作为朝参仪的重要组成部分，备受历代帝王重视，规制传统由来已久，然而金昌业亲见朝参仪上所见宫殿甲军及庭鼓吹手衣服破旧、佩剑不精良、装备较差的状况，这与朝参仪作为皇家最高礼仪的重要地位极不相称，说明康熙皇帝从实际出发，取消因排场而增加的皇室开支，充分体现了这位满族最高统治者崇尚节俭，务实踏实的作风。

不仅如此，法国传教士白晋更是详细记载了康熙皇帝的俭素品行：

  中国皇帝，或者因为他拥有的无穷财富，或者因为他疆土的广阔富饶，说他是世界上一位最有势力的君主也许是没有人会反对的。尽管这样，他真正用他自己身上的一切远远谈不到奢侈。在这一方面，他是帝国基本法律的一个严峻的维护者。达官贵人以至王公，凡不是为公众利益而额外花费的，都要受到他的谴责。

---

① 金昌业：《老稼斋燕行日记》，《燕行录全集》第 33 卷，第 22—23 页。
② 金昌业：《老稼斋燕行日记》，《燕行录全集》第 33 卷，第 29—30 页。

这并不意味着，康熙皇帝的皇室开支不大大超过欧洲最豪华的宫廷，因为他供养着众多的官员和无数依赖宫廷而生活的人。但是，就其个人有关的方面看，那种恬淡素朴简直是没有先例的。他的餐桌是切合一位伟大君主身份的，桌上是按照当地的观念和方式，摆满了金银餐具。但是，除了循例供奉的东西外，他毫无奢求。他满足于最普通的菜肴，从未有过丝毫的过度，他的淡泊超过了人们所能想象的程度。

他喜爱简朴，甚至在他的衣着和他的一切生活用品上都能看得到。他的衣着，除了几件宫廷里极为常见的过冬的黑貂、银鼠皮袄外，还有一些在中国算是最普通、最常见、只有小百姓才穿不起的丝绸服装。逢到雨天，人们有时看到他穿一件毡制外套，这在中国被视为一种粗制的衣服。夏天，我们看见他穿一件普通的麻布短褂，这也是一般人家常穿的衣服。除了节日大典的日子，我们从他身上发现的华丽物品就是一颗大珠子，那珠子，在夏天便照鞑靼人风俗佩在他的帽沿上。

他在宫内、宫外不骑马时用的那顶轿子，只是一件类似担架的东西而已，木质平常，涂漆，有几处包着铜片或者点缀一些镀金的木雕。如果他骑马外出，几乎也是同样简便。马具中较豪华的只不过是一副相当朴素的镀金铁质马镫，以及一副由黄丝绒编制的马缰绳而已。

总而言之，在他周围的一切，人们丝毫感觉不到那种其他亚洲君主处处都要摆出来的穷奢极侈的排场。①

不难看出，东西方使者对康熙皇帝最直观的印象就是节俭，作为最高统治者，不讲排场，生活俭素，这在东西方使者看来是很难想象的，他们也愿意相信康熙皇帝务实勤俭的作风是清王朝国祚永年的基础，金昌业甚至认为康熙皇帝的节俭过度已然达到吝啬的程度，他评价说：

以康熙之俭约，守汗宽简之规模，抑商贾以劝农，节财用以爱

---

① ［法］白晋：《康熙帝传》，马绪祥译，中国社会科学院历史研究所清史研究室编《清史资料》第一辑，中华书局1980年版，第211—213页。

民，其享五十年太平宜矣。至若治尚儒术，而能尊孔朱，躬修孝道，而善事嫡母，则虽比于魏孝文、金主雍无愧矣。第其为人，明秀有余，浑厚不足，才多故好自用，量狭故喜自矜，虽以今番事观之，颁书于我国，以示序文与题目，所以矜文翰也。召我国人试射，又亲射而鸣鼓，所以伐武艺也。似此举措，近乎夸张，又闻通官之言，恶闻谏诤，峭直之臣，不容于朝，此岂君天下之量也。其称我后之享国者，与夸己力者，先诩他人同也。其不受尊号者，欲兼谦逊之名而取之也。俭德虽可尚，过俭而近于吝，官府坏弊而使其官自为修葺，试射远人而无所费赐，此亦不足贵矣。见此数事，则其人长短得失，可知也。①

  康熙皇帝是东西方使臣关注较多的皇帝，在其身体力行，不遗余力地奉行节俭之策的影响下，皇室贵族亦是亦步亦趋，遵守训命，朝鲜使臣韩德厚记载满族皇室出行，"虽适千里列邑，初不供顿、囊金，过餐与凡行旅无异"②。故而作者感慨："可谓太简矣。"至于普通满族民人则"家室之制则四壁皆用瓦筑成三面，皆作长突，通称曰炕，壁以石灰涂墁，皎洁光莹。炕亦累瓦为突，小热即暖。公廨外不敢覆以夫瓦，单用女瓦。关内则室制差殊，不以脊梁架起，平其上而涂以海土，盖此土遇雨则益坚不渗。村里皆然，远望疑若平野，不知其为人居也"③。燕行使一路行来，对满汉两个民族的风俗差异都有着深刻的感受，与满人的质朴民风相比，汉人的生活则更显奢靡讲究，李押《燕行记事》记载："胡俗盖以俭啬为务，食不兼肉，衣用黑布，家无二年之蓄则以贫称之，又皆勤于服事，不敢游食，此其财用之所富裕，而我国之不可及也。汉人多贫者，诸般杂术之人及行路流丐之类，大半是汉人云。"④ 作者认为，满人富裕的生活源自于他们的俭啬为务，勤力务本，善于积蓄，而汉人多取巧利，虚浮不实，故而多贫穷者。

  满族先民早年长期穿梭于高山密林之中，居于地广人稀、动植物繁

---

① 金昌业：《老稼斋燕行日记》，《燕行录全集》第33卷，第206—207页。
② 韩德厚：《承旨公燕行日录》，《燕行录全集》第50卷，第269页。
③ 韩德厚：《承旨公燕行日录》，《燕行录全集》第50卷，第269页。
④ 李押：《燕行记事》，《燕行录全集》第53卷，第145页。

多、冰天雪地的自然环境之下,野生资源的丰富,促成了满族"民以猎为业、农业次之"的生活方式,狩猎、渔猎、采集是女真先人的生活传统,"从历史上看,能够对朝鲜农耕文明的生产体系和生活方式构成直接威胁的正是女真人这样处于落后文明阶段的狩猎民族或游牧民族,朝鲜人始终无法掩饰对他们的恐怖心理。"① 实际上,无法掩饰的不仅仅只有恐惧,也有来自农耕文明的文化优越感,伴随着朝鲜人的记忆,掳掠被视为野蛮的注解,成为朝鲜对满族挥之不去的梦魇,农耕作为礼制的标签,成为朝鲜鄙夷满族的缘由,然而自清朝建立以来,随着政权的逐步稳定与民族融合的不断深入,汉族人以农为本的生产方式多为满族人所吸收借鉴,勤于耕作的满族人给使团人员留下深刻印象。满人勤力务本的品质在农耕生活取代渔猎生活后表现得更加突出,突破了本民族原有的单一经济模式,使农业、手工业、商业及畜牧业都取得了突飞猛进的发展,燕行使韩德厚谈及满族的民风时写道:"装者力于装,商者专于商,无游手之民,以故其民产业皆裕,第宅衣裘颇丰饶,畜牧甚繁,牛马猪羊成群被野。□舆贱皂无不骑骡马。道路之间,徒行者绝稀。"②

首先,是土地的广阔开垦促进了农业的发达,《满洲源流考》记载:"盛京可耕之土甚多,畿辅、山左无穷业氓挈侣至者咸垦艺安居,久之悉成土著。日积日多,虽于本地淳朴古风有碍,然太平日久,户口蕃孳,藉以此养无万穷黎,故向有禁之之例,而未尝严饬也。"③ 据燕行使徐文重记载:"汉人不许乘马,故皆骑驴而行,城外地皆给清人作农,汉人之无赖者往役于庄,不以寄食云。"④ 满人还依托政治上的特权,充分吸收汉人先进的农作经验,广泛地开垦田地,为沃野千里的辽东地区农作物的繁盛、农业经济的发展奠定了坚实基础,据《清圣祖实录》记载,康熙时清政府下令调配满洲兵及其家属赴盛京戍守,组织满族人积极开荒,耕种田地,新开垦的土地数量大大增长,加之清政府规定"满洲则起垦空地无纳税之规,而汉民则一一纳税。满洲则虽私田只

---

① 金宽雄:《图们江沿岸朝鲜民族传说中的满族形象》,全华译,《东疆学刊》2003年第1期。
② 韩德厚:《承旨公燕行日录》,《燕行录全集》第50卷,第266页。
③ (清)阿桂等撰:《满洲源流考》,第409页。
④ 徐文重:《燕行日录》,《燕行录全集》第24卷,第216页。

许移卖于满人，不许移卖与汉人云"①，故而满族人聚居的辽东地区"千里旷野无一陈废不垦之地，抚宁丰润之间则山腰以下，稍可耕种处尽垦之"②，朝鲜使臣李田秀记载："辽东以前土广人稀，行旅鲜少，草莱不辟。而自入辽野之后，大道如天，几倍于我国钟楼道，鸡犬相闻，间井殷庶，黍稷溢垄，无一闲土矣。"③五谷皆有种植，稻米最贵，常用作祭祀或待客，至于玉米，则在康熙年间就已传入东北，乾隆时期已经在盛京东部地区普遍种植。李田秀途径盛京观察到"则玉蜀黍被于原野，其高逾丈，其穗盈尺，蒸炊吃之，用以代饭，问其名，称'包米'云"④。玉米作为主食迎合了满族人喜欢黏食的口味，因而得到了广泛的种植。农居生活非但有牛耕，马驴骡皆能驾耕，尤其驴役最重，驾车、汲水、耕田、磨谷无不为之，极大地提高了耕作效率。据徐有素记载："彼中人物极盛，所在务本，耕耘甚勤，粪田且善，门前各有粪堆等小邱，取沟渠间淤泥之土和粪筑积，待其朽腐终岁，然后辇出于田路傍，持筐拾马粪者在在皆然。"⑤满人的勤劳务实令其不禁感慨道："人物之盛，务本之风可知也。"⑥

其次，是畜牧业的繁盛令朝鲜燕行使印象深刻，李田秀《农隐入沈记》诗云："杂畜同一群，荒野任远牧。胡儿数声鞭，归蹄森如束。"⑦《满洲源流考》记载："《通考》女真国，地多良马，兽多野猪、野牛、驴之类。以牛驮物，有紫青貂鼠皮、北珠、良犬及俊鹰海东青。海东青者，小而健，能擒天鹅，爪白者尤以为异，出于五国之东。"⑧满族先祖在与自然和谐相处的过程中，狩猎的生活方式培养了他们矫健的身手与敏锐的洞察力，较之于农耕生活的汉族，动物与满族的生活更加密切，甚至息息相关，它们是满族获取生活资料的主要来源，狩猎技巧的精湛与否决定着满族人获得生活资料的多寡，因此满族

---

① 金种正：《沈阳日录》，《燕行录全集》第41卷，219页。
② 徐有素：《燕行录》，《燕行录全集》第79卷，第137页。
③ 李田秀：《农隐入沈记》，《燕行录全集》第30卷，第113页。
④ 李田秀：《农隐入沈记》，《燕行录全集》第30卷，第372页。
⑤ 徐有素：《燕行录》，《燕行录全集》第79卷，第135—136页。
⑥ 徐有素：《燕行录》，《燕行录全集》第79卷，第137页。
⑦ 李田秀：《农隐入沈记》，《燕行录全集》第30卷，第477页。
⑧ （清）阿桂等撰：《满洲源流考》，第419页。

人对动物的习性相当熟悉,对于驯兽有着先天的优势和无比的热情。满族人喜吃肉,动物不仅是餐桌上的主要食材,其毛皮可以御寒,可以交易,骨头可以用来制作装饰品,同时动物也是满族人打发寂寞,消遣娱乐的好伙伴。正如《农隐入沈记》记载:"俗习专尚畜牧,故所乘者此也,所吃者此也,所窄(载)者此也,盖其地在边外而用夷变夏也。"①

勤力务本的满族祖先在长期的游牧生活中练就了精熟的驯畜本领,常常"一人独驱累十羊马而无敢横远奔突,其善于牧驭如此"②,更有甚者"一个人驱驴马五六十头,不羁不络而行,羊羴则多至数百,自成一队,无放失之患,此可见御畜有术"③。李宜显在《庚子燕行杂识》中详细记载了满族的畜牧情况:

> 东八站及锦州卫最多驴,关内人多于此处买去,驴役最苦,人骑之外,驮柴驮水,转碾转磨皆用驴,至或代牛而耕,耕法关内农器轻便,或以驴,或以人引之,不尽驾牛。关外则全用牛,辽东以两牛并驾,而农器之制亦如我国山峡所用,岂高丽旧俗犹存而然耶?牛体小角长,曲而向前。其形与我国牛不同,又不穿鼻,但以绳络两角。庄子曰"络马首穿牛鼻人也。"我国之穿鼻,实遵古俗。而燕中之不穿鼻,岂亦胡俗然耶?骆驼本出沙漠,以其能载重远致,多有畜养者。其形高可一丈,身瘦头小,项细而下曲,行则随步伸缩,头如羊、足如牛,而蹄薄小在毛底,背有两肉峰,自成鞍形,前峰有毛散垂,如马之有鬃,其峰肥则硬起,瘦则软伏,故常饲盐,盖食盐则肥也。近人即鼻喷黄水,臊臭不可近,以索穿鼻而制之,其力可任三马所载,其声似牛而嘶,性喜风,有风则必作声以应之。其色大抵黄黑,而亦有白者。马之白色者,十居六七,牛有白色、灰黑色、斑驳色,而灰色、白色居多,纯黄者绝无。猪亦多白者。鸡多白斑毛羽,其黄赤色者绝不见,大抵六畜皆多白色。辽燕地方属西故然耶?自沈阳至北京,羊群甚多,辄以红丝系角,头背间皆打朱点,所以别之也。每朝列置市廛之傍,几至百

---

① 李田秀:《农隐入沈记》,《燕行录全集》第 30 卷,第 400 页。
② 韩德厚:《承旨公燕行日录》,《燕行录全集》第 50 卷,第 266 页。
③ 李遇骏:《梦游燕行录》,《燕行录全集》第 77 卷,第 44 页。

数，俯首齐足，整立不乱，亦可异也。马亦一小儿驱去数百群，而终无横奔乱走者，盖胡人驯扰禽兽乃其长技也。马之远行者，虽日行数百里，在道不饲草豆。至宿处歇过一两时，方卸鞍、饲草豆。夜深后饮以清水，至晓又饲草豆，有水则饮，无则行到有水处饮之。其累月喂养，体极肥者。远行不饲豆，每夜只给长草一束，但饮以清水，过八九日后，方许饲豆。饲养之道比我国似简，而实则得其要也。且当寒节，我国则必以马衣覆背，而燕中则放置郊场，元无盖覆而亦不致伤，此又胜于我国也。蹄不加铁，而驴或加铁，亦可异也。鞍辔之饰，鲜用铜铁，如驴镫，多揉木为之，大抵铜铁贵也。锉刀刃薄而利，一人按之以手，能切刍草，我国人足踏手按必须两人，而燕中则一人锉之，亦甚捷利，顷刻之间锉积如山，此则胜于我国也。我国人乘马，别使人牵之，燕中人大以为笑，每儿童辈乘马，使人牵之，作劝马声，称"高丽高丽"而去，以为戏劝马声，亦为剧笑之资故也。尝观古画乘马者，辄自以手控马，以此见之，使人牵马实我国之规，而其自为控马者，非但胡俗为然，自古中国人皆然也。又燕中人决罪，不过以鞭打其臀脚而已，见我国棍罚，极以为骇。留馆之日，有小儿辈伏一儿于地，自举木杖，高举肩上，作声而打之，为决棍之状，盖心常异之故也，可笑可笑。狗大者如驹，能获獐鹿，小者如猫，尤为轻趫，胡人最重狗，人与狗同宿一炕，甚至共被而卧。路中有一胡人家甚华侈，壁张彩画，炕铺红毡，而狗乃游行其上，见之可丑。又于领赏日，见狗与胡人相错于班中，尤可骇也。①

满族与动物的亲密关系是长时间自然环境下的接触与磨合形成的，狩猎民族的特性使得满族对动物的习性了如指掌，满族与狗的亲密关系令燕行使李宜显惊诧不已，实际上对于满族来说，狗既是狩猎过程的好帮手，也是日常生活的伙伴，清人赵翼《檐曝杂记》中有"犬毙虎"一篇记载："虎食犬，常也，独围场中犬能毙虎。其犬锐喙高足，身细而长，望之如蛇之四足者。侍卫逐虎不能及，则嗾犬突而前。嗾必三

---

① 李宜显：《庚子燕行杂识》，《燕行录全集》第35卷，第455—460页。

犬，虎方奔不暇回噬。一犬前啮其后足，虎挣而脱；一犬又噬其一足，虎又一挣；两挣之间，一犬从后直啮其领，而虎倒矣。然犬恃人为威，非有人嗾之不敢也。"① 猎犬曾救努尔哈赤于危难之中的民间传说，更令满洲贵族对狗有着无比尊敬与喜爱之情，对于猎杀狗的行为则透露出无比厌恶之情，李民寏《建州闻见录》载："犬则胡俗以为始祖，切不宰杀，我国人有挟狗皮者，大恶之云。"② 人与狗同榻而卧，同桌而食更是常态，贵族之家甚至皇帝宴请宾客，杯盏酒席之间亦不避讳狗的加入，如1638年皇太极宴请朝鲜使臣及蒙古将领时，《燕中闻见》记载："有巨犬六七在坐中行走吠吼，皇帝时时投肉馈之。"③《朝鲜李朝实录中的中国史料》载："酒三行，命撤杯盘。将撤，有从胡二人各牵狗而至于汗前，汗亲自割肉投之。"④ 满族人与狗的这种亲密关系被朝鲜燕行使视为无礼野蛮之举，因而常常遭到其诟病。

　　满族人出色纯熟的驯兽本领常令朝鲜燕行使叹为观止，"善御"等字眼频繁地出现在朝鲜燕行使的日记中，满族人精湛的驯兽本领也在朝鲜燕行使的口耳相传中不胫而走，许多燕行使往往在出使之前就已经对此好奇不已，更想借出使之机一探究竟，甚至去验证传言与记载的真实性，如乾隆四十八年（1783）出使盛京的李田秀兄弟路经凤城，在一鄂姓满族人家借宿，"夕饭后……主人方收羊入圈，一群三十首，戢头而立，坚不入去，老少五六人持鞭乱打。初闻华人善牧牲口，虽尺童能驱一群，而今看如此，未可晓也"⑤。显然，李田秀在未出使之前就曾耳闻满族人的善御本领，然而眼前的这一幕却让他对过往的认知产生怀疑。使团行至新辽东抵太子河时，见到"路傍一小孩，年不过五六岁，而独驱十头猪，见来令人可骇"⑥。这一景象令出使多次的姜同也惊奇不已，连称："前后燕行时所未见者矣。" 燕行使就是在期待、求证、怀疑与确信中完善并建构了对满族族群的整体形象，驯兽如此、衣饰、风俗、礼节、品行亦如是。乾隆十四年（1749）出使中国的俞彦述记

① 赵翼：《檐曝杂记》，中华书局1982年版，第14页。
② 《建州闻见录校释》，辽宁大学历史系，1978年，第43页。
③ 佚名：《燕中闻见》，《燕行录全集》第95卷，第153页。
④ 吴晗编：《朝鲜李朝实录中的中国史料》，中华书局1980年版，第3597页。
⑤ 李田秀：《农隐入沈记》，《燕行录全集》第30卷，第85—86页。
⑥ 李田秀：《农隐入沈记》，《燕行录全集》第30卷，第104页。

载:"牛不穿鼻,马不衔口,而无奔逸难制之患,羊豕之为物尤善奔突,而一人驱数百头,无穿耳络首之具,而惟人所驱绝无横奔者。至如病牛、病马及驹犊等物皆载之车上,而行亦不乱走,岂其制驭之道异于我国耶?"①

在朝鲜使者看来,不用穿鼻络首而驾驭动物几乎是不可能的,然而中国之行,终将耳听为虚变成了眼见为实,纷纷将这些令人称奇的"神技"详细记录下来,如李在学《燕行日记》写道:"马畜则放之弥山,收之归栅而无惊逸之习。牛不穿鼻,马不络头而成群饮龁,遂其天性,朝夕只秣刍箕而不饲粥,虽驽瘠者服车加鞭,无不快健。牵牛者系綮于角,蓄羊豕者,一儿驱数百头,其俗盖善于驯畜也。"② 燕行使李押也说:

凡牛马驴骡皆不维繫,常脱羁放牧于原野,虽千百匹,一小儿驱之毋敢或后,猪羊亦然,盖畜牲比我国似乎良驯矣。马不牵辔,超乘驰骤,其捷如飞,即胡人之所长。虽值远行,路中不为喂饲,至宿处,脱鞍而后,必待夜深,只给草饮水,行过七八日,始喂熟太,驭马之道,盖与我国北路略同。③

这种牛不穿鼻、马不牵辔、脱羁散放的驭兽之道看似难以掌控,实则更符合动物的天性,是满族人在长期的游牧与战争中总结的宝贵经验,驯兽本领驾轻就熟,驯兽种类更是让人啧啧称奇,故而李押感慨:"盖闻中原之人善能养畜,至于蛇鼠之属亦皆驯扰云,可怪也!"④ 燕行使金景善有言:"顺其性,故能肥健,骗其势而气壮于体,不牵辔而神专于蹄。"⑤ 有时在赞叹之余,燕行使不免与本国进行比较,往往感慨良多,朴趾源曾目睹满族普通民家的放牧生活:

余偶出门外,有马群数百匹过门而去,一牧童骑绝大马,持一

---

① 俞彦述:《燕京杂识》,《燕行录全集》第39卷,第280页。
② 李在学:《燕行日记》,《燕行录全集》第58卷,第37页。
③ 李押:《燕行记事》,《燕行录全集》第53卷,第62页。
④ 李押:《燕行记事》,《燕行录全集》第53卷,第65页。
⑤ 金景善:《燕辕直指》,《燕行录全集》第72卷,第328页。

蜀黍柄而随之，又有牛三四十头，不穿鼻，不羁角，角皆长尺余，牛多青色，驴数十头随之，而牧童持大杖如杵者，尽力一打在前者青牛，牛奔突腾踏而去，群牛皆随此牛，如队伍行阵，盖朝日放牧也。于是闲行察之，则家家开门，驱出马驴牛羊，辄不下数十头。回看馆外所系我东骥者，可谓寒心。①

不难看出，前述燕行使关于满人驯兽的记载中，对清人御马之法关注最多，马不仅是运输出行的好帮手，更是行军打仗的硬实力，八旗铁骑闻名天下，是清王朝建立的基础与保障，故而朝鲜使臣对此刻刻留心，时时关注，记录相当丰富，这些记录大多夹杂着对女真铁骑的恐惧及其御马之法的赞赏态度，《老稼斋燕行日记》记载：

  曹庄青台之间有一石桥，水颇深。有牧马百余匹，两胡骑而随后，群马齐首而行，无小散乱，见之可异，野中牧马到此尤多，大群多至数百匹。②

又说：

  内外门之间为广庭，东西皆马厩，东厩树栅为门，内有一马厂及掌马者所居屋，余皆空地。马百余匹，皆脱羁散放。西厩围以墙，屋多而马少，盖尽住霸州也。有三马在一厂中，亦皆去其羁，胡人言此皇帝所骑，皆日行二千里，此似夸张之言，视其状亦同常马，但身大腕促，似多力，眼有神耳。一马赤身而鼻上有一条白毛，两马皆黑身白文也。俄而驱出，两厩马尽立于庭，将饮水也。井在东北墙下，去马立处百步许，井傍置大石槽，两胡汲而注之，掌马者以十马为队，以次入送，前队既饮方送后队，无敢横逸失次，入者从右，出者从左，而自入于厩，其回转去来之状若行军然。③

---

① 朴趾源：《热河日记》，《燕行录全集》第54卷，第213—214页。
② 金昌业：《老稼斋燕行日记》，《燕行录全集》第32卷，第461页。
③ 金昌业：《老稼斋燕行日记》，《燕行录全集》第33卷，第214—215页。

晚于金昌业出使中国的朴趾源不仅详细记录了清马的外貌、种类及饲马、御马之法,还将中朝两国的御马方法进行了比较,指出散养与圈养,生喂与熟喂之法高下立判,优劣分明,并深刻反思了朝鲜御马之法的八危之处,他还将马种的优良繁育提升到强兵立国的重要层面,指出:

> 今中国,每春和草青则悬铃于牡,纵而风之,牡之主受银五钱,马及骡生而雄骏者,再受银五钱,马骡生而不骏,且毛色不佳,性不驯调者,必攻去其睾子,令毋得易种,且独令特大而性易调良。我东监牧不此之思,惟以土产取种,弥出弥小,虽驮洄载柴,犹恐不堪,况堪为军国之需乎?此其产非佳种者也。①

作者认为马匹良种的选择繁育关乎日常生活及军国大事,东国朝鲜也正是因为忽视马种的选配才导致战斗力的疲弱。朴趾源作为朝鲜重要的实学家、思想家,是18世纪对中朝两国文化进行对比且作深刻反思的第一人,朴趾源的中国之行收获满满,感慨良多,在他看来,中朝两国的差异,满汉习俗的区分,不仅仅只是民族特性的表面差别,更是自我观照,学习与借鉴的有益思考。满族人精湛的驯兽之法是经年累月与自然和谐相处中民族智慧的展现,也是民族勤力务本之风的绝佳说明。

再次,是商业的繁荣刷新了燕行使对满族人的固有认知,受汉族的影响,满族人打破原有单一的经济模式,繁荣的商贾市肆贸易与生产稼穑、蓄养动物一道成为满族人发扬勤力务本之风的生动写照,正如《沈阳日录》所载:"大体风俗力生理勤畜牧业,贾者十之六七,贾亦农,农亦贾。耕亩粪田,均齐整整,无一胡乱,许大辽野尽为开垦。行商相续于道路,皆乘车,铁笼轮,驾五六马骡,绝无徒步行者。"②

朝鲜使臣来到盛京,敏锐地察觉到盛京的文化氛围十分低迷浮躁,商业却十分繁荣。《农隐入沈记》有诗云:"我见中华俗,无人不爱钱。营营虽逐末,游食却稀鲜。"③ 盛京作为陪都,政治意义与交通枢纽的

---

① 朴趾源:《热河日记》,《燕行录全集》第54卷,第220页。
② 金种正:《沈阳日录》,《燕行录全集》第41卷,第221页。
③ 李田秀:《农隐入沈记》,《燕行录全集》第30卷,第477页。

重要位置决定了其重要性，这里人口众多，商贾买卖之风盛行，"虽以华贯世冑，亦不耻为商贾"，店铺鳞次栉比，"门外皆作翼棚，高出檐端，涂以金碧，炫人眼目。棚外立招牌，漆面金书，高至数丈，列置红漆大桶，高几丈许，中养各色鱼头者，到处皆然。车载遍担，来往相续，人肩车毂，几乎相戛"。① 不惟沈阳，就连栅门的街市上也是热闹非凡，商业的繁华丝毫不输都会气象，李田秀记载："往见街市，车马之骈阗，闾井之辐辏，亦一都会也。此处僻在边外，无一土产，而乃能如此繁华者，只有吾东银子一路耳。然则栅民一分兴旺，则我财便一分耗损；栅民十分兴旺，则我财便十分耗损，从可知矣。"② 热衷赚钱好利的满族人令朝鲜燕行使感慨非常，在经过龙凤寺时，发现殿后众僧居住处，有一人坐庑下挖耳，"闻挖之之人乃是以此为生业者，挖一人得一文钱云。而其后历观辽沈，则非独此也，至微之事，极细之物，莫不有卖买，莫不有工匠，遂使万物之众无一物遗其利，无一物全其天。论其淳漓，恐比我国亦不及焉，世道之不可挽回如此，为之浩叹！"③ 毗邻北京的热河、山海关等街市热闹非凡自不必说，"锦州在海陆之冲，其民好逐什一之利，专以商贩为业。又多工匠作器用，关内外所用货物皆自锦州。"④ 都城北京更是市肆繁华，燕行使李遇骏记载：

  盖北俗专以商贩为主，出于仕宦则入于市廛，故市人与宰相抗礼崇品，朝士亦往往适市，市中设桌，置书册笔砚之属，据桌坐者皆卖术人，如卜筮相法之类，又多写字者，即柱联门贴而象飞白者多矣。门壁间种种画钱树，旁作有人摇树之状，其爱钱如此！街路上往来，无非行卖。凡沽饼者击柝，卖糖者鸣锣，外他百物，各随其声而辨之云。⑤

伴随商贾买卖之风的盛行，满人的价值观念也产生了微妙的变化，原有不计银钱的豪爽性格也多了些许算计与经济，甚至于锱铢必较，如

---

① 李田秀：《农隐入沈记》，《燕行录全集》第 30 卷，第 119—120 页。
② 李田秀：《农隐入沈记》，《燕行录全集》第 30 卷，第 88—89 页。
③ 李田秀：《农隐入沈记》，《燕行录全集》第 30 卷，第 89 页。
④ 徐有素：《燕行录》，《燕行录全集》第 79 卷，第 133 页。
⑤ 李遇骏：《梦游燕行录》，《燕行录全集》第 77 卷，第 43 页。

朝鲜使臣金昌业燕行途中投宿的满族人家,因房钱少而不被放行,最终不得不以纸扇等礼物作为酬谢才算作罢。其后金昌业等人投宿的满族人家,竟因嫌房钱少而不惜与朝鲜使臣发生口角,甚至苛待投宿者,令其非常狼狈,可见市利经济皆风俗使然绝非偶见。商人重利,无可厚非,读书人也不免受到商贾交易之风的影响,与本欲以文会友的朝鲜使臣们做起了"买卖",如朴趾源中国之行,一路上积极询问当地文士的居所、行踪情况,并主动邀约,以求畅谈,途经通远堡,向店家打听:

> "此村里可有秀才塾师么?"店主曰:"村僻少去处,那有学究先生,去年秋间偶有一个秀才,从税官京里来的,一路上染得暑痢,落叠此间,多赖此处人一力调治,经冬徂春快得痊可,那先生文章出世,兼得会写满州字,情愿暂住此间,开了一两年黉堂,教授些此村小孩们,以酬救疗大恩,现今坐在了关圣庙堂里。"余曰:"可得主人暂劳乡导?"店主曰:"不必仰人指导。"举手指之曰:"这个屋头首出的大庙堂是也。"①

朴趾源在得知店主口中秀才的落脚之处后,又继续打听秀才的姓氏,进而亲自拜访,求贤访士的殷殷之意表露无遗。待亲自见到这位秀才:

> 乍观面目全乏文雅气,余向前再拜,那老者不意抱余腰胁,尽力舂杵又把手颤颤,满堆笑脸,余初则大惊,次不甚喜,问尊是富公么?那老者大喜道:"你老那从识俺贱姓?"余曰:"吾久闻先生大名如雷灌耳。"富曰:"愿闻尊姓大名",余书示之,富自书其名曰富图三格,号曰松斋,字曰德斋。余问甚么三格,富曰:"是吾姓名也",余问:"贵乡华贯在何地方?"富曰:"俺满州镶蓝旗人。"富问:"你老此去当面驾么?"余曰:"甚么话?"富曰:"万岁爷要当接见你们",余曰:"皇上万一接见时,吾当保奏你老得添微禄么?"富曰:"倘得如此时,朴公大德结草难报。"余曰:

---

① 朴趾源:《热河日记》,《燕行录全集》第53卷,第325—326页。

"吾阻水留此已数日,真此永日难消,你老岂有可观书册为借数日否?"富曰:"无有。往在京里时,舍亲折公新开刻铺,起号鸣盛堂,其群书目录适在橐中,如欲遣闲时不难奉借,但愿你老此刻暂回,携得真真的丸子,高丽扇子,拣得精好的作面币,方见你老真诚结识借这书目未晚也。"余察其容辞志意,鄙悖庸匦,无足与语,不耐久坐即辞起。富临门揖送且言贵邦名绅可得买卖么,余不答而归。正使问有何可观,恐中暑。余对俄逢一老学究,非但满人,鄙匦无足语。正使曰:"彼既有求何可啬一丸一笔耶?"第不妨借看书目。遂送时大与清心丸一元,鱼头扇一柄,时大即回,持掌样大几页小册而来,皆空纸,所录书目尽是清人小品七十余种,此不过数百所录,而要索厚价,其无耻甚矣!①

店主口中的高才秀士本是朴趾源期待颇高的结交对象,然而一番交流下来,却不见半点文人清高秀雅的品格,反倒尽显市利算计之心,心心念念的文雅之士不过是个利欲熏心、斤斤计较的凡俗之辈,朴趾源失望之心溢于言表。

"勤力务本,耻于游食"的满族民风给朝鲜使臣留下了深刻的印象,然而随着入关日久,政治环境的稳定,经济的发展,物质生活的充裕,人的价值观逐渐发生变化,慢慢偏离了满族先祖以俭朴治家的理念,乾隆皇帝无论是巡视江南还是北谒陪都,其排场声威,无不尽显皇家气度,挥霍无度之举更与乃祖康熙之俭朴平易形成了鲜明对比,康熙二十八年(1689),皇帝南巡临阅河工,下诏曰:"朕观风问俗,卤薄不设,扈从仅三百人。顷驻扬州,民间结彩盈衢,虽出自爱敬之诚,不无少损物力。其前途经过郡邑,宜悉停止。"② 朝鲜北学派代表人物洪大容《湛轩燕记》记载:"闻皇帝龙舟上下,先令宫姬持茶酒、杂货充牣其中,停舟贩买以为戏云。临岸,或为粉墙,或为短城,亦或为楼门,其外即是荒野,皆假设以助景而已。十余里有万寿寺在河北,皇帝所游赏,宜其制作之侈也。"③ 皇帝南巡,官员们为迎合圣意挖空心思,

---

① 朴趾源:《热河日记》,《燕行录全集》第53卷,第327—329页。
② (清)赵尔巽主编:《清史稿·圣祖本纪》,中华书局1977年版,第226页。
③ 洪大容:《湛轩燕记》,《燕行录全集》第42卷,第366页。

千变百技，奢靡之举令人咂舌，一面是野有饿莩、民生之艰的惨状，一面是蔼蔼王侯、朱门绣户的侈态，不仅令洪大容凄恻感伤，回顾康熙之俭，感言道："康熙帝御天下六十年，俭约以没身，即畅春园可见矣。嗣君不能遵守矩度，创立别园已失先皇本意，制作之侈大又不啻十倍，而今皇益加增饰，佳丽反胜于都宫，康熙帝崇俭居野之义安在哉！"① 至于乾隆皇帝巡幸沈阳，亦是尽显天家富贵，天子威严，对此燕行使李押记载道："胡皇沈阳之行，在于明秋，而及其未耕，将为治路，群胡络续，千百相聚，荷锸，持锄，拓田，定界，立臬，系绳，而治之平直如砥，中开大路，左右又开夹路，而筑土为界矣。"② 为了确保皇帝巡幸的排场与舒适，忙于稼穑之事的百姓不得不放下锄头，专事修路，奢侈靡丽之风自上而起，波及民间，上行下效，于是燕行使便看到了另外一种景象：

> 国俗专以夸矜炫耀为能事，市肆间杂货山积，金碧眩眼极其富丽，而入见其内面则有不如其外，所经人家家舍什物无不宏丽奇巧而内外各异，虽金银宝器开见，其中所贮者不过破履木块等物而已。见其食事，则虽大店巨舍之人所食反不如我国编户至贫之民，或云一人一年之食，多不过银子三两云，虽未知其必然，而盖其习俗如此也。③

燕行使笔下满族民风从"俭啬为务"到"奢靡之风"的变化，动态再现了清王朝建立后，满族民族风貌的渐次变化过程，揭示了国力强盛，经济繁荣以及民族融合等诸多层面，这种翔实而缜密的域外观察为全面了解清代满族社会开拓了丰富的视角。

第三节　慷慨热情，知礼守节的风貌

燕行使出使中国，一路上栉风沐雨，关山阻隔频生思乡之情，当时

---

① 洪大容：《湛轩燕记》，《燕行录全集》第42卷，第356页。
② 李押：《燕行记事》，《燕行录全集》第52卷，第536页。
③ 俞彦述：《燕京杂识》，《燕行录全集》第39卷，第286页。

留居辽东地区的满族人为数众多,他们的言谈举止、衣食住行、日常习俗引起了朝鲜使团的格外关注,他们以大量的篇幅记载了满族人的日常生活与民族风俗,满族人的慷慨热情、宽厚真诚令使团人员如沐春风,倍感温暖,言谈举止间透露出对外邦使臣的友好关切之情,厚生正德的满族民风给朝鲜使节留下了极为深刻的印象,引发了他们反思与慨叹。

乾隆四十八年(1783),73岁的乾隆皇帝驾诣盛京,恭谒祖陵,朝鲜方面派出了以李福源为首,包括李晚秀、李田秀兄弟在内的使团前往沈阳问安,《农隐入沈记》正是以此次出行为背景,详细记录了使团自朝鲜都城汉阳出发直至盛京的全过程,尤其是对逗留盛京期间的诸多见闻做了相当生动的描述,从都城形制到角抵百工,从名胜古迹到满族民俗风情,都进行了细致入微的考察,可以说是清代中期全面反映盛京满族风貌的一部百科全书。上自皇帝的施恩厚德,官员的殷勤好客,下自普通民人的慷慨热情都给李氏兄弟留下了极为深刻的印象,此时乾隆皇帝已经是古稀之年,然而在朝鲜使臣笔下却无丝毫疲老之态,相反"眉彩甚疏而厚,黄须短少而无一白,广颡大口,隆鼻丰颐,声音朗朗如碎玉,真气动众,福相盈溢"[①]。难怪朝鲜使者认为"皇帝年可六十许",无独有偶,早于李氏兄弟两年前来中国的朝鲜使者朴趾源亦在《热河日记》中描述乾隆皇帝方面白皙而微带黄气,须髯虽然半白,但精神状态绝佳,若六十岁的年纪,面容蔼然且春风和气。事实上,这位容光焕发、精力充沛的帝王在耄耋之年仍然保持着"其面四方红润,少无老人衰惫之气"的年轻状态。此次盛京接驾,乾隆皇帝不凡的举止形貌全然是帝王气象,令朝鲜使者"一举眼而不觉此心之诚服矣"。可见乾隆皇帝的威仪足以令朝鲜使者心生敬畏之情,皇帝温暖如春的殷切询问之辞更让朝鲜使者感动不已。并表示:"你们远来久待,今番当比前加赏矣。"

此次朝鲜使团得到赏赐极其丰厚,不仅有被朝鲜使臣称为绝品的《德符心矩》,更有玉如意一副,除银钱外,锦缎纺绸、缎弓鞍具,笔墨纸砚、马匹貂皮等种类繁多,不一而足,质量上乘,件件精品。这令朝鲜使臣大发感慨:"前日之赐已倍常例,而此则又是格外云。"厚待

---

① 李田秀:《农隐入沈记》,《燕行录全集》第30卷,第254页。

朝鲜使臣的慷慨之举彰显了乾隆皇帝泽被四表的帝王气度，另一方面也让朝鲜使者领略了清朝中期康乾盛世国力的强盛与经济的富庶。

朝鲜使臣李田秀在前往盛京途中，遇到满族人"初见异类，不觉骇眼"，然而经过一番交流后，满族人则给朝鲜使臣留下了礼貌热情、慷慨大方的印象，朝鲜使臣在途中见"一汉子弹花，二老妇作茧，而忽见我辈，惊呼逐出"①，但这并非是盛京百姓粗鲁、不友好的表现，因为在姜同说明"欲见弹花"的来意后，三人连忙"笑而纳之"，足见盛京百姓的淳朴与好客。《农隐入沈记》又载："主鄂姓家，闻是满人，而兄弟三人皆为甲军，三家常为三使下处云。大房是是字炕，伯父寝南炕，我陪仲兄宿北炕。"② 南炕为尊者、老者所居，因而让给了年长的朝鲜使臣李福源大人，北炕一般为晚辈所居，让给李田秀兄弟所居，足见鄂姓人家慷慨好客，尊礼守节。朝鲜使臣路经广慈寺白塔附近，见华屋与贵人坟墓，"内中人见吾辈来，急出挥手令退"，细问乃知是安平贝勒之墓，安平贝勒是清太祖皇帝长子阿勒图图门之子，尊贵无比，守墓主人是黄带子出身的奉恩将军，也是安平贝勒宗室后嗣，在得知使臣乃是东国远道而来之后，"即挥而请进，入炕又进茶"，虽是皇室贵胄出身，然全无骄矜之态，与使臣热情攀谈，回答疑问，指出："太祖皇帝子孙称觉罗，带黄。太祖以上子孙称爱新觉罗，带红也。"③ 以李氏兄弟为代表的朝鲜使臣甚至还在盛京百姓家中见到同僚曾经路过此地留下的字书："东铺人出示二丈红纸书七绝者，纸末书'癸卯暮春兼山子'。问谁书，则答'即尔们地方之人'。谛视，乃洪参判良浩书也。"④ 这也从侧面反映出朝鲜使臣与盛京百姓关系的和谐与融洽，引发了他们"盖到此处，见人莫不款厚相待矣"的感叹。

厚生正德，热爱生活的满族人，在由游猎生活方式向农业定居生活方式转变中，因地制宜，凭借着山林树木的自然优势，依山谷而居，用野草饲养牲畜，用木头制造门扉、篱笆等生活必需品。燕行使朴来谦行至连山见满族村庄："有三十余家，夹大溪而居，皆劈大树为篱，极其

---

① 李田秀：《农隐入沈记》，《燕行录全集》第30卷，第116页。
② 李田秀：《农隐入沈记》，《燕行录全集》第30卷，第84页。
③ 李田秀：《农隐入沈记》，《燕行录全集》第30卷，第304页。
④ 李田秀：《农隐入沈记》，《燕行录全集》第30卷，第98页。

坚致，盖防虎也。"① 朴趾源随燕行使团过栅门，抵达栅外，就看到了"羊豕弥山，刳木树栅"的景象，使臣金昌业途经辽东古城子村时，见该"村数十家"满族住户，家家"皆广围土墙"。满族民居庭院内秩序错落，井然有序，更喜欢在庭院中种植蔬菜和养植花草，甚至富贵大家还有专门的花草舍，朴趾源记述在栅外寓居的满族鄂姓人家的庭院布局时写道："北庭平广，葱畦蒜塍，端方正直。瓜棚匏架磊落，荫庭篱边红白蜀葵及玉簪花盛开。檐外有石榴数盆及绣球一盆，方秋海棠二盆。"② 道光二年（1822）出使中国的徐有素记载富贵大家不仅有祭祀之室，迎客之馆，"又有燕饮别堂，行淫密屋及酒房记室漏室，梅榭莲亭，禽兽圈、花草舍此等别屋无数"③。在对自然以及美的追求和宗教祭祀文化的双重影响下，民居广围篱栅、庭院花草盈盈早已成为满族与自然和谐相处的最佳写照。北京旗人聚居的火器营营区内街道纵横、屋舍俨然，石桥林立："大街两侧种植槐树，槐花盛开季节，清香四溢。各家前后院种有红枣、杜梨、石榴、花椒、葡萄和花草，豆、菜等，并有养鱼、鸟、鸡、兔、猫、犬之风。"④ 朴趾源对充满生活智慧的满族民居生活赞叹不已，途中饮酒，作者"周视铺置，皆整饬端方，无一事苟且弥缝之法，无一物委顿杂乱之形，虽牛栏豚栅莫不疏直有度，柴堆粪庤亦皆精丽如画。嗟呼！如此然后始可谓之利用矣，利用然后可以厚生，厚生然后正其德矣"⑤。朴趾源作为朝鲜北学派的代表人物，用"正德—利用—厚生"的理念评价民风民俗，极大地赞誉了满族的生活智慧，他认为凡是立于民而厚于国者，无论夷狄而皆应该取法之。朴趾源打破了朝鲜根深蒂固的华夷观，改变了朝鲜士大夫轻视排斥满族群体的原有认知，体现了朝鲜对满族族群态度的转变。

满族慷慨热情的民族个性给燕行途中的朝鲜使节留下极为深刻的印象，这自然是亲历之后的深切感受，然而这感受却在一定程度上和之前的想象大相径庭，甚至背道而驰。在"事大至诚"和皇明思想的影响

---

① 朴来谦：《沈槎日记》，《燕行录全集》第69卷，第46页。
② 朴趾源：《热河日记》，《燕行录全集》第53卷，第292页。
③ 徐有素：《燕行录》，《燕行录全集》第79卷，第148页。
④ 刘小萌：《清代北京旗人社会》，中国社会科学出版社2008年版，第57页。
⑤ 朴趾源：《热河日记》，《燕行录全集》第53卷，第288—289页。

下，朝鲜士大夫对满族的天然敌视很难在短期内消除殆尽，虽然有着亲历之后的良好体验，然而先入为主的观念却让他们无法正视想象与亲历的差异，毕竟"长期以来，朝鲜民族一直把女真人当作完全不同于朝鲜人的'异类'进行描述的。他们'向背无常''见利忘耻'，既不讲信义，也毫无礼仪可言。这是毫无掩饰的具有贬斥意义的形象"①。在"胡""胡俗"这些轻蔑的字眼中透露着朝鲜燕行使不甘的心境，礼制昏乱、言语无状一直被视为蛮夷之邦的注脚，这与燕行使脑海中想象的满族之风紧密相连，于是传统中华礼俗便理所应当地成为一直以"小中华"而自居的朝鲜士大夫引以为傲的资本，燕行使李田秀盛京出使期间，向满族书商张裕昆介绍："我朝政教风俗，又有他国所无者三焉：深山穷谷三尺童子，皆知孔子之为大圣，尊其道而读其书；皂隶下贱，莫不服丧三年；国朝三百余年，士夫之女无一人再醮者，此亦汉唐以后所未有也。"②李田秀字里行间透露着自矜之意，这令满族商人张裕昆钦佩不已，连称："可敬，可敬。"所以，即便目睹了满族人的"勤于力役"，却也一直诟病满族民风逊于礼制，上下无章，正如朝鲜使者金种正记载：

  盖勤力役、耻游食，固是胡人之所长，而生利之外，更不知有他。饮食寝处，相混犬豕，言语动作全没模样，上下无章，男女无别，穹庐本种，固宜其如此！而独怪夫中华旧民熏染膻羯，不但化其身，并与其心而化焉，可胜痛恨。岂以天下之大，百年之久，而英雄豪杰不一作于其间乎？虽或有循发扼腕、饮泣慷慨者，而天醉未醒，只手难容，遂不能以自见耶？抑天地东南已有真人消息，而余未及闻知耶？思之及此，发为之竖云。③

在金种正看来的"饮食寝处，相混犬豕，言语动作全没模样，上下无章，男女无别"，恰恰是满族民族特征的外在体现，而"固宜其如

---

  ① 徐东日：《朝鲜朝使臣眼中的中国形象——以〈燕行录〉〈朝天录〉为中心》，中华书局2010年版，第126页。
  ② 李田秀：《农隐入沈记》，《燕行录全集》第30卷，第297页。
  ③ 金种正：《沈阳日录》，《燕行录全集》第41卷，第222—223页。

此"也暗合了作者对满族先入为主的想象。

事实上,满族并非是礼制全无,只是民风民俗与中华传统有异,《满洲源流考》记载:"女真旧风最为纯直,虽不知书,然其祭天地,敬亲戚,尊耆老,接宾客,信朋友,礼意款曲,皆出自然,其善与古书所载无异。"① 满族向来有尊老、敬老的习俗,《草珠一串》中有诗云:"袍袖直如弓荷袋,可能恭敬放挖杭?""挖杭"后附注:"清语袍袖也。旗礼,妇女见尊长必放袍袖,今则亡矣。"可见"放挖杭"本是满人的古礼,意为向老者请安:"在关外时,旗人妇女因为要与男子一样骑马射猎,服装上都带有箭袖,向长者施礼时,必先将袍袖敏捷地放下,然后再行全礼。这种表示恭敬的动作,旗人叫做'放挖杭'。"② 满族男女若途中遇到老者,"必鞠躬垂手而问曰'赛音'。'赛音'者,汉言好也。若乘马,必下,俟老者过,老者命之乘,乃敢避而乘"③。《天咫偶闻》卷十记载:

> 八旗旧家,礼法最重。余少时见长上之所以待子弟,与子弟之所以事长上,无不各尽其诚。朝夕问安诸长上之室,皆侍立。命之坐,不敢坐。所命耸听,不敢怠。不命之退,不敢退。路遇长上,拱立于旁,俟过而后行。宾至,执役者,皆子弟也。其敬师也亦然。子弟未冠以前,不令出门。不得已而出,命老仆随之,故子弟为非者甚鲜。

满族上自皇室贵族,下至普通百姓服膺的尊老敬老习俗也给朝鲜使者留下深刻印象,金昌业《老稼斋燕行日记》记载:"曾闻皇帝事皇太后尽其道,皇太后亦贤,凡于政事,多所辅益。年前皇帝出往沈阳,欲见白头山,我国闻之正汹扰。皇太后称有病召皇帝,皇帝即归。惟此一事,皇太后之通慧,皇帝之承意顺志,皆可见矣。以此当认为亲母子,今闻此言,其事尤不易矣。"④ 康熙皇帝本欲离京去沈阳及白头山,但

---

① (清)阿桂等撰:《满洲源流考》,第366页。
② 刘小萌:《清代北京旗人社会》,中国社会科学出版社2008年版,第637页。
③ (清)杨宾:《柳边纪略》卷四,《中国边疆研究文库·东北边疆》第8卷,黑龙江教育出版社2014年版,第70页。
④ 金昌业:《老稼斋燕行日记》,《燕行录全集》第33卷,第69页。

因其母病重故而折返，金昌业以细腻的笔触刻画了康熙皇帝仁德、孝顺的形象，并对其尊母敬老的举止发出由衷的赞誉。乾隆四十八年出使盛京的李田秀也在《农隐人沈记》中记载："昏后闻其方在路边吃夕饭，故陪仲兄往见，三人傍火环坐，侧列酒瓶馔器……老汉独专一碗，少者共吃一器矣。给一清心丸，问数语而归。"① 表现出满族人尊重老者、长幼有序的礼仪之风。谈迁《北游录》记载："满人极敬母。又善事执友、长辈。命坐而坐。命食而食。然不好居积。厚利重禄。率随手尽。穷奢极丽。垂橐而止。丧必火葬。生前玩好。美珠重锦。焚于灵右。不惜也。"② 满族贵族之家的礼数则更加细密，《旧京琐记》卷五记载：

  满洲贵族，仪文尤重，其于大宴会中，客有后到者，必偏行各座，遇尊长则双膝着地，曰跪安。弟向兄请安，兄以双手扶之，曰接安。平行则各屈一膝。中有日前曾邀饮或承馈赠者，必再屈膝以谢。或杂有汉人，则以长揖。于纷纭杂错中行之，不疾不徐，安闲彬雅，此旗下亲贵之长技也。

燕行使俞彦述《燕京杂识》载：满族"凡相见之礼有揖而无拜，致敬则鞠躬，致谢则叩头，语必举手或挠手，若遇相亲人则就前执两手而挠之，致其欢忻之意"③。由此可见，满族并非"无礼"，而是"多礼"，并非无别，而是"亲而有别"，燕行使口中的"上下无章"恰也体现了满族观念中的平等意识。

第四节　精于骑射，崇武少文的传统

《满洲源流考》记载："自肃慎氏楛矢石砮，著于周初，征于孔子，厥后夫余、挹娄、靺鞨、女真诸部，国名虽殊，而弧矢之利以威天下者，莫能或先焉。良由禀质厚，而习俗醇，骑射之外，他无所慕，故阅

---

① 李田秀：《农隐人沈记》，《燕行录全集》第30卷，第81页。
② （清）谈迁：《北游录》，中华书局1960年版，第357页。
③ 俞彦述：《燕京杂识》，《燕行录全集》第39卷，第301页。

数千百年,异史同辞。"① 由此可见诞生于白山黑水间的满族先祖肃慎、靺鞨、女真都以性勇,劲悍,善射而见长。在长期的狩猎及战争中练就了精湛的骑射技艺,也为女真族以武艺夺天下奠定了基础。《通考》记载女真"俗勇善射,能为鹿鸣,以呼群鹿,而射之"②。《大金国志》记载:"女真人,善骑射,耐饥渴苦辛,骑上下崖壁如飞。济江河不用舟楫,浮马而渡。"③《北盟录》载:"女真善骑,上下崖壁如飞。精射猎,每见巧兽之踪,能蹑而推之。得其潜伏之所,以桦皮为角,吹作呦呦之声,呼鹿射之。"④《天咫偶闻》卷一记载:"国家创业,以弧矢威天下。故八旗以骑射为本务,而士夫家居亦以射为娱。"努尔哈赤及清朝前期的几位皇帝不仅一直强调骑射的重要性,而且自身也是十分出色的骑手,努尔哈赤曾与董鄂部神射手钮翁金比赛射箭,《满洲实录》卷二载:

> 戊子年四月,有哈达国万汗孙女阿敏哲哲(扈尔干贝勒女也),其兄戴善送妹与太祖为妃。亲迎之至于洞(地名),坐旷野以待。时一人乘马带弓矢过于前,太祖讯左右为谁,左右对曰:"董鄂部人,名钮翁金,善射,本部无出其右者。"太祖遂令人唤至,时对面一柳,相距百余步,令射之。钮翁金即下马挽弓,射五矢,止中三矢,上下不一。太祖连发五矢皆中,众视之,五矢攒于一处,相去不过五寸,凿落块木而五矢始出。⑤

努尔哈赤此举不仅显示了出众的射箭技艺,而且也震慑了董鄂部,使其甘心臣服后金,可谓一箭双雕。不仅如此,努尔哈赤还在明朝特使及朝鲜人面前炫耀本部的骑射技艺与整饬的军容,明朝将领余希元与朝鲜使臣河世国视察建州女真,努尔哈赤为彰显女真部族的声威,在欢迎仪式上特意安排军仗弓矢,《朝鲜王朝宣祖实录》二十九年二月条载:

---

① (清)阿桂等撰:《满洲源流考》,第342页。
② (清)阿桂等撰:《满洲源流考》,第354页。
③ (清)阿桂等撰:《满洲源流考》,第354页。
④ (清)阿桂等撰:《满洲源流考》,第355页。
⑤ 辽宁省档案馆编:《满洲实录》,辽宁教育出版社2012年版,第154—157页。

余相公到王独部，则老可赤婿忽忽领骑兵二百来候于道傍。老可赤副将领骑兵三千余名整立道下，或带弓矢，或持枪杖，步军六千余名，成三行列立。相公进迫阵前，有一骑不意高声，骑军整立不动，而相公一行及我国人等惊惶失色，胡人拍手大笑。①

《太宗实录》卷三十二记载皇太极语云：

先时儒臣巴克什达海、库尔缠屡劝朕改满洲衣冠，效汉人服饰制度，朕不从，辄以为朕不纳谏，朕试设为比喻，如我等与此聚集，宽衣大袖，左佩矢，右挟弓，忽遇硕翁科罗巴图鲁劳萨挺身突入，我等能御之乎？若废骑射，宽衣大袖，待他人割肉而后食，与尚左手之人何以异耶？朕发此言，实为子孙万世之计也，在朕身岂有变更之理？恐日后子孙忘旧制，废骑射，以效汉俗，故常切此虑耳。②

乾隆皇帝曾对其祖努尔哈赤、皇太极的骑射技艺赞不绝口，作诗云："弓矢丈夫事，国朝更擅精。高皇曾示度，文帝善绳英。翠羽惟虔弃，朱弦孰敢抨。贞观传喻政，较比逊先声。"

康熙皇帝也曾告诫大臣说："有人谓朕塞外行围，劳苦军士。不知承平日久，岂可遂忘武备？军旅数兴，师武臣力，克底有功，此皆勤于训练之所致也。"③康熙皇帝不仅通过政令使满族士兵不懈武备，保持骑射的优良传统，还时时校阅，他在南苑行围时说："满洲官兵近来不及从前之精锐，故比年亲加校阅，间以行围。顷见诸士卒行列整齐，进退娴熟，该军校等赏给一个月钱粮，该管官赏给缎匹，以激戎行。"④他自己也身体力行地强化骑射技能，在法国人白晋看来，康熙皇帝简直就是个天生的出色骑手，他说：

---

① 吴晗编：《朝鲜李朝实录中的中国史料》，中华书局1980年版，第2223页。
② 《清实录》第二册，中华书局1985年版，第404页。
③ （清）赵尔巽主编：《清史稿·圣祖本纪》，中华书局1977年版，第304页。
④ （清）赵尔巽主编：《清史稿·圣祖本纪》，中华书局1977年版，第238页。

因为鞑靼人对待力量如同技巧一样重视,所以,他们看到官廷上下唯独皇帝能拉得开自己用的强弓,并能运用娴熟而为之神往。无论徒步或骑马,立定射击或快跑射击,他都能左右开弓。箭射飞禽走兽,很少虚发。各种武器,包括人们现在已不再使用的,他都件件精通。他应用我们的火器如同自己的弓和弩机一样。尽管鞑靼人生来善于骑马,但康熙皇帝在他们之中还是个杰出的骑手。他姿势优美,骑术高超,平底陡坡,上下自如。①

雍正帝秉承先祖宗旨,强调:"武艺是旗人的主要晋身之阶,对一部分旗人来说,甚至还是他们的唯一出路。"② 乾隆皇帝也强调弓矢乃是八旗的旧俗,神武实万世之家风。在皇帝的倡导和呼吁下,皇族子弟宗亲骑射之俗,蔚然成风,这给远道而来的朝鲜使者留下深刻的印象,乾隆时期,十一岁的公主便能骑马,皇子则更胜一筹,赵翼《檐曝杂记》卷一记载:"皇子善射。一日至张三营行宫,上坐较射,皇子、皇孙以次射。皇次孙绵恩方八岁,亦以小弓箭一发中的,再发再中。上大喜,谕令再中一矢赏黄马褂。果又中一矢,辄收弓矢跪于前。上若为弗解其意者,问:'何欲?'仍跪而不言。上大笑,趣以黄马褂衣之。仓卒间不得小褂,则以大者裹之抱而去。童年娴射,已是异事;而此种机警,在至尊前自然流露,非有人教之,信天畀也。"③

不仅皇室子弟精于骑射,普通满族百姓也以能骑善射为基本技能,燕行使于路途中经常看到行猎于山野之间的满族人,既有妇女也有儿童,反映了勇武果敢的基因早已贯注于生生不息的民族血脉中,如《老稼斋燕行日记》载:"路遇一屋车,大胡坐其中,衣帽鲜华,似有官者,从胡十余人,皆佩弓箭,散行草间搜兽也。使译辈问之,来自广宁云,从胡所骑者色马绝大善步,昌晔使人问价,言一百两。"④ 不仅如此,作者还目睹了满族少年比赛骑射的过程:"群胡聚路上习射,置一球于地,大如帽,驰马射之。衣马皆鲜华,盖城中富贵子弟习武艺者。

---

① [法]白晋:《康熙帝传》,马绪祥译,中国社会科学院历史研究所清史研究室编《清史资料》第一辑,中华书局1980年版,第197页。
② 刘小萌:《清代北京旗人社会》,中国社会科学出版社2008年版,第609页。
③ 赵翼:《檐曝杂记》,中华书局1982年版,第9页。
④ 金昌业:《老稼斋燕行日记》,《燕行录全集》第32卷,第423页。

其中一少年最善射，屡中。又有小胡，亦能射，问其年十二云。"①

远行而来的金昌业不仅领略了满族皇室、百姓的骑射之风，而且还参与到皇室组织的骑射活动中来，如《老稼斋燕行日记》记载：

>　　二十五日癸卯，晴，日气甚暄，留北京。朝首译入来传通官之言曰，皇帝欲见朝鲜之射，可预选军官中善射者待之。俄而虾一人已到，请见使臣，遂要入，通官文奉先、洪二哥、朴得仁三人随而入，虾上炕与伯氏揖而坐，通官皆立炕下传彼此言语。虾曰："皇帝要见朝鲜善射人，遣俺迎来，仍问行中有能诗善写者否？"文奉先曰："政丞大监必善射。"仍自大笑，答以俱无。又问："有能摔跤者否？"亦以无答之……与三裨相见，问射时事，言虾之先入者复出，使通官引俺等立门外，以皇旨问曰："汝等能射片箭乎？"答曰："片箭非人人所可射，且弓矢不适，尤难射也。"虾还入，良久复出，引俺等入门，虾先导，通官次之，疾趋至三十步许，四宦者各持弓矢而迎，谓曰："此乃你国弓矢，敕行时赍来者云。"见其弓制，如长弓而非我国所造，筒儿与箭是我国所造而现有射痕。群胡络绎催进，俺等各操其弓，而箭则尚在胡手，疾趋可七十余步，抵皇帝坐处，通官挽俺等向南而跪，距帝座仅七八步，膝才到地，通官旋卢裨向西北立，授片箭使射，卢问："向何而射"？通官曰："但向空远射。"卢既发矢，通官即挽出，立初跪处，次引金裨，次引柳裨，又其次复引卢裨，其授箭进退之节一如初，后引金裨连授四箭射之，故金裨矢数独多。射已，即使向帝跪，问曰："若书字问尔等能对耶？"俺等答曰："我辈武人不能文，然有问或可书对也。"通官告于帝，帝有所云云，而俱是清语，不可晓。即又起立使射方箄，箄用白毡为之……忽有鸣镝声，随而擂小鼓，如此者五，通官云此皇帝亲射，始见其身长可七八尺。少倾，诸胡一行立迭相发，矢中者过半，皆鸣镝也。虾来问曰："皇帝射法，诸武臣技艺何如？"答曰："极善射，壮矣。"……入城还复黑暗，而虾从路左驰出，要余辈过其家，引入小巷，可一里即至，虾揖余

---

① 金昌业：《老稼斋燕行日记》，《燕行录全集》第32卷，第15页。

先行，盖此地待客之礼，客先而主后也。入门仆隶列侯中堂……主人曰："今日之举乃皇上待朝鲜之意，诸君能会此乎？"三裨同答曰："吾等亦岂不知？"主人又曰："此事当归告国王乎？"余曰："此诚异事，自当归告国王而但诸人不能中，是为无光也。"朴得仁曰："皇帝见君辈之射有喜色，不中无伤也。此乃百年所作之事，奚但君辈之荣，吾辈与有光焉。至尊之前，无事出入，亦是大幸。"缕缕为言，殊有夸矜之色。①

此次皇帝组织的亲射活动，朝鲜使臣的表现并不佳，多有不中者，然而康熙皇帝并不以为意，在金昌业看来，皇帝及诸位满族官员的骑射表演更像是炫耀，然而内心也暗自钦佩满族出色的骑射技艺。

不仅如此，民间能骑善射的满族人更是不可胜数，当时留居关外的满族人为数众多，辽东一带作为满族龙兴之地，满族人口的比重更大，硕大俊伟、专尚武事的满族人给燕行使留下了深刻的印象，尤其是沈阳、广宁、宁远等地，其人"市井贩卖之流、山野耕稼之民皆有赳赳桓桓之象，其中自称旗下者尤勇健雄猛，故关东八旗素号劲兵，所向无敌，凡有战伐，遇强敌则必用关东兵，盖其人性本果敢，乐冲突，耻退缩，汤火矢石有进无避"②。满族人能够取得天下，全赖精湛的弓马之术以及锐不可当的士气，除此之外，游牧民族依赖自然、利用自然的本能和生活习俗中的实用性也锻造了满族士兵战场上灵活随机，坚韧不拔的品性，这也成为八旗军行军神速、克敌制胜的重要法宝，对此，意大利传教士卫匡国说：

  他们行军速度很快，因为他们从来不带行李，也不注意运输粮草，碰到什么就吃什么。他们惯常吃半生半熟的肉。假如找不到东西吃，就吃自己的马和骆驼。在有空的时候，就带着专为打猎用的良种猎狗和猎鹰去捕猎各种野兽。他们围住一座山头或大片草原，把野兽赶入包围圈，然后缩小包围圈，愿意捕猎多少就捕猎多少，把剩下的放掉。他们把马衣铺在地上当床铺，有没有房子都无所

---

① 金昌业：《老稼斋燕行日记》，《燕行录全集》第33卷，第115—133页。
② 徐有素：《燕行录》，《燕行录全集》第79卷，第133页。

谓。而不得不住在房子里时,就必须和马一起住,在墙上打开很多窟窿。他们的帐篷十分美丽,可用灵巧敏捷的方法安扎和迁移,从不耽误军队的快速行军,鞑靼人就这样为战争训练坚强的士兵。①

对于满族军士的崇武善战,朝鲜使者李田秀也言:"武备终不能得其详,而以所目见者论之,弓之难伤虽胜于我,及远透坚则百不及焉。剑与钗亦皆比我制有逊,而但驰马之法无人不会,挥霍驰突于秋草黄埃之间者,自有一种河朔气,虽有坚甲利器恐不得施矣。"② 官府为了鼓励甲士骑射,扩大影响,不仅提供宽阔场所,日日组织诸军聚会试射,且由将军亲自监射,并对成绩优者奖以重金,足见对骑射的重视与传播。如朝鲜使者李田秀记载:

> 两庑皆置弓箭,披甲的数百人方会射。往观西庑下一人戴青顶子,踞椅坐阶上,一人考签侍椅傍,签用竹片,上书清语,傍旁书射者姓名。阶前设凉棚,射者立棚下,射法皆是右弓,而左手上两指不握,右手不贴肩,袍袖揎至腕,而不用拾。扮指如环,而引之如我国有舌指法。佩五箭,箭用椵木,镞薄而广羽,大而转,无上括下竹之合,他材只于箭身刺束而已。垛如我国骑驹,贯革而长。问傍人以此是私习、公试?则答将军衙门四品官来监射,夫凡五百余人,五中者赏银八两,四中以下各以等衰。垛远二十五步云。观数十射,五中者一人,二三中者极多,全不中者亦四五人矣。③

以李福源为首的朝鲜使团在路经东八站时,入一甲军家中,看到这样一番情景:

> 主家梁上有弓,闻主人是甲军云,故使之上弦,则弓长如我国六两弓,而广不及,弛甚平,弰甚直,附用牛角而内凸裹,以桃皮而横贴,背则以鹿角而高于我制,弦则皆折皮而细于我样。张之几

---

① 杜文凯编:《清代西人见闻录》,中国人民大学出版社1985年版,第50—51页。
② 李田秀:《农隐入沈记》,《燕行录全集》第30卷,第398—399页。
③ 李田秀:《农隐入沈记》,《燕行录全集》第30卷,第170—171页。

乎一丈，而弛之不复外弯，及远透坚应不如我，而不惮雨湿，不用点火，及之不折，张之不难，此所以便于军中也。吾与子和各试一弯，则力甚软，比之我弓硬者远不及。主人见吾辈容易开张之状，心甚怃曰："此是软而小者，恨不见硬大，到沈阳当见之。"如此者屡屡矣。指角指而问名，曰"扮指"，子以骨为之，而无前舌。出示我制，则大笑，想以为不及渠制矣。①

骑射是满族先祖的看家本领，是流传在民族骨子里的遗传基因，作为甲兵，骑射之技艺必当娴熟精湛，故而当朝鲜使臣尝试弓箭，并轻而易举地拉开时，信心满满的甲兵主人自然是怅然而有所失的，这里既有对朝鲜使臣张箭臂力的惊叹，也有对自身长处遭到挑战与威胁的不安，骑射对满族人日常生活和心理上的重要作用不言而喻。正如朝鲜燕行使洪明浩所言："自凤城至山海关外，民俗蠢强，专尚弓马。"②

专尚弓马，精于骑射的满族人性格中自带勇武和不服输的劲头，这种精神成为战场上克敌制胜的法宝，然而生活中，一味地迷信武力，好勇逞强却往往造成他们凭借武力，恃强凌弱的个性，芙萍《旗族旧俗制》也提到近世之旗人虽然身体健壮者颇多，然而大多是摇头晃膀的武架子。可见，拳脚娴熟，好勇斗狠是其常态。清代志怪小说集《夜谈随录》记录了北方满族人的市井生活，描述了满族人好用斗狠的习性，如书中描写北京旗人三官保与佟大相约打架的情形："佟大言曰'汝既称好汉，敢于明日早晨，在地坛后见我否？'保以手拊膺，双足并踊，自指其鼻曰：'我三官保，岂畏人者？无论何处，倘不如期往，永不为人于北京城矣！'"朝鲜燕行使对满人的崇武斗狠也深有体会，俞彦述记载："彼人性甚顽愚，若与使行相逢于路上，则皆横驰睨视，而过狭路逢车马，下卒呵禁避路，则略无动意，间或有喧嚣不恭者，似有藐视小国之意，而若或见我国刑杖之法，则无不色动气慑，显有退避之意，其虚怯可知，然而若当战阵则勇悍无比，是可异也"。③毋庸讳言，作者生动记述了狭路相逢时满人睥睨傲世的姿态与见之刑杖之法的怯懦，然

---

① 李田秀：《农隐入沈记》，《燕行录全集》第30卷，第101—102页。
② 吴晗编：《朝鲜李朝实录中的中国史料》，中华书局1980年版，第4688页。
③ 俞彦述：《燕京杂识》，《燕行录全集》第39卷，280—281页。

而临阵勇悍无比的表现则更令人叹服。朝鲜使者金昌业也对满族军官及驿卒仗势欺人的卑劣行径作了如下记载:"至凤城,间阛市肆颇盛,始见者亦多,亦足眩晃观者夹路,群儿叫呼随马后。至察院前,前导为甲军所拦住,不得行,问其故,欲驱入察院也,以察院新泥不堪处,湾上军官及马头辈,晓谕而不听。皮鞭乱下,窘辱极矣。顾视译辈皆落后,无一人随来者,极可痛骇,诘难良久,始得晚入私寓,而驿卒辈多吃打,至有衣服被夺者。"① 金昌业一行目睹了满族军官皮鞭乱下,随意殴打百姓的恶劣行径,更有甚者,入夜当地驿卒不仅对普通百姓拳脚相加,更直接肆意抢夺其衣物,仗势欺人、横行乡里的暴行令燕行使反感不已。

朴趾源等朝鲜使臣入栅门时,遭遇满人仗势欺人、索要礼单、增加名目之事,《热河日记》详细记载了此事:

> 得龙方与群胡争礼单多寡也,礼单赠遗时考例分给,而凤城奸胡必增名目,加数要。责其善否,都系上判事马头,若值生事不娴汉语,则不能争诘,都依所要。今岁如此则明年已成前例,故必争之。使臣不知此理,常急于入栅,必促任译,任译又促马头,其弊原久矣。象三方公传礼单,群胡环立者百余人,众中一胡忽高声骂象三,得龙奋髯张目,直前揕其胸,挥拳欲打,顾谓众胡曰:"这个泼皮好无礼,往前大胆偷老爷鼠皮项子,又去岁欺老爷睡了,拔俺腰刀,割取了鞘绥,又割了俺所佩的囊子,为俺所觉,送与他一副老拳作知面礼,这个万端哀乞,唤俺再生的爷娘,今来年久还欺老爷不记面皮,好大胆。"高声大呼如此鼠子辈拿首了,凤城将军众胡齐声劝解。②

满族人好勇斗狠,专尚武力,利欲熏心之态由此可见一斑。然而随着清朝的建立,政治环境的安定,经济上的优厚待遇保证了旗人闲适优容的生活,奢靡之风渐长,骑射技艺日渐生疏,朝鲜使臣洪大容记载了东安门内数百旗人参加的射箭比赛:"其射者虚胸实腹,高提后肘,俱

---

① 金昌业:《老稼斋燕行日记》,《燕行录全集》第32卷,第375—376页。
② 朴趾源:《热河日记》,《燕行录全集》第53卷,第281—282页。

有其式，又皆整容审发，极其才力而终未见一箭中的，不惟不中，其歪横或出十步之外，其误发者皆失色战掉，若有大利害焉。"① 这令作者不禁感慨："胡人长在骑射，而疏迂如此，未可知也。"② 乾隆时期出使的燕行使李押还道出了满人射法不精准的缘由："弓则以黑角为槊，桦皮裹之，长则比我国弓长一丈有半而颇软，桦皮采取于宁古塔地方，弓胎采伐于昌平、密云两处，矢则以木为之，付以鹳羽，皆广镞大羽而羽必斜付，此皆胡制也。长弓大箭尽的引满于马上，且驰且射，虽其所长，而弓软矢钝，射法甚疏不能及远，故科规立的骑射不过三十步，步射不过五十步，中国之劲弓竹箭恐不如此也。"③

对于承平日久状态下骑射武艺渐疏的满族人，居于高位的皇帝显然是忧心如焚的，《八旗通志初集》载顺治帝曾有谕旨称："今见八旗人等，专尚读书，有子弟几人，俱令读书，不肯习武，殊违我朝以武功定天下之意。"昭梿《啸亭杂录》载：

> 本朝初入关时，一时王公诸大臣无不弯强善射，国语纯熟。居之既久，渐染汉习，多以骄逸自安，罔有学勘弓马者。纯皇习知其弊，力为矫革，凡有射不中法者，立加斥责，或命为羽林诸贱役以辱之。凡乡、会试，必须先试弓马合格，然后许之场屋，故一时勋旧子弟莫不熟习弓马。金川、台匪之役，如明将军亮、奎将军林皆以椒房世臣用命疆场，一代武功，于斯为盛。上尝曰："周家以稼穑开基，我国家以弧矢定天下，又何可一日废武？"④

为了避免染积汉习而导致武备松懈，雍正帝继位后，"他一再对八旗兵丁训谕，强调武艺是旗人的主要晋身之阶，对一部分旗人来说，甚至还是他们的唯一出路"⑤。事实上，强调骑射为满族立身之本的言论导向以及八旗子弟以武艺仕进的实际举措都直接导致了重武轻文的风尚。"旗人子弟不必像民人子弟那样，以科举考试为唯一晋身之阶。他

---

① 洪大容：《湛轩燕记》，《燕行录全集》第49卷，第238页。
② 洪大容：《湛轩燕记》，《燕行录全集》第49卷，第238页。
③ 李押：《燕行记事》，《燕行录全集》第53卷，第60—61页。
④ （清）昭梿：《啸亭杂录》，中华书局1980年版，第16页。
⑤ 刘小萌：《清代北京旗人社会》，中国社会科学出版社2008年版，第609页。

们的出路多,略通文字后,年事稍长,多数转入弓房习射,希望及早当差领到钱粮。由于他们以当差为正当营生,对于学问不暇深求,所以直到清末,学问渊博的旗人并不是很多。"① 另外,为了保证满族人的特权,清代朝堂满汉官员的比例与权力也多向满人倾斜,立国之初,顺治帝虽然曾言不分满汉,一体眷遇,但实际上却始终以首崇满洲为圭臬。《沈阳日录》记载:"前则盛京诸郎官,沈阳将自辟用之,又多用汉人。近来皆自北京差来,而全是满人云。"② "京堂俱一满一汉,印归满官。"③ 可见满官权力重大,清代朝堂满汉官员比重的失调与权力的倾斜,在客观上促动了重武轻文的风尚,这令朝鲜燕行使感触颇深,乾隆皇帝为了抑制满汉官员私相授受、往来结党之风,曾下谕道:"满洲本性朴实,不务虚名,即欲通晓汉文,不过于学习清语技艺之暇,略为留心而已。近日满洲熏染汉习,每思以文墨见长,并有与汉人较论同年行辈往来者,殊属恶习!……此等恶习,不可不痛加惩治。"④ 乾隆皇帝此言目的除了为避免结党营私外,还有出于保持满族民族尚武特性的考量,这直接造成了文教与武力的对立,更加助长了重武轻文之风。《沈槎日记》也记载:

> 皇帝尚武而不尚文,扈从诸臣几皆是满人武臣,而惟内阁大学士曹振镛是汉人文士,吏部尚书文孚是满人文士。云是白遣驾到,噶布大营,皇帝亲射五箭,连中四箭。而沈阳将军奕颢不得中一箭,皇帝面谕曰:"守边之臣何为不习武技也?然而虽或不中,发射之膀样则甚好云。"盖奕颢于皇帝为五寸侄,系是近宗,而又方有宠,故不抵于罪,是如是白乎祢。自前驾幸盛京时,盛京文士竞献词赋歌颂圣德,使成已例。而今番则预下特旨,勿许来呈云。外面观之,虽似远谄谀之意,而其实则右文之治逊于尚武而然。⑤

深受中华文明影响,自幼熟习诗词歌赋的朝鲜燕行使在目睹了清代

---

① 刘小萌:《清代北京旗人社会》,中国社会科学出版社2008年版,第605页。
② 金种正:《沈阳日录》,《燕行录全集》第41卷,第217页。
③ (清)谈迁:《北游录》,中华书局1960年版,第349页。
④ 转引自刘小萌《清代北京旗人社会》,中国社会科学出版社2008年版,第622页。
⑤ 朴来谦:《沈槎日记》,《燕行录全集》第69卷,第130—131页。

朝堂上文士只沦为歌功颂德的摆设时,内心矛盾与困惑奔涌不止,无奈地发出神州陆沉,礼乐尽失的慨叹。朝鲜使者李宜显感慨道:"路中所遇秀才绝未有能文可与语者,椎陋无识甚于我国遐乡常汉之类。胡人虽入主中原,乃其地即通衢大都,尧封以后,世被古圣王化泽,而今乃贸贸如此,中州文物尽入毡裘,故自尔至此耶,良可慨也!"①

明清时期,中国作为东亚文化圈的中心,中华文明影响东亚各国,朝鲜谨奉"慕华事大"的原则,甚至素有"小中华"之称,自古以来就有着与中国密切而频繁的文化交流,且崇尚儒学,广读中华圣贤之书,"洪大容就是时代的见证人,潘庭筠曾询问他朝鲜历史,希望能寄上几本关于朝鲜史的著作,洪大容的回信却表示:'东俗崇信儒学,著述多门,但士子没齿从事,惟矻矻于中华文献,而东史典故,多阙不讲,骛远忽近,殊为诧异。'朝鲜读书人信奉儒学,专研的是中华文献,对于朝鲜的历史讨论不多,洪大容自己也惊异不已。"② 可以说,朝鲜士人向来以继承中华文化为荣,以正统自居,强烈的文化优越感伴随清朝的建立与日俱增。自乾隆时期以来,朝鲜士人对中国的态度看法逐渐发生改变,对满族族群的消极情绪开始淡化,中朝文士之间进行了广泛的交流,洪大容、朴趾源等北学派代表积极与中国文士接触,笔谈、唱和、信札、书序等多种方式不一而足,中朝文化的交流呈现出崭新的气象。朝鲜使臣来到中国,除了完成政治任务之外,以文会友、结交文士、品鉴文学等便成了头等大事。结交文士不仅仅能体现朝鲜使臣的慕华心态,更是他们全面了解中华文明的重要途径,也暗含了"小中华"心态下想要与之一较高下的竞爽心理,然而朝鲜使臣的求诗求文之旅却并非一帆风顺,一方面崇武轻文之风影响下中国文士的才学与文气难免会令满怀期待的朝鲜使者失望,另一方面受邦禁与文字狱的影响,文士们不敢与朝鲜使者交流过密,双方交谈往往只流于表面,实在是令朝鲜使者有隔靴搔痒之感。但屡屡落空的失望情绪并没有消减燕行使结交文士,求诗赠答的热情,反而更激发了他们探寻高才秀士的渴望,如朴趾源中国之行,一路上积极询问当地文士的居所、行踪情况,并主动邀

---

① 李宜显:《庚子燕行杂识》,《燕行录全集》第35卷,第462页。
② 吴政纬:《从汉城到燕京——朝鲜使者眼中的东亚世界(1592—1780)》,上海人民出版社2020年版,第192页。

约,以求畅谈,途经通远堡,便向店家打听秀才塾师的居所,在得知乡邻推举的富公乃高才秀士后,主动拜访,然而令其失望的是富公并非文雅贤士,闭锁庸俗之态、势利营营之举尽现,虽然若此,也并没有浇灭朴趾源主动结交中国文士的热情,使团抵达沈阳后,探访沈阳城内经术文章之士便成为主要任务,甚至在沈阳街道闲逛时,"逢两人结臂同去,貌俱秀雅,意其为文人词客也。余乃前揖,两人解臂答揖甚恭,因入药铺,余遂跟入,两人俱买槟榔两个,刀劈为四,各以半颗劝余嚼之,又各自嚼吞。余书问姓名居住,两人俱谛视茫然若不解者,因长揖而去。"①

机缘巧合,朴趾源在一个名曰"艺粟斋"的古董铺子中结识秀才五人,"皆年少美姿容,约更来斋中夜话,俱载艺粟笔谈,又入一铺皆远地士人新开锦缎铺,铺名歌商楼,共有六人,衣帽鲜华,动止视瞻俱是端吉,又约同会艺粟夜话。"② 向古董铺商人田仕可打听沈阳经术文章之士,在得知沈阳书院有三五个举人为赶科考而前往京城的消息,作者言道:"自此至京师千五百里,闻人高士沿路必多,愿得姓名以便访。"③ 殷殷之意不言于表,然而田生言道:"关外系是边鄙,地气高寒,人士劲武,寻沿路皆干没如我辈人无足道者。且荐人最难不过举其所知,未免阿其所好,一经高眼苟不概心,枉我为爽口,枉人为失望。"④

不唯朴趾源,洪大容中国之行也以求贤访仁为己任,《乾净衕笔谈》载:

乙酉冬,余随季父赴燕。自渡江后,所见未尝无创睹;而乃其所大愿,则欲得一佳秀才会心人,与之剧谈。沿路访问甚勤,居途傍者,皆事刀锥之利。且北京以东文风不振,或有邂逅,皆碌碌不足称。东华门路逢翰林二人,与之语。其后寻往其家,颇有酬酢,而文学甚拙。以中外之别,妄生疑畏,且其言论卑俗,不足与之来

---

① 朴趾源:《热河日记》,《燕行录全集》第 53 卷,第 368—369 页。
② 朴趾源:《热河日记》,《燕行录全集》第 53 卷,第 367 页。
③ 朴趾源:《热河日记》,《燕行录全集》第 53 卷,第 394 页。
④ 朴趾源:《热河日记》,《燕行录全集》第 53 卷,第 394—395 页。

往；遂一再见而止。①

洪大容将求得贤士，倾心交流看成是中国之行的极大心愿，为此积极寻访，时时留意，殷殷之情令人感动。乾隆四十八年出使中国的李田秀、李晚秀兄弟留居盛京期间，也曾经充分利用闲暇之余，四处寻访名士，逢人便问："此处有文士否？"即使只是在路上看到三义庙西边相望地有四旗杆，知是贡生家，猜测或许是文士，也要一探究竟，前去拜访，但却屡屡碰壁，虽然积极地四处寻找文士，但得到的回答大都是"都是卖买之相公，未闻有会文章之人也"②之类，失望之情溢于言表。甚至被读书人向来尊奉的文庙亦是破败不堪、满目疮痍：文庙年久失修，石碑"字蚀不堪读"，"位置错杂，凳桌猥亵，伯程子之名误书而付红纸签，勉斋之名书以输字，其他可知也"。③城内书肆"堆叠各种本子，似不过四五千卷，而皆是古文抄集及方技小说之类，印本亦无甚佳者，盖因此中人读书者鲜少故也"④。可见，朝鲜使臣对盛京的文风、学风印象不佳，甚至在途经一学堂时，听到学子们的读书声，也只觉"渠辈书声极为骇耳，鸟之雌雄果安居哉"。⑤

文庙的破落与学风的凋零并没有减弱李氏兄弟拜求结交盛京名士的热情，七月二十九日，李氏兄弟在关帝庙前与史姓官员闲谈，从其手中画扇看到了一首诗："朝来空翠湿云根，幽径无人破藓痕。缚个茅亭通水阁，满山红叶未全髡。"⑥得知此诗是一位名叫查桐的文人所作，觉得"诗与笔极有雅致，且末句押韵，深有寓意"，于是决定到达沈阳后首访此人，数次询问查桐的下落，但得到的回答都不甚相同：有说查桐在辽阳当官，但因为官小不能参与此次接驾活动；也有说查桐本为辽东吏目，但因为失了狱囚，官已坏了。总之寻访查桐未果，这让李氏兄弟不禁有些失望。

---

① 洪大容、李德懋著，邝健行点校：《〈乾净衕笔谈〉〈清脾录〉朝鲜人著作两种》，上海古籍出版社2010年版，第3页。
② 李田秀：《农隐入沈记》，《燕行录全集》第30卷，第134—135页。
③ 李田秀：《农隐入沈记》，《燕行录全集》第30卷，第167页。
④ 李田秀：《农隐入沈记》，《燕行录全集》第30卷，第120页。
⑤ 李田秀：《农隐入沈记》，《燕行录全集》第30卷，第91—92页。
⑥ 李田秀：《农隐入沈记》，《燕行录全集》第30卷，第115页。

第三章 游走于想象与亲历之间的满族民风

在朝鲜使团起初拜访的盛京文人中，大多是平庸之辈。如在《梅轩遗草》卷尾的跋文中，李氏兄弟看到了张又龄、周锦、陈昆、郭瑾这些文人的名字，因为陈昆和郭瑾二人是山海关人，且仅知道周锦的住处，便决定先去拜访周锦，但是在笔谈过后，却大失所望，因为"其答甚不了了，且令学堂先生代谈，颇失所望"①，周锦既没有真学识也没有显示出真诚之心。除此之外，李氏兄弟还去拜访了礼部教习刘克柔，但仍然是"与数语往复，无甚可观"，刘克柔出示的淳化帖、玄秘塔、米元章、沈石田水墨山水图也皆是劣品，他所展示的众多书籍也只是想卖给朝鲜文士，"初谓或是可语者，而谈说诗文俱无所取，微查其意，似欲鬻书画要我辈来见也"②。可见，刘克柔也并没有真诚地想与之探讨学问，且"遍阅案籍，亦无甚开眼者"，最终也是失望而归。至于李氏兄弟一直想前去拜访的宣聪，却也是三访其家而不得见。后来李氏兄弟和张裕昆谈及此事，得知"中国士人不许文字交通外邦，是邦禁，然而不必"。朝鲜使臣还观察到"满官入来之时若见我辈，则必谓汉人之潜交我人，而将有罪责"。早于李氏兄弟先来到中国的朴趾源，在《热河日记》中曾感叹："与人语，虽寻常酬答之事，语后即焚，不留片纸。此非但汉人如是，满人为尤甚。满人皆职居近密，故益知宪令严苛。"③ 可见乾隆时期为了控制思想，巩固统治，在对待外邦的态度上，清政府采取了比较严苛的政策，文字狱的阴影也一直笼罩其中，因此文士们难以自由地表达自己的看法，即使一些有真才实学的文人，如杨秀才、张秀才等人，也迫于这种压力，噤若寒蝉，虽然内心十分渴望与朝鲜使臣展开文学交流，但也只能点到为止，面对朝鲜使臣"求诗"的要求，均"笑而辞之"了。

至此，李氏兄弟兜兜转转拜访了众多清朝文人，但依旧没有寻到真正能与自己谈古论今的有识之士，"贸贸无足取"是此时朝鲜使臣对盛京文士的大体印象，直到他们前去拜访盛京儒商张裕昆。张裕昆，号万泉居士，曾因家贫而弃学从商，起初，朝鲜使臣对张裕昆也抱有试探其学问深浅的心态，如故意书徐乾学姓名，问张裕昆他是何人，张裕昆对

---

① 李田秀：《农隐入沈记》，《燕行录全集》第 30 卷，第 189 页。
② 李田秀：《农隐入沈记》，《燕行录全集》第 30 卷，第 211 页。
③ 朴趾源：《热河日记》卷三，上海书店出版社 1997 年版，第 165—166 页。

答如流，甚至也看清了他们试探自己的心态，于是反问道："贵国有闺秀许素樊，八九岁能咏诗，果然否？"[①] 张裕昆一介书商，竟广知异邦才女之事，且还藏有这位女诗人的文集，其见识广博引起了李氏兄弟的注意，笔谈数语过后，李氏兄弟发出了这样的感慨："仆等来此，遍历城内外，日日逢着强半是交易人，古亦有君平康伯，而眼中未见其人，好生怊怅。今来宅下萧然，图书已令人顿消鄙吝，先生虽欲谦挹，能辞沈阳名士之称乎？"[②] 可见，张裕昆的博闻强识完全打消了李氏兄弟的疑虑，隔日，张裕昆又回拜李氏兄弟，双方交谈甚欢，大有相见恨晚之感，李晚秀感叹道："今日犹未罄怀，明日与卯君偕进请教。"张裕昆对于李晚秀话中的"卯君"表示不解，李晚秀解释道："颖滨是卯生，故坡翁常呼以卯君。吾弟亦卯生，故用故事。"张裕昆不知李晚秀援引苏辙苏轼的典故，答道："弟学问浅陋，实未能仰答明教。"双方问答间少了之前的戒备警惕的心理，更多的是朋友间轻松愉悦的气氛。在李氏兄弟看来，张裕昆的回答既没有虚张声势之感，也没有酸文假醋之态，于是感慨："不识卯君不足言，而不知为不知，可以得其人也。"此日笔谈过后，李氏兄弟认定慷慨真诚的张裕昆就是他们一直寻找的高才秀士。认为"此日所与讨论者不过膜外说话，不足尽其所有，而即其数转语也，觉透露面目，显有暮年穷庐俯仰感慨之意，古今书籍亦可知涉猎颇广，谁谓沈中无人士也"。[③] 后续一个月左右的时间，李氏兄弟和张裕昆常常会面笔谈，品鉴字画、互赠书籍、探讨时局、交流民俗。双方建立了深厚的友谊，李晚秀感慨道："只得一万泉先生足矣，而必欲尽识汝南诸贤，可谓得陇望蜀。"

"名士在比邻"的固有印象使李氏兄弟对结交盛京名士的心理期待极高，亲友们在使团临行前相赠的诗文小序，字里行间流露出对李氏兄弟出使盛京的羡慕之情，如《送君稷北游序》中作者写道："余每考《明史》规舆图，以求其相像，仿佛于竹素，而尝恨无由亲历其土，以求其悉，而吊其英魂毅魄于黑水白山之间，访其义士侠流于尘埃草莽之

[①] 李田秀：《农隐入沈记》，《燕行录全集》第 30 卷，第 200 页。
[②] 李田秀：《农隐入沈记》，《燕行录全集》第 30 卷，第 202 页。
[③] 李田秀：《农隐入沈记》，《燕行录全集》第 30 卷，第 221 页。

中。"① 作者遗憾于无法亲历盛京，游山水、访义士，只能依靠规舆图和史册加以想象，表达了对亲历盛京的渴望和向往。李田秀的好友也说："吾子潜心于《水经》地志者，久于古纸错落之中，无不一见领略焉，况目寓之而会之心者乎？"② 亦十分羡慕友人能够饱览盛京之壮美，并盼望"归日晴窗，将与子而讲之"。在《申监役书》中，作者甚至请求兄长能为自己购回期盼已久的中国书籍。其中提到陶弘景的《真诰》和《登真隐诀》是"千古绝奇之书，自十余年来寤寐而求"③。怀着对中华文化的无限向往和亲友们的殷切嘱托，李氏兄弟踏上通往盛京的路途，政治使命与使臣身份的设定又使得燕行使交游心理携带着一丝逞才或试探的目的，他们对与盛京文士的交游表现出无与伦比的热情，正如朝鲜文献《备边司誊录》所言："使行到彼时，军官书记诸人中，或有稍解文字者，则必以寻访彼人为高致，笔谈或唱和，甚至于求得诗稿弁首之文。"然而这场满怀希冀的盛京求贤之旅起初并不顺利，谨小慎微的秀才、学问平平的贡生，闭门而不见的文士、破败的文庙，废弛的文风都与朝鲜使臣的心中期望相差甚远，使他们积极热忱的交游心态遭受了一定程度的打击，感叹道："时讳如此，汉人之畏约推之，他处应皆同然"，因而"惨然之心，终日不能自已也"。④ 正当失望颓唐之意频生之时，张裕崑的出现一定程度上缓解了李氏兄弟对寥落、颓废的盛京文坛的失望情绪，双方通过笔谈、题赠、书信等多种方式真诚交往，品诗、论画、风俗杂谈，相交甚欢，对于比较私密的话题，如皇室立储、吴三桂的评价、科举之风与读书人的境遇等，张裕崑也是直言相告，坦率性情可见一斑。此后双方你来我往，数次笔谈，建立了十分深厚的友谊，使团回国后双方更是鸿雁传书，情谊不断，特别是张裕崑在信中还提到了李氏兄弟在盛京一直期待结交却不可得的宣聪，信中写道："友人宣作谋及敝处士人竟来索观二君留赠诗文，无不啧啧赞羡，允称杰作，可以远追青邱，近比渔洋，叹为得未曾有"⑤，宣聪对外邦使臣诗

---

① 李田秀：《农隐入沈记》，《燕行录全集》第 30 卷，第 413—414 页。
② 李田秀：《农隐入沈记》，《燕行录全集》第 30 卷，第 417 页。
③ 李田秀：《农隐入沈记》，《燕行录全集》第 30 卷，第 418—419 页。
④ 李田秀：《农隐入沈记》，《燕行录全集》第 30 卷，第 165 页。
⑤ 李田秀：《农隐入沈记》，《燕行录全集》第 30 卷，第 459 页。

文的赞美一定程度上弥补了李氏兄弟多次求见而未能如愿的缺憾，终给朝鲜使臣的盛京交游之旅画上圆满的句号。至此，从海州单生主动来访，袖示沈阳人潘松竹诗作《梅轩遗草》开始，朝鲜使臣与盛京名士的交游大幕便渐次被拉开，一句"沈阳城里家千万，除却梅轩更几人"燃起了朝鲜使臣渴求交游盛京名士的希望之火，接踵而至的失望与落寞并未将这希望的火种熄灭，随着交游的深入与广泛，使臣们发现认识与了解盛京城的窗口绝不仅仅有已故才子的诗稿，更有张裕昆这样不拘世俗礼教的真名士，民生百态、市井风貌、礼仪习俗、名物制度同盛京的名士一道成为朝鲜使臣盛京交游之旅的珍贵记忆，这记忆希望与落寞并存，悲伤与喜悦交织，生动而深刻，真实而细腻，正如重阳日李氏兄弟赠予张裕昆的诗句："交游一世还今日，莫作悲歌泪满襟。"李氏兄弟的盛京求贤之旅可谓一波三折，表现了朝鲜使者对华夏文明的渴望及对中华文士的敬仰之情，同时求士之旅的艰辛也从侧面体现了社会重武轻文风气的弥漫，乾隆时期出使中国的书状官沈念祖曾向朝鲜国王报告燕中状况："万里中土，尽入腥膻，所尚者城池甲兵，所重者浮屠货利。华夏文物，荡然扫地。甚至大成殿廊，便作街童游戏之场。檐庑荒颓，庭草芜没，而未见一介青衿之在傍守护，见之不觉于悒。"[①] 对于谙熟于中华文化的朝鲜士大夫来说，眼前的颓唐之貌显然与其心目中的文化圣地相去甚远，满族娴于骑射，疏于文教之风由此可见一斑。

---

① 吴晗编：《朝鲜李朝实录中的中国史料》，中华书局1980年版，第4665页。

第四章

燕行使笔下的清代满语之盛衰

汉文燕行文献，内容涉及当时的政治、经济、军事、建筑、民俗、语言、社会生活等各个领域，是一个尚待发掘的巨大宝藏。近年来随着"燕行录"的整理出版，学术界对它的关注程度也越来越大，很多学者从不同的角度对"燕行录"进行研究，挖掘其重要的文献价值，逐渐形成一门新兴的学问——"燕行学"。研究视角也呈现多元化的趋势。但遗憾的是并没有关注其在语言研究方面的重要价值，作为朝鲜使节对清代中国现状的描写，其反映的语言使用状况更具有实录的性质，是我们研究清代语言的一个巨大宝藏。"燕行录"大多用汉语完成，共时语料的性质不容忽视，反映了当时汉语的情况，是我们研究当时语言的宝贵材料。[①] 燕行文献作为燕行使的沿途见闻实录，真实反映了当时社会的语言生活。整理燕行文献有关清代满语和汉语的描写及论述，考察清代满语和汉语在不同历史时期的地位及使用情况，考察清代满语在不同历史时期的使用范围及兴衰演变，对我们了解满语和汉语的接触和融合将具有重要的参考价值。

第一节 通事的设置与朝鲜使节的言语交际

朝鲜燕行使赴京不仅仅是一种政治性的朝贡活动，同时也是一种经济性的贸易活动，所以燕行使团除了正使、副使、书状官外，还有大量的随行人员，少则二三百，多则四五百人。如此庞大的使团赴京，语言

---

① 汪银峰：《域外汉籍〈入沈记〉与清代盛京语言》，《满族研究》2013 年第 1 期。

的沟通和交流是非常重要的。朝鲜李氏王朝非常重视翻译人才的培养，1393年设置了司译院，由其来专掌事大交邻之事。《成宗实录》七年丁巳五月条载："我国邈在海表，与中国语音殊异而朝聘贡献往来陆续，以为译学不可以不重。故设司译院，以专其事。"因此，每个朝贡使团都会设置若干通事，即译官，负责出使过程中的语言沟通。

如明代嘉靖十二年（1533）苏世让《阳谷赴京日记》交代了燕行使团的构成："圣节使来启，皇太子诞生，即命差进贺使，例以正二品拟望，余以判尹受点，借衔吏曹判书，成均馆司艺李梦弼为书状，弘文馆修撰权应昌为质正"，"子弟巡，打角子弟守亨，军官世义、世礼，汉通事金山海、郑希杰、尹弼臣、安自命、宋希良、高彦明，倭通事宋永，女真通事金润，习读官安世昌、崔有珍，医员申濆"。[①] 同行子弟苏巡《葆真堂燕行日记》在"进贺使同行录"中也对此次使团的构成进行了记录，与苏世让所载基本一致。在使团中设置通事若干名，其中汉通事六名、倭通事一名、女真通事一名。

隆庆六年（1572）许震童《朝天录》"朝天时同行录"载：

> 上使右议政朴淳，副使知中枢成世章，书状官执义权纯，上使子弟许震童、郑应井、高大畜，副使子弟金鳌、林遘春，上使军官金景福、李濋、宋礼、李宗张、边良俊、申德麒、任世雄、李琰，副使军官李世俊、洪春寿、成春卿、梁思顺，从使官李汝谨、申世俊、赵颐寿、池守泂、安庭兰，医员李亿年、高猏，学官朴荟，押马朴桢，书吏郑连宗，火炮匠崔亿世。[②]

从其"同行录"中并未发现"通事"一职，但通过研读其朝天日记，可知其记录的"从事官"即是通事。又如"夜遣通使池遂泂、安庭兰于江沿台，致礼物，仍说失马事"[③]，"二十二日，乙巳，晴。朝遣军官边良俊、通事赵颐寿送礼物于汤站"[④]，"镇抚文禹等来云明日当见

---

① 苏世让：《阳谷赴京日记》，《燕行录全集》第2卷，第394页。
② 许震童：《朝天录》，《燕行录全集》第3卷，第334页。
③ 许震童：《朝天录》，《燕行录全集》第3卷，第274页。
④ 许震童：《朝天录》，《燕行录全集》第3卷，第276页。

官，遣军官宋礼、通事赵颐寿送礼物于总兵官赵完处"①，"腊月初一日，癸丑，晴。朝承舅氏之命，与上通事李汝谨往成翰林宪之兄成恩之家"②。

郑士信《梅窗先生朝天录》在赴京名录中将朝鲜燕行使团中的"通事"称为"通事官"，共十人："通事官姜溦、李云祥、赵安义、李恂、郑慎男、金克己、方礼男、权克中、金正侃、金诚立。"③ 实则仍有等级上的不同，如"是日晓头，先遣次通事郑慎男入辽东城，定舍馆事也"④。又如"初八日庚戌，留怀远馆。闻上通事姜溦已给人情于镇抚云"⑤。姜溦为"上通事"，相当于"首译"之职。

由此可知，每个朝鲜使团都会设置通事若干名，其中有汉通事、倭通事、女真通事，有时还会有蒙学通事，如许震童《朝天录》："蒙学通事李贞在平山疾甚，落后。"⑥ 出使过程中主要以汉语作为交流沟通的工具，故汉通事较多，一般设置五至六名，其他通事仅为一名，甚至不设置。

清代朝鲜使团的规模庞大，少则二三百人，多则甚至达到四五百人，使团构成除了正使、副使、书状官外，还有子弟军官、医官、写字官、马夫、轿夫、厨子、奴子等随行人员，通事更是使团非常重要的组成部分。清代每个朝鲜使团一般设置多名通事，其中以汉通事为主，但由于清代以满语为"国语"，所以女真通事也是必不可少的。如郑太和《己丑饮冰录》载："译官李馨长，堂上上通事金贵仁，堂下上通事赵东立，教诲朴而巚，押物梁孝元、方以敏，清译代玄德宇……书状官军官郑忠一（即译官也）。"⑦ 郑太和《壬寅饮冰录》载："译官实知事张炫、实同知赵东立、嘉义徐孝男、通政朴而巚、尹孝金、金兴翼（清译），汉学上通事金而昌、女真上通事安光润、汉学质问安日新、女真

---

① 许震童：《朝天录》，《燕行录全集》第 3 卷，第 278 页。
② 许震童：《朝天录》，《燕行录全集》第 3 卷，第 299 页。
③ 郑士信：《梅窗先生朝天录》，《燕行录全集》第 9 卷，第 385 页。
④ 郑士信：《梅窗先生朝天录》，《燕行录全集》第 9 卷，第 256 页。
⑤ 郑士信：《梅窗先生朝天录》，《燕行录全集》第 9 卷，第 258 页。
⑥ 许震童：《朝天录》，《燕行录全集》第 3 卷，第 266 页。
⑦ 郑太和：《己丑饮冰录》，《燕行录全集》第 19 卷，第 318—320 页。

学行中掌务李化龙、汉学年少聪敏朴居和。"①

康乾时期，朝鲜使团译官的人员配置和职责逐渐固定下来，形成了一种制度。如金昌业《老稼斋燕行日记》"一行人马渡江数"载：

> 译官嘉义朴东和、折冲金应濩、折冲李惟亮、折冲朴再蕃，汉学上通事前正张远翼，清学上通事前判官金世弘，教诲质问通事前正刘再昌，年少聪敏前正吴志恬，次上通事前奉事朴世章，押物通事前主簿金昌夏，押物通事前正金商铉，押物通事前奉事吴泰老，偶语别遆儿前正玄夏谊，清学别遆儿前判官韩允普，被选奉事申之浩，岁币押领教诲教授洪万运，蒙学前奉事金景兴，倭学前直长崔檍，岁币米押领教诲前正金万喜，蒙学副司男张龄，清学新遆儿折冲崔台相。②

乾隆四十二年（1777）李在学《燕行记事》"一行人马员额"载：

> 一堂上正宪大夫朴道贯，二堂上嘉善大夫张濂，三堂上折冲将军洪宅宪，四堂上折冲将军吴道成，汉学上通事前正李宗镇，清学上通事前判官崔重载、质问通事教诲前主簿洪仁福，年少聪敏前正赵学东，次上通事前正刘郑重，押物通事前正玄启祯，前主簿洪和说，前正李邦昱，岁币领去官前正赵箕鼎，蒙学行训导方孝彦，倭学前奉事玄商祚，岁币米领去官前正金履熙，蒙学前判官刘商翼，偶语别遆儿前主簿朴致道，清学别遆儿前判官李彦奎，别选前判官李允爀，新遆儿前奉事金命龟，偶语别差前判官金乐全。③

使团中各类译官共计二十二名。俞彦镐《燕行录》（1787）载："译官崇禄李洙、崇政金致瑞、嘉善张濂、折冲刘凤翼，汉学上通事李永迖，清学上通事崔益柱，教诲崔致健，年少聪敏洪处纯，次上通事金宗吉，押物通事金亨瑞、卞得圭、李邦昱，偶语别遆儿吴载恒，教诲金

---

① 郑太和：《壬寅饮冰录》，《燕行录全集》第19卷，第357—358页。
② 金昌业：《老稼斋燕行日记》，《燕行录全集》第32卷，第296—298页。
③ 李在学：《燕行记事》，《燕行录全集》第52卷，第322—326页。

世禧，蒙学别遞儿金致祯，倭学聪敏赵完泽，教诲边镐，蒙学元遞儿赵孟喜，清学别遞儿金权，被选洪处俭，新遞儿李寅旭，俚语别差高景禹。"① 俞彦镐在"行中人共数"有详细统计：

  正使一员，副使一员，书状官一员，军官八员，译官二十二员，御医、写、画、医、日官五员，湾上军官二人，内局书员一人，上副三房奴子五名，军官奴子三名，译官奴子七名，御医写官奴子二名，上副三房书者马头左牵持伞扶轿军牢引路等二十七名，上副房厨子四名，表咨文岁币方物马头五名，首译马头一名，驿马夫四十九名，兼济马夫二名，刷马夫八十二名，又十九名，卜刷马夫十一名，并卜刷马夫十五名，私持马夫四十二名，并卜私持马夫六名，自骑马夫三名，以上人共三百二十四员人名。②

  译官的数量仍为二十二名，可见已形成了一种较为稳定的制度。朝鲜使团译官也有等级的区别，有所谓"大通官"之说，如李在学《燕行记事》载："大通官朴道贯、李宗镇、崔重载。"③

  查询其"一行人马员额"可知其三人分别是一堂上、汉学上通事、清学上通事，一堂上，即首译。朝鲜使团通事中，此三人的地位最高。

  朝鲜使团通事一职的设置，旨在负责出使过程中的语言沟通，主要是与所经衙署和官方的沟通，如许震童《朝天录》："夜遣通使池遂泂、安庭兰于江沿台，致礼物，仍说失马事"④，"二十二日，乙巳，晴。遣军官边良俊、通事赵颐寿送礼物于汤站"⑤，"镇抚文禹等来云明日当见官，遣军官宋礼、通事赵颐寿送礼物于总兵官赵完处"⑥。苏世让《阳谷赴京日记》："三日，晴。令通事尹弼臣及世礼，先送凤凰城，给两指挥人情"⑦，"八日，晴。在玉河馆。令通事金山海往鸿胪寺，告以来

---

① 俞彦镐：《燕行录》，《燕行录全集》第41卷，第369—373页。
② 俞彦镐：《燕行录》，《燕行录全集》第41卷，第374—376页。
③ 李在学：《燕行记事》，《燕行录全集》第52卷，第338页。
④ 许震童：《朝天录》，《燕行录全集》第3卷，第274页。
⑤ 许震童：《朝天录》，《燕行录全集》第3卷，第276页。
⑥ 许震童：《朝天录》，《燕行录全集》第3卷，第278页。
⑦ 苏世让：《阳谷赴京日记》，《燕行录全集》第2卷，第397页。

意，薄晚，下程米盐、酒肉来"①。黄士祐《朝天录》："八月初一日，送上译秦智男呈报单于礼部鸿胪寺。"②

特别是矛盾纠纷的时候，通事要进行调解和疏通，如《梅窗先生朝天录》："初六日丁丑，晴。骡主驿丞等阻搪不休，吾等将具呈文于主事，荷潭出草，使权克秀缮写之际白。通官先为呈牒，姜溅、李云祥、赵安义等同入主事前辨诉，则主事加给车辆云。而车夫等与骡主等通谋，至午后尚不肯载，余等至未时不得已，出大门外各坐交倚答论守方物。译官权克中、金正侃等而促使装载于两车，至未时末发行。"③

除了与官方的沟通外，在日常交流中，通事也起到重要的作用。如许震童《朝天录》："腊月初一日，癸丑，晴。朝承舅氏之命与上通事李汝谨往成翰林宪之兄成恩之家，家在蓟州城中，恩待以宾礼，行茶三巡，问曰：贵国礼乐文物与中国何如？余令通事答曰：陋邦胡能与中华侔也？成公知其谦而笑，遂赠所送文房之具。"④ 金中清《朝天录》："有秀才三人见过，问姓名，杨武祥、郑汝钰、杨翘也。郑之语音不似辽人，令译官问曰：你无乃南土人耶？郑有喜色曰：何由知吾非此土人？我果绍兴山阴人，而通判乃世族故为来五千里地，留一年未还矣。"⑤

为了接待各国朝贡使节，明朝政府设置各国通事六十名左右，其中朝鲜通事五名，负责朝鲜使团在京期间的相关事务。《大明会典》第109卷"各国通事"："凡在馆钤束夷人、入朝引领、回还伴送，皆通事专职。"会同馆通事进行一段时间的考核，可晋升为序班。《大明会典》第109卷："通事办事三年，满日，本部考中，支米。又办事三年，满日，考中，送吏部冠带。又三年，满日，考中，实授序班。"在朝鲜燕行文献的记录中，经常可看到序班的身影。序班负责使节入朝各种仪式的引领，如苏世让《阳谷赴京日记》："十三日，晴。赴下马宴于会同馆。押宴太监黄锦、礼部尚书夏言乘轿入来，即于阶前拱立迎入。精

---

① 苏世让：《阳谷赴京日记》，《燕行录全集》第 2 卷，第 401 页。
② 黄士祐：《朝天录》，《燕行录全集》第 2 卷，第 515 页。
③ 郑士信：《梅窗先生朝天录》，《燕行录全集》第 9 卷，第 306—307 页。
④ 许震童：《朝天录》，《燕行录全集》第 3 卷，第 299 页。
⑤ 金中清：《朝天录》，《燕行录全集》第 11 卷，第 435 页。

膳司员外郎毛滦亦来。序班等引立阶上，行向阙五拜，又进尚书前，行再拜礼后，各就位设宴，备呈傩戏，行七爵，乃罢"，"十四日，晴。四更，诣阙，尚书及诸官亦至，序班引就拜位，行谢恩礼而还"。①"二十七日，晴。四更，赴朝，适皇帝视朝于奉天门。入候左腋门，千官行五拜礼，东西相向而立。夏尚书入跪正南御路上，夏序班拉余继入，跪于尚书之后，一行之人皆随之。琉球人又入跪于后。尚书摺笏言曰：朝鲜国王某差陪臣某官某进贺云，皇帝答曰：知道，吃酒饭。尚书曰唯。扣头而退，于光禄寺吃酒饭后，上御路扣头而退。"②

许篈《朝天记》："午门三门辟，鸿胪寺序班引余等上御路，五拜三扣头，遂由右掖门而入渡石桥，见文武官东西相向，纠仪御史列于中庭。……序班引余等跪于御路上，鸿胪寺官持揭贴奏曰朝鲜国差来刑曹参判等三十一员名，见此官不奏使臣之名者，盖怯也。余等三扣头而复跪。帝亲发玉音曰与他酒饭吃，声甚清朗。余等复三扣头，序班引出还，由右掖门，歇于阙右门。"③

朝鲜使团在京期间的出行，需要通事序班全程相伴，担当翻译人员，减少语言沟通的障碍，同时也起到约束与监督使节的作用。如苏世让《阳谷赴京日记》："二十日，晴。见主事公文，每于限日，序班陪侍，出游街市及地方可观处，不许国人等阑截防禁，听其自行，申时还入云。……二十四日，雨。张序班具人马来，将往见国子监、海印寺，以雨不果，啜茶而去。……二十五日，晴。张序班早来，仍与偕行，过育才坊、大兴县、成贤街，到国子监。"④

清代朝鲜使团赴京朝贡，除了要求正使、副使、书状官的品秩外，还必须为饱学之士，以此来凸显李氏王朝对于"事大"的诚意。三使一般具有较高的汉文水平，但汉语的口语能力较差，无法进行交流，如康熙三年（1664）上使洪命夏即是如此：

又行四十里，到前屯卫，入间家家舍，不污且阔，胜于沿路察

---

① 苏世让：《阳谷赴京日记》，《燕行录全集》第 2 卷，第 403 页。
② 苏世让：《阳谷赴京日记》，《燕行录全集》第 2 卷，第 405 页。
③ 许篈：《朝天记》，《燕行录全集》第 6 卷，第 225 页。
④ 苏世让：《阳谷赴京日记》，《燕行录全集》第 2 卷，第 404 页。

院。译官散去,余倚枕而卧。有一汉人裸体直入,有若呼诉者,然而语音未晓,急招下人。马头平立虽解汉语,亦未晓其言,扶而出去。其汉形状甚顽,醉酒不省事,使清译金天祥查出曲折。义州刷马驱人入此汉家,给烟竹买水二桶,而其汉只给一桶。驱人叱责之曰:我当入宿汝之内炕云,其处闻而怒,曰:"此言欺我而发。"其汉发怒而来诉。①

乾隆五十五年(1790)乾隆皇帝八十寿辰,徐浩修以副使身份赴京朝贡,其与皇帝的对话也是通过"通官译语",《热河纪游》载:"上曰:皇帝与卿等酬酢时,谁为传语?浩修曰:通官译语。礼部尚书传奏而皇帝再次召见臣等,欲与之长语,问有清蒙语者,而臣等以未带来仰对,皇帝甚为之沓沓,大抵事大中最紧切即清语,而译院清学渐不如古,臣行所带去之李惠迪,名虽清学,未达例用话头,故不得已以未带来为对矣。"②

由于正使、副使和书状官都具有较高的汉文水平,所以如果条件允许,一般会采用笔谈的方式进行交流,如康熙八年(1669)正使闵鼎重在"闻见别录"中将与王秀才、颜知县的笔谈如实地记录下来,下面将"颜知县问答"一段抄录如下:

(闵)译舌不能尽所欲言,代以笔舌如何?
(颜)大老爷各位驾临,无可为敬,恕罪,只叩见,有话问便答。
(闵)主人官居几品?今日仪章以何分秩?
(颜)官居正七品,进士出身,今遵清朝制度,不敢戴纱帽,只羡贵国尚存汉官威仪。
(闵)生岁在某甲?
(颜)戊辰年,四十二岁。
(闵)与我同年生。
(颜)贱辰僭同,见老爷容貌还少壮。

---

① 洪命夏:《燕行录》,《燕行录全集》第20卷,第344页。
② 徐浩修:《热河纪游》,《燕行录全集》第52卷,第271页。

第四章 燕行使笔下的清代满语之盛衰

（闵）懒病已衰，少壮之论，令人发笑，请以中行薄酒为礼，本家何在？

（颜）家在福建，因乱迁徙。

（闵）离福建几（年）？

（颜）先在陕西四年，今来关东一年。

（闵）曾住福建可悉南徼事，前朝旧迹已扫尽耶？

（颜）家住福建，南徼事不便言，前朝事亦不敢尽述。

（闵）能复饮否？

（颜）再奉陪壹杯。①

朝鲜使节虽具有较高的汉文水平，但遇到突发重大事件，使臣只能"深坐馆中，默默相视，忧悸万端，兹曷故焉？士大夫妄尊自便，言语不通之过也"②。

因此，朝鲜使团赴京参加各种朝贡礼仪活动时，只能依靠通事或通官，让他们用朝鲜语进行通传，如金士龙《燕行日记》载："俄而引诸侯登榻上，皇帝亲酌酒赐饮，饮毕，各下阶就位，观百戏于庭中。皇帝问曰：使臣知清语乎？通官奏曰：不知矣。"③

因此出使过程中只能依靠通事进行沟通，但由于通事的语言水平参差不齐，语言沟通的作用没有很好地体现出来，甚至对使臣的出使活动也带来一些障碍。如金昌业《老稼斋燕行日记》癸巳正月十七载："日前礼部招首译上通事，问方物移准文书中物种所录有与岁币文书异者，何也？首译本不识文书首尾，承文院书员姜遇文随去。答曰此依前例而然，非误也。据理争之，而译官不善汉语，通官之为我国语，犹译官之不能汉语，亦不分明，故不能明传。遇文之言令礼部官解听，终至语塞而归。"④ 癸巳正月二十日载："此邦之规，凡文书尽以清书翻译，然后誊于皇帝。谢恩方物文书有顷，至今不得翻译，且坐译官不善辞，一日可决之事，二日不决，行期以此渐退，殊可慨郁矣。译官辈虽则逐年入

---

① 闵鼎重：《老峰燕行记》，《燕行录全集》第22卷，第386—388页。
② 朴思浩：《燕蓟纪程》，《燕行录全集》第85卷，第540页。
③ 金士龙：《燕行日记》，《燕行录全集》第74卷，第209—210页。
④ 金昌业：《老稼斋燕行日记》，《燕行录全集》第33卷，第72—73页。

来，而渠之商贩外无所知，今番首译全不解汉语，又昧文字，触事昏愦。"①

作为首席译官的朴东和，竟然"不解汉语"，沟通和交流遇到障碍，最终"语塞而归"。使团首译的沟通能力尚且如此，其他使行人员也就可想而知了。《老稼斋燕行日记》载："朝首译来告，曰驿卒一人自八里铺落后，至今不来。言于衙门，使甲军寻来。而昨日极寒，其人又初行，不通言语，或不能得入人家，则不无冻死之虑已。"② 有的人因初学汉语，竟闹出了笑话。如《老稼斋燕行日记》载："金中和初学汉语，见主胡谓曰：'你来来。'其胡大怒，引下炕将殴之。诸人费辞救解，且与花峰铁一个始免。盖此地人呼其妻为奶奶，'来'与'奶'音相似，不合叠呼'来'字，彼以为呼其妻，辱己，故怒也。金以此事为一行讥笑，自是见彼人，遂缄口不复出一句语，尤可笑。"③

金昌业的分析解释不准确，并非"来"与"奶"音相似，"不合叠呼"，而是因为朝鲜人在学习汉语时分不清 [n] 和 [l]，故将"你来来"说成"你奶奶"，这样就变成了骂人话，故"主胡"才"大怒"。

除了燕行使外，使团中个别成员由于经常往来朝贡，略懂汉语和满语，其口语水平尚可交流，如洪命夏《甲辰燕行录》三月二十九日辛卯载："马头平立稍解汉语，谓其夫曰：'你面虽粗，你妻之颜何其美也？'其夫笑以答之曰：'是是。'颇有喜色，不觉捧腹。"④ 当使行过程中遇到问题，他们可以从中调解，甚至可以帮助解决一些摩擦。如徐有素《燕行录》"入彼地行中诸般事例"载："放料军官及下处库直，自义州定行，此辈屡经此行，习道路店站，善汉语，又略解清语，沿路所到多彼人亲熟者，我人与彼争诟斗哄，辄使此辈居间解之。"⑤ 又如金昌业《老稼斋燕行日记》十二月初一日庚戌："朝饭临发，主胡嫌房钱少，关其门不开，书状马头直山能汉语，争之不得，竟加一烟竹然后始开。"⑥

---

① 金昌业：《老稼斋燕行日记》，《燕行录全集》第33卷，第92—93页。
② 金昌业：《老稼斋燕行日记》，《燕行录全集》第32卷，第562页。
③ 金昌业：《老稼斋燕行日记》，《燕行录全集》第32卷，第377页。
④ 洪命夏：《甲辰燕行录》，《燕行录全集》第20卷，第285页。
⑤ 徐有素：《燕行录》，《燕行录全集》第79卷，第48页。
⑥ 金昌业：《老稼斋燕行日记》，《燕行录全集》第32卷，第386页。

第四章 燕行使笔下的清代满语之盛衰

清政府为了便于朝鲜使节的出使活动,也设置了通晓朝鲜语的通官。《老稼斋燕行日记》使节于鸿胪寺习仪时载:"胪唱官二人分立左右,三使臣立西庭北向立,军官、译官二十七人分三行立于使臣后。于是胪唱。清语也。通官立于使臣之左,以我音传之,凡三跪,而每跪三叩头,是谓三拜九叩头也。"①

通官一般由居住在中国的朝鲜人或者朝鲜人的后裔来担任,如金昌业《老稼斋燕行日记》提及的通官洪二哥,其父母皆为朝鲜人,受到家庭环境的影响,所以洪二哥才掌握朝鲜语。甚至父子两代相继成为通官,如《老稼斋燕行日记》载:"文二先父名金,本以我国人,被掳而来为通官。临死属其子曰:'我,朝鲜人也,凤城近于朝鲜,我死必葬凤城。'其子从其言,葬于此处。二先虽为通官在北京,而其家眷尚在此,故常常往来云。"②

这些通官虽是朝鲜人,或者是朝鲜人的后裔,但由于久居中国,缺乏语言环境,朝鲜语的水平也逐渐生疏,甚至遭到朝鲜使节的嘲笑,"通官辈虽为我国语,屈折未备,龃龉可笑,有似小儿始学之语"③。《老稼斋燕行日记》载:"皇帝初有书问之语,而竟无所问,似以诸臣中无识字者而然也,余意不然。通官辈素不善我语,而语涉文字则尤难翻传,故此。来时通官在路中,或诸裨,皇帝所问外,无烦他语,至于文字绝不可出口云。以此见之,写字为对之语,彼必不传也。"④

可见,无论是口语,还是书面语,通官的朝鲜语水平都不尽人意。作为使团随从的金昌业也注意到这种现象,并提出了自己的忧虑:"译官无通汉语者,其中一二人号为稍胜,而观其与彼人酬酢者,为十言无二三言分明,此所言则彼不解听,彼所言则此亦不解听,见之可闷。两国之情只凭通官、译官通之,而译官既如此,通官亦不能为我国言,凡言语虽备说,尚难使人解听,今以数少之语择而为之,其于屈折烦多之事,彼此岂有通情之理?是以若有一事,则不能析理争之,无论大小,惟务行赂,宁有如许寒心者乎?"⑤

---

① 金昌业:《老稼斋燕行日记》,《燕行录全集》第32卷,第564—565页。
② 金昌业:《老稼斋燕行日记》,《燕行录全集》第33卷,第453页。
③ 金昌业:《老稼斋燕行日记》,《燕行录全集》第33卷,第121页。
④ 金昌业:《老稼斋燕行日记》,《燕行录全集》第33卷,第131页。
⑤ 金昌业:《老稼斋燕行日记》,《燕行录全集》第33卷,第75—76页。

朴思浩《燕蓟纪程·地》也提出了自己的担忧：

> 每有事焉，任译图嘱通官，通官图嘱四译、提督，提督于礼部堂官，等威截严，非可以干讬也。事不谐，则使臣疑怒于任译，任译怨其难明，于是乎上下情志不相孚，而督责益急，则通官之操纵益肆，不虞之银两开焉。银一开而事愈阻，若有微细之葛藤，则任译、通官遑遑奔走，推胸叩心，隐若有天下大机关者然，使臣深坐馆中，默默相视，忧悸万端。兹曷故焉？士大夫妄尊自便，言语不通之过也。……若有干戈剑攘，冠盖络绎，则偾事之责，谁任其咎？①

究其根源，则是明清易代产生的影响。朝鲜朝由于长期受程朱理学"华夷观"和"事大至诚"意识的影响，对满族人建立的清朝在民族心理上是无法接受的，甚至是排斥的。"在整个大清帝国时期，朝鲜士人从心底里觉得，他们到中国来，就不是来朝觐天子，而只是到燕都来出差，使者们的旅行记名称，也大多由'朝天'改成了'燕行'。"② 由于心理上的排斥和抵触，对使华活动自然不放在心上，这从当时朝鲜朝司译院的情况也可见一斑。李在学《燕行记事》载："译院虽设四学，而近皆专抛，倭学则绝无，仅有汉学，则训上数人之外，人才长短姑置不论，话亦难通，则交邻事大，辞令为重，而以此人物，以此言语，将何所藉手应接乎？清蒙两学则尤为弃置，而蒙学最甚，虽欲学之，我国实无详知其语者，清人则既解文字，亦能汉语，清学虽废犹有通情之路，至若蒙古则最邻于我国，既不通文字，其言亦绝异于华语，而我国之全不留意于蒙学乃如此，无一人开口而措一辞者，设或有事于蒙，何以处之？诚可寒心也。"③ 朴思浩《燕蓟纪程·地》载："今人一入燕京，辄曰善观风，何其易也，言语相殊，情意未孚，欲问将相贤否，明清沿革，满汉用事，则语触忌讳。欲问钱谷甲兵，山川形胜，关隘险夷，则

---

① 朴思浩：《燕蓟纪程·地》，《燕行录全集》第98卷，第538—539页。
② 葛兆光：《想象异域：读李朝朝鲜汉文燕行文献札记》，中华书局2014年版，第42页。
③ 李在学：《燕行记事》，《燕行录全集》第59卷，第80—81页。

迹涉窥侦，顾何能采探于毫厘立谈之间乎？"①

由此可见，语言的沟通和交流至关重要，不仅对赴京朝贡至关重要，甚至对了解中国相关情况，也不是一件容易的事情了。

第二节 燕行文献所见清代满语的地位

随着满族入主中原，满语的地位提高了，有清一代被称为"国语"，成为清代重要的交际工具。但由于满族人口相对于汉族来说较少，满语的使用逐渐衰落，今天满语已成为濒危语言之一，因此满语的兴衰发展是我们研究的重要课题。同时，东北是满族满语的发源地，满语满文更是东北文化的一个重要组成部分，因此梳理满语的兴衰发展是东北文化建设的重要课题。燕行文献作为燕行使的沿途见闻实录，真实反映了当时社会的语言生活。其中若干有关满语的描写与论述，是我们研究清代满语在不同历史时期的地位、使用范围及兴衰的宝贵材料。

清学上通事，又称女真上通事，简称"清译"。有清一代，满语是"国语"，是政府的官方语言，所以清译的语言在沟通中非常重要。如崔德中《燕行录》"入栅式"载："旧例使行到镇江城、汤站等衙门传报单，受下呈。崇德以后始有栅门，而每于入栅前一日先送清译（今之新递儿也），以使行明日入栅之意言于守门人，使之通报于凤凰城将。则当日早朝，城将及主客司护行、伏兵将、迎送官、衙译、诸章京、博氏、甫十古、甲军等出来，三使于门外行相见礼，馈酒果，传报单，令上通事致各人礼单，然后主客司以下列坐于门左右，令甲军依报单计数入门。"② 又如李㴭《朗善君癸卯燕京录》六月初七癸卯载："使清译，使臣入来之意，言于守栅清人"，六月二十五日辛酉载："先送清译于山海关，通言于城将"。③

途经每一地，都需先派遣清译告知地方衙署，因此清代赴京使团中清译必不可少，如：

---

① 朴思浩：《燕蓟纪程·地》，《燕行录全集》第 98 卷，第 433 页。
② 崔德中：《燕行录》，《燕行录全集》第 39 卷，第 397 页。
③ 李㴭：《朗善君癸卯燕京录》，《燕行录全集》第 24 卷，第 404、409 页。

郑太和《壬寅饮冰录》"女真上通事安光润",金昌业《老稼斋燕行日记》"清学上通事前判官金世弘",李在学《燕行记事》"清学上通事前判官崔重载",俞彦镐《燕行录》"清学上通事崔益柱",韩德厚《燕行日录》"清学上通事刘克亮",无名氏《燕蓟纪程》"清学上通事前判官赵显瑜"。

除了往来信息的通报外,清译也负责使行过程中的言语沟通。如洪大容《湛轩燕记》"吴彭问答"载:"问其见住城中何处,两人答语不可解,时清译边翰基在旁,使翰基以满语问之,皆曰未学满语,将招他译问之","家丁自云多住北京,能解汉语而不甚明白,即招清译边翰基以清语问之"。①

清译除了负责语言沟通外,还肩负刺探中国情报的任务,如李颐命《燕行杂识》载:"闻士杰与奉善以清语酬酢时,清译吴恭岭窃听之,则云礼部诸堂以为东国来请大典,必有币物于我部,而通官辈从中自食。"②

清朝立国之初,由于汉人不习满语,故满语和汉语都作为官方语言使用。如顺治十七年(1660)赵珩《翠屏公燕行日记》载:"使行入参班末,同时行礼后,罢出,礼官奉赦勅出于天安门,东西班分左右跪听,清人礼官读清书,汉人礼官读汉书,百官三跪三叩头,仍为罢出。"③

至康熙时期,随着统治的稳固,情况发生了变化,满语成为唯一的官方语言,具有绝对的权威。在官方正式场合,必须使用满语,徐浩修《热河纪游》对乾隆皇帝召见月选京外官有详细的记载,"内阁大臣、六部诸堂各以应选人姓名书于粉牌(制如赏赐粉牌),盛于黄柜(制如奏牍黄柜),擎进御前,吏兵部郎官各引满汉文武应选人以次进,跪殿陛下,应选人以满洲话各奏践历、门阀,武则抨弓一番,然后乃奏内阁大臣、吏兵部诸堂进跪御榻前,随皇旨仰对。"④

---

① 洪大容:《湛轩燕记》,《燕行录全集》第49卷,第15、74页。
② 李颐命:《燕行杂识》,《燕行录全集》第34卷,第130页。
③ 赵珩:《翠屏公燕行日记》,《燕行录全集》第20卷,第230页。
④ 徐浩修:《热河纪游》,《燕行录全集》第52卷,第41—42页。

清朝皇帝在接待朝鲜使节时也使用满语,如金昌业《老稼斋燕行日记》载:"通官告于帝,帝有所云云,而俱是清语,不可晓。"① 金士龙《燕行日记》载:"俄而引诸侯登榻上,皇帝亲酌酒赐饮,饮毕,各下阶就位,观百戏于庭中。皇帝问曰:使臣知清语乎? 通官奏曰:不知矣。"②

燕行使赴京朝贡时需要参与各项仪式,在仪式上也必须使用满语。朝鲜使节多次提到鸿胪寺演仪的情形,胪唱必须使用满语,如徐文重《燕行日录》载:"二十九日,晴温。往鸿胪寺演仪,上使、书状病,未行。寺官立于庭东,通官引使臣以下以次北向立,四人立于门外,以清语唱,一跪三叩头,如是者三,遂引出而罢。"③ 崔德中《燕行录》二十九日载:"食后三使臣及一行着公服往鸿胪寺演仪,三使及一行进牌阁前,此阁乃八面高阁,牌面以金字书当今皇帝万岁万岁万万岁,置于御榻上。胪唱二人左右立,鸣赞,三使北向为一行,正官二十七人为三行,每行九人,一跪三叩头,如此者三。唱声极清高,而此乃清语,故大通官立于左,以我音告。"④ 金昌业《老稼斋燕行日记》载:"食后通官引一行往鸿胪寺习仪,寺在礼部东边,门内有八面阁,阁中设御榻,榻上立一牌,金书皇帝万岁万万岁。胪唱官二人分立左右,三使臣立西庭北向立,军官、译官二十七人分三行,立于使臣后。于是胪唱,清语也。通官立于使臣之左,以我音传之,凡三跪,而每跪三叩头,是谓三拜九叩头也。"⑤

越南燕行文献记载得更为详细,阮辉㑾《奉使燕京总歌并日记》(1765):

辰刻闻乐器三声,皇帝升御,百官排班进表,行礼退班,鸿胪少卿富昆等引我使就丹墀正中之右,与高丽使横列。闻阶上赞曰"伊脯",伊官即导我直到品山上立,天乐齐奏,再赞云"呀枯离",我即跪下;赞云"馨欺卢",我即叩头至地,即起仍跪。再

---

① 金昌业:《老稼斋燕行日记》,《燕行录全集》第33卷,第128页。
② 金士龙:《燕行日记》,《燕行录全集》第74卷,第209—210页。
③ 徐文重:《燕行日录》,《燕行录全集》第24卷,第196页。
④ 崔德中:《燕行录》,《燕行录全集》第40卷,第19页。
⑤ 金昌业:《老稼斋燕行日记》,《燕行录全集》第32卷,第564—565页。

赞"馨欺卢",我再叩头;又赞"馨欺卢",我三叩头。又赞"伊离",我起立,先右足上。又赞"呀枯离",我三跪;又赞"馨欺卢"者三次;赞"伊离",我起立。重赞"呀枯离",我三跪,又赞"馨欺卢"三次,九跪九叩讫。重赞"伊离",我起立;赞"脯丝卢",少卿官导我少却一步,横出侍立,鸣鞭击磬,驾回归到官馆。①

"依离",是"站立"的满语音译;"呀枯离",是"跪"的满语音译;"馨欺卢",是"叩头"的满语音译。各种仪式场合必须使用满语,凸显了满语的国语地位。

清代的奏折文书,也必须用满文书写。燕行使奏表文书用汉文书写,也需译成满文后呈皇帝御览。如李喆辅《丁巳燕行日记》记载了朝贡文书的上奏程序:

> 提督来言,拟本昨已经说堂,今日当回堂,明日当移送于仪制司,姑先来报云云。首译曰:自仪制司翻清正书后移送于礼部,礼部即持往十二王之家而踏印,后始呈内阁,自内阁入启皇帝,赐批,还下内阁,自内阁送于都察院科道,经览后改送于礼部,然后礼部始为成出咨文笔帖式正书乃授使臣。②

由于满语的特殊地位,如想涉足仕途,则必须要掌握满语。《高宗实录》八年载:"仍令值年御史查考所教生徒内有清文通顺、字画端楷者,准按名记档,如遇堂库各司办事乏人,挨次顶补,不堪造就者,除名。"③朝鲜燕行使对当时满语的使用也有较为集中的论述,如金昌业《老稼斋燕行日记》"山川风俗总录"载:

> 清人皆能汉语,而汉人不能为清语,非不能也,不乐为也。然

---

① 《越南汉文燕行文献集成(越南所藏编)》第5册,复旦大学出版社2010年版,第141—142页。
② 李喆辅:《丁巳燕行日记》,《燕行录全集》第37卷,第494—495页。
③ 《清实录》第十一册,中华书局1985年版,第508—509页。

第四章 燕行使笔下的清代满语之盛衰

不能通清语，于仕路有妨。盖关中及衙门皆用清语奏御，文书皆以清书翻译故也。①

金舜协《燕行录》载：

> 盖此赞唱之唱以清语者，胡皇窃据神器之后，常忧胡无百年运，且念元顺帝逃归旧土，设有早晚穷蹙之患，则欲归于宁古塔，而清语与汉语不啻悬隔，今徒习汉语而专昧清语，则后虽欲还归宁古塔得乎？是以朝士无不学习诸国之语，而至于清语则尤专工焉。凡有所奏于皇帝者，必用清语，皇帝亦必以清语为常用之言，故赞唱亦以清语唱之，盖所以用于郊庙朝廷之礼者也。②

类似的论述还有李在学《燕行记事》载：

> 清人蒙人则皆用汉语，汉人则不用清语，而然阙中及衙门则必令用清语，故汉人之出于仕路者，不得不学习清语云。……清人则以其根本为重，清书凡百文字，必与汉字参用，御览文书亦皆翻清而奏，故特设清书散馆、翰林及庶吉士，年未满四十者，使之肄习清书，而每患荒废，雍正下诏申饬，使与满员一同翻译云。③

满语虽为国语，似乎仅限于衙门及正式场合，汉族人对满语的学习也大多持消极态度，相反的是满族人和蒙古人却"皆用汉语"。但有一点可以肯定，掌握满语的确是清代博取功名的捷径，如洪大容《湛轩燕记》载："周生始书对曰：关东水土硬，肉食太重，子弟聪明者少而昏鲁者多，不以念书为事，只以清书满洲话求取功名，最易又快。"④

---

① 金昌业：《老稼斋燕行日记》，《燕行录全集》第 32 卷，第 322 页。
② 金舜协：《燕行录》，《燕行录全集》第 38 卷，第 366 页。
③ 李在学：《燕行记事》，《燕行录全集》第 59 卷，第 76—77 页。
④ 洪大容：《湛轩燕记》，《燕行录全集》第 49 卷，第 124 页。

第三节 燕行文献所见清代满语的融合及衰落

满语作为清代的"国语",从政治角度来看,具有绝对的权威。但康熙时期,满语的使用逐渐衰落,其原因主要有以下两个方面:一方面,满族相对于汉族来说,人口较少,满族统治者为了巩固对汉人的统治,除了要求汉人学习满语外,满族官员也必须学习汉语。康熙时期满族官员的汉语水平得到了显著提高,大多成为满汉双语者。《圣祖实录》十年正月载上谕:"各部院及各省将军衙门通事,原因满官不晓汉语,欲令传达而设。今各满洲官员既谙汉语,嗣后内而部院,外而各省将军衙门通事,悉罢之。"① 另一方面,满族随龙入关后,除东北龙兴之地仍保持满族聚居外,其他地区都与汉族形成杂居的格局,这必然加速了民族的接触与融合。在满族和汉族接触与融合的过程中,必然带来语言的接触和融合。乾隆三十一年《清语易言》博赫序载:"清语者,我国本处之语,不可不识。但旗人在京与汉人杂居年久,从幼即先习汉语。长成以后,始入清学读书,学清语。读书一二年间,虽识字晓话,清语不能熟言者,皆助语不能顺口,话韵用字字意无得讲究之故耳,所以清语难熟言矣。"② 对于本为母语的旗人来说,满语竟然成了第二外语,其衰落则是必然趋势。

通过燕行文献的记录,我们发现即使是为官的汉族人,其满语水平也仅限于书面语,无法进行口语交际。如洪大容《湛轩燕记》"吴彭问答"载:

> 一行正官,皆以帽带环立,时千官次第退朝,见使行多聚观,有两官人亦具披肩品,帽戴数珠,观良久不去。两人皆年少儒雅,相顾语甚喜。及使行起身出,两人又先后行,下辈妄有呵叱,亦相视笑,无愠色。至端门外,使行坐招床少休,两人又伫立于前,略闻其相与语,多及衣帽之制。余进问曰:老爷熟看我们何意? 两人笑容可掬曰:看贵国人物与衣冠。余曰:我们衣冠比老爷衣冠何

---

① 《清实录》第四册,中华书局 1985 年版,第 472 页。
② 《一百条·清语易言》卷三,北京大学出版社 2018 年版,第 862—863 页。

如？两人皆笑而不答。问其职，皆曰翰林。问其姓，一姓吴，一姓彭。两人又问使行及诸译帽带者职名，余略以实对。问其居，吴，山东人；彭，河南人。问其见住城中何处，两人答语不可解。时清译边翰基在旁，使翰基以满语问之，皆曰未学满语，将招他译问之。……余曰：曾闻朝廷专用满话，两位之不会，何也？彭曰：曾学翻译文章，终不能说话。①

在日常交际中，无论是汉人还是满人，一般都使用汉语进行交际。南龙翼《燕行录》"塞上十四绝"："薛里村中不可留，金家庄里暂相投。羌儿数岁能华语，乞得房钱即扣头。"② 华语，即汉语。《老稼斋燕行日记》"山川风俗总录"载："闾巷则满汉皆用汉语，以此清人后生少儿多不能通清语。"③ 李宜显《庚子燕行杂识》也记录了这一现象："清人皆能汉语，而汉人多不惯清语，道路所逢清汉相杂，而皆作汉语，绝无为清语者。"④ 日常交际所用的汉语应指口语形式，在康熙时期仍有满族人未掌握汉字，无法运用书面语。如韩泰东《两世燕行录》载：

> 初四日丁丑，晴。留玉河馆。是日，设上马宴于馆中，清侍郎额星格来押，吾等齐出，呈文于中门外。星格受呈，文先入堂中，额所带吏读过，问其旨意（额，清人，不晓汉文，故使吏读之而问其意）。⑤

朝鲜使团与当地百姓的沟通和交流一般也用汉语进行，如闵鼎重《老峰燕行记并诗》"闻见别录"保存了闵鼎重与王秀才、颜知县的问答记录，皆采用汉语，但多采用书面形式。如闵鼎重曰："以笔代舌终不能尽所欲言，令人郁郁。"颜知县曰："纸笔代喉舌，古人已言之矣。虽不能畅谈，然胜于肆口者多多也呵呵"。⑥ 金昌业《老稼斋燕行日记》

---

① 洪大容：《湛轩燕记》，《燕行录全集》第49卷，第14—23页。
② 南龙翼：《燕行录》，《燕行录全集》第23卷，第158页。
③ 金昌业：《老稼斋燕行日记》，《燕行录全集》第32卷，第322页。
④ 李宜显：《庚子燕行杂识》，《燕行录全集》第35卷，第461页。
⑤ 韩泰东：《两世燕行录》，《燕行录全集》第29卷，第238—239页。
⑥ 闵鼎重：《老峰燕行记并诗》，《燕行录全集》第22卷，第385—386页。

载:"朝饭临发,主胡嫌房钱少,关其门不开,书状马头直山能汉语,争之不得,竟加一烟竹然后始开。"①

在出使期间,使臣随行人员与盛京城内名士的交往也都是使用汉语,如拜访旗人出身的张裕昆,朝鲜使臣即"以不娴汉语,请笔砚",采用笔谈。兹先抄录一段笔谈内容:

> 仲兄书曰(此后凡称书问书答者,笔谈也;只称问曰答曰者,口话也。):"仆等东海鄙人也,初入大邦,愿一与沈中名士会面。闻宣兰溪是此邦巨擘,三访其家,竟皆题凤。昨者有人袖示《潘梅轩诗集》,卷中有先生跋文,真好文章。读其文不能不慕其人,今日特来相访,得接华范,何幸何幸!"张拱手辞逊数回,仍书曰:"仆系布衣,并非名士。"问曰:"先生是民家,是旗下?"答曰:"旗下。"初闻是汉人而不觉怃然。书问曰:"是本来满州人,是本来汉人而入旗下幺?"书曰:"原籍山东登州人,国初迁沈,系汉军。"又书曰:"寒家无人持门户,仆不时照理铺户,故少年废学。"仍以手指其书曰:"仆是市人,实非命士。"②

这段谈话记录中既有书问书答,又有问曰答曰,也就是说无论笔谈,还是口语,双方皆使用汉语。由此可见,日常使用的交际工具仍是汉语,所以朝鲜使臣在出使过程中也使用汉语与当地人进行交流。足见,清代满汉等各民族最常用的交际工具是汉语,满语仅在官方或正式场合使用。

朝鲜司译院是专门培养外交翻译官员并掌管外交事务的机构,设立汉学、蒙学、倭学、清学四种译学。③通过当时朝鲜司译院译学的设置也可反观当时满语的衰落,如徐浩修《热河纪游》载:

> 上曰:皇帝与卿等酬酢时,谁为传语?浩修曰:通官译语。礼部尚书传奏而皇帝再次召见臣等,欲与之长语,问有清蒙语者,而

---

① 金昌业:《老稼斋燕行日记》,《燕行录全集》第32卷,第386页。
② 李田秀:《农隐入沈记》,《燕行录全集》第30卷,第198—199页。
③ 宋基中、李贤淑:《朝鲜时代的女真学和清学》,《满语研究》2004年第2期。

第四章 燕行使笔下的清代满语之盛衰

臣等以未带来仰对,皇帝甚为之沓沓。大抵事大中最紧切即清语,而译院清学渐不如古,臣行所带去之李惠迪,名虽清学,未达例用话头,故不得已以未带来为对矣。上曰:此在译院之劝奖董责,卿等以今所奏启下举行条件,令饬该院可也。①

又如李在学《燕行记事》载:

译院虽设四学,而近皆专抛,倭学则绝无,仅有汉学,则训上数人之外,人才长短姑置不论,话亦难通,则交邻事大,辞令为重,而以此人物,以此言语,将何所藉手应接乎?清蒙两学则尤为弃置,而蒙学最甚,虽欲学之,我国实无详知其语者,清人则既解文字,亦能汉语,清学虽废犹有通情之路,至若蒙古则最邻于我国,既不通文字,其言亦绝异于华语,而我国之全不留意于蒙学乃如此,无一人开口而措一辞者,设或有事于蒙,何以处之?诚可寒心也。②

满语的衰落也引起了清代统治者的重视,清朝政府多次发文申斥旗人满语生疏的现象,如《清实录·高宗实录》(卷六四七)乾隆二十六年十月下载:

伊等皆满洲官,所办又系满洲事务,不谙清语,何以办事?看来别部院官员,似此者必多。清语乃旗人本务,岂容荒废。从前各部院官员,禀事登答,皆以清语。今则不知所重,甚属非是。③

并且规定满语是考试、升迁、承袭等必不可少的条件,如《清朝通志》卷七十二载:"应试者,俱令自行奏闻,国语骑射皆有可观,方准入场。"《光绪会典事例》卷八十三载:"不习清语,京察不准保举。"在燕行文献中保留了这方面的记载,如《沈行录、沈使还渡江启别

---

① 徐浩修:《热河纪游》,《燕行录全集》第 52 卷,第 271—272 页。
② 李在学:《燕行记事》,《燕行录全集》第 59 卷,第 80—81 页。
③ 《清实录》第十七册,中华书局 1986 年版,第 243 页。

单》载：

> 十七日宴罢后，皇帝以清书下旨意，而译辈翻译其略：以为盛京即我国根本兴起之地，关系至重且要。乾隆八年朕亲谒祖陵巡察地方时，见之则满州辈风俗形容尚自仅可。今年朕复来临历见乌喇及盛京，则乌喇官员与军丁间有汉语者，而其中能清语，及男子貌样虽不及于向时，犹不至甚劣。盛京官员及军丁等骑射及马上技艺俱是儿戏，清语又最生疏，渐入于汉俗，而清人古道一切抛弃者，又不及于八年。将军、副都统、侍郎等，俱是朕极择清人用之于故乡重要之任者，宜时时在念，清语及骑射教训引导，匡正风俗，重恢古道，终若彼此捱过，不思职任中紧事，流入于汉人之俗，则朕甚忧之。满州军丁宜重男子技艺，不宜务外饰衣服，若到男子所当做处，虽衣服樊污，终无所歉，浪费银子侈靡衣服，不务男子技艺其可乎？以此意，该将军及侍郎等处严加饬谕，必令着意务养清人，而令善习清语与骑射等，男子技艺亦须导正劣俗，复归醇厚可也。①

清朝统治者担心这会影响满族贵族的统治地位，因此人为地采取各种措施拯救和保护满语，遏制这种现象的蔓延，甚至将"后生小儿"送至宁古塔学习满语，如金昌业《老稼斋燕行日记》"山川风俗总录"载："间巷则满汉皆用汉语，以此清人后生少儿多不能通清语，皇帝患之，选年幼聪慧者送宁古塔学清语云。"② 俞彦述《燕京杂识》也有类似的记载："清人能汉语，而汉人则不能为清语，非不能也，盖不欲为也。以其间巷之间恒用汉语，故清人后生小儿多不通清语，清主患之，选其年幼者送于宁古塔学习清语云。"③

可见，为了保留满族贵族的民族特征，统治者可谓是煞费苦心，但历史的车轮是无法阻挡的，满族人口少且满汉杂居的状况，决定了满语必将逐渐退出历史舞台，这是不以人的意志为转移的。在汉文化的强势

---

① 俞拓基：《沈行录、沈使还渡江启别单》，《燕行录全集》第 38 卷，第 160—161 页。
② 金昌业：《老稼斋燕行日记》，《燕行录全集》第 32 卷，第 322 页。
③ 俞彦述：《燕京杂识》，《燕行录全集》第 39 卷，第 281 页。

同化下，满语便逐渐走向了衰亡，即便是官方使用层面，亦是如此，清朝统治者也不得不承认现实。

满语在清代作为官方语言，具有绝对的权威。但朝鲜朝由于长期受程朱理学"华夷观"和"事大至诚"意识的影响，对满族人建立的清朝在民族心理上是无法接受的，甚至是排斥的。明显的表现是多用贬斥色彩的词语来描述满族人，如"胡人、胡虏、胡皇、虏、虏酋、蛮夷"等，即使是清代的官方语言——满语，燕行使臣也蔑称为"胡语"，如孙万雄《燕行日录》载："使臣以下员役具冠带，诣鸿胪寺行朝参习仪，由西夹门而入，北向立于庭，鸿胪二人分东西相向立，以胡语传声，遂三跪九叩头而出。"①

对满语的形容则是"冗长无义"②"尤难学习"③等，甚至带有轻蔑、厌恶的态度，如赵最寿《壬子燕行日记》载："及一小溪边，清人四五结幕屯聚于雾树中，言语侏离不可辨。使马头辈通言，乃出猎者也。"④

第四节　满语和汉语融合的历史见证——满语音译词

由于满语和汉语的接触、融合和影响，使当时语言交际中出现了很多满语音译词，其成为语言接触的重要材料，为汉语词汇史的研究，尤其是清代词汇研究提供了重要参考。有些满语音译词由于使用频繁，逐渐成为汉语词汇系统中的一部分，为我们所熟知。以下将《燕行录》中非常用之满语音译词摘录出来，并结合其他材料，进行诠释和考证，由此可知满语音译词在清代汉语中的使用情况。

1. 窝集：徐浩修《热河纪游》载："太子河东数里有木商铺，连抱之材积如丘陵，殆近数百万株，闻是斫取于长白山下诸窝集中者。"⑤李田秀《农隐入沈记》载："分水岭十五里，此岭自栅外诸窝集

---

① 孙万雄：《燕行日录》，《燕行录全集》第 28 卷，第 357 页。
② 李在学：《燕行纪事》，《燕行录全集》第 59 卷，第 76 页。
③ 金舜协：《燕行录》，《燕行录全集》第 38 卷，第 367 页。
④ 赵最寿：《壬子燕行日记》，《燕行录全集》第 50 卷，第 371 页。
⑤ 徐浩修：《热河纪游》，《燕行录全集》第 52 卷，第 261 页。

西来，迤入金、复、海、盖等州。"①

按：窝集，满语 woji，音译词，森林之意。在近现代文学作品中，该词出现较多。纪昀《阅微草堂笔记》："转相告语，颇得善价，竟藉是达戍所，得父骨，以箧负归。归途于窝集遇三盗，急弃其资斧，负箧奔。盗追及，开箧见骨，怪问其故。"

2. 吓、虾、鰕：清代燕行文献中该词出现较多，词形不固定，金舜协《燕行录》载："有宿卫之将率众虾而守门，门之中有炕，故少憩焉。"金舜协对"虾"释为"将校之通称也，是以称朝鲜使臣之军官，亦曰某虾。"② 无名氏《燕中闻见》载："董氏即内大臣鄂硕之女，初为皇帝虾之妻，而皇帝闻其绝美，杀其夫，夺入宫中，今乃封为贵妃，年今二十三云。"③ 无名氏《燕中闻见》载："皇帝喜田猎且荒淫，出猎之时，先使鰕突入人家，知有其美女之后，皇帝变着鰕服，亲往其家，其女果美则使之勿嫁，夺入宫中，民间以此甚苦云。"④ 燕行文献中对该词也进行了释义，如金昌业《老稼斋燕行日记》载："皇帝侍卫官谓之'吓'，而我国误称'虾'。是日金应瀍来言，通官见书'虾'字大笑，曰：满音称侍卫为'吓'，何可作'虾'字云。"⑤ 洪大容《湛轩燕记》载："或曰下下者，侍卫之称，满洲语也。侍卫武职，有三等之品，帽戴孔雀翎以表之，所以见笠羽，而意其为侍卫职也。"⑥

按：吓、虾、鰕，满语音译词，满语读音为"Hiya"，"侍卫"之义，该词也见于清代文学作品中，或写作"辖"，如《儿女英雄传》："当了个难的干清门辖，好容易升了个等儿。"

3. 克食/克：李基宪《燕行日记》载："凡熟食颁赐者，称曰克食，此即正朝例给者，而除夕先颁，亦是格外云。"⑦ 姜时永《輶轩续录》载："还馆后，光禄寺以皇命送来克食。满语，凡御赐谓之克。"⑧

---

① 李田秀：《农隐入沈记》，《燕行录全集》第 30 卷，第 94 页。
② 金舜协：《燕行录》，《燕行录全集》第 38 卷，第 407 页。
③ 无名氏：《燕中闻见》，《燕行录全集》第 95 卷，第 147 页。
④ 无名氏：《燕中闻见》，《燕行录全集》第 96 卷，第 320—321 页。
⑤ 金昌业：《老稼斋燕行日记》，《燕行录全集》第 33 卷，第 167 页。
⑥ 洪大容：《湛轩燕记》，《燕行录全集》第 49 卷，第 229 页。
⑦ 李基宪：《燕行日记》，《燕行录全集》第 65 卷，第 170—171 页。
⑧ 姜时永：《輶轩续录》，《燕行录全集》第 73 卷，第 215 页。

按：满语音译词，原义为"恩赐"，现指恩赐之物。清袁枚《随园诗话》卷九："张奉旨呈诗，上喜，赐以克食。"文献材料中写作"克什"较多，如清郝懿行《证俗文》卷十七："满州以恩泽为克什，凡颁赐之物出自上恩者，皆谓之克什。"《红楼梦》亦有用例，如第一一八回："忽见莺儿端了一盘瓜果进来，说：'太太叫人送来给二爷吃的，这是老太太的克什。'"

4. 呼兰：成祐曾《茗山燕诗录·地》："刳木而空，其中截成孤柱，树之檐外，引炕烟上出，此满语所谓呼兰也。"①

按：呼兰，满语音译词，义为"烟囱"。《呼兰府志》卷十载："烟筒或用土坯，或用砖，矗立若望台，高出屋檐丈余，或刳木为之，清语为之呼兰"。黄锡惠《文献中以地形地貌的形象特征为名之满语水体考释》提道："'呼兰'系规范满语，满文作 ᡥᡠᠯᠠᠨ，汉义为'烟囱'。名此者当以流经区域内，水体附近山体状若烟突，因而产生这一形象名称。"②

5. 乌金朝/乌金超哈/兀金超哈：洪大容《湛轩燕记》载："余曰汉人亦为满试乎？周生曰吾家旗下汉军也，民家不赴。余曰同是汉人，或称汉军，何也？周生曰明末天下未平，吴王未服，大清一统之前，在先投顺有功者，俱为汉军。满语谓之乌金朝，亦算旗人。后顺者，仍谓之民，其实同一民也。"③ 又作"乌金超哈"，如《燕中闻见》："清人之调用为兵者，只是清人及我国前后被掳人之子支，而通谓之满州人。戊午所得辽民子支，则抄其壮丁别为一军，谓之'乌金超哈'，翻以我国音则喝作'宇真稍虚'。'乌金'者，长养也；'超哈'者，军兵也，言长养辽民以为军兵也。甲申以后所得汉人谓之蛮子，不属军兵。"④ 又作"兀金超哈"，如金舜协《燕行录》载："盖清人本满洲也，满洲皆八旗中人，故谓之旗下，而关东民旧皆汉人，而当清人入关时，与之同入，故亦编为八旗，名之曰兀金超哈，即清语乡里亲人之谓也。"⑤

---

① 成祐曾：《茗山燕诗录·地》，《燕行录全集》第69卷，第237页。
② 黄锡惠：《文献中以地形地貌的形象特征为名之满语水体考释》，《满语研究》1991年第1期。
③ 洪大容：《湛轩燕记》，《燕行录全集》第49卷，第124页。
④ 无名氏：《燕中闻见》，《燕行录全集》第95卷，第42—43页。
⑤ 金舜协：《燕行录》，《燕行录全集》第38卷，第440页。

按：乌金朝/乌金超哈，实为"乌真超哈"，满语音译词，"乌真"，汉语"重"之意，"超哈"，汉语"军"或"兵"之意，"乌真超哈"意为"重兵"。天聪五年（1631）皇太极命令投降汉人组建汉军一旗，负责铸造、掌管红衣大炮，创建八旗军队中的炮兵部队。因火炮沉重，故将汉军称为"乌真超哈"，朝鲜燕行使对"乌真"的解释是不准确的。

6. 甫十口/甫十古/甫古/拨什库：康熙二十一年（1682）韩泰东《两世燕行录》载："凤城札位衙门清汉城将各一人、次将二人、麻贝四人、甫十口八人、甲军一百五十名云。"① 又作"甫古"，如李在学《燕行日记》载："自凤城以后迎送通官吉尔通阿、章京胡巴咯率甫古二名、甲军二十名护行，而甫、甲则沿路递代，章、通则达于北京，回还时亦如之云。"② 金景善《燕辕直指》载："衙译者，通官也。麻贝者，迎送官也，或称章京，凤城旗下兵职也。衙译、麻贝各一人，领伏兵将一人、甫古二名、甲军十八名，以护我使之行例也。"③ 又作"拨什库"，如金舜协《燕行录》载："拨什库者，清语队将之谓也。拨什库各统乌克新十名。乌克新者，清语甲军之谓也。"④

按：清朝职官名，负责佐领文书和饷糈，为"Bosoku"的音译，为满语音译词，汉语意为"领催"。中国文献中多写作"拨什库"，如清王士禛《池北偶谈·谈异五·一家完聚》："浙东乱时，诸暨陈氏女年甫十六，为杭镇拨什库所得，鬻于银工。"《六部成语注解·户部》"管庄拨什库"："拨什库，满洲语，汉谓之领催，乃兵丁中之司会计者也。"

7. 乌云：《沈槎日记》九月二十五日载："闻皇帝晓头行乌云祭云。乌云者，满州语'九'也，宫内行九次祭，关帝及皇祖及邓大人并受此祭，而杀牲荐献。祭毕，将猪肉煮熟切之合米食，名为食小肉饭云。"⑤

按：乌云，满语数字九"uyun"的音译词。其他数字的音译词依次

---

① 韩泰东：《两世燕行录》，《燕行录全集》第29卷，第206页。
② 李在学：《燕行日记》，《燕行录全集》第58卷，第41页。
③ 金景善：《燕辕直指》，《燕行录全集》第70卷，第333页。
④ 金舜协：《燕行录》，《燕行录全集》第38卷，第440页。
⑤ 朴来谦：《沈槎日记》，《燕行录全集》第69卷，第91页。

为：数字"一"，满语"emu"，音译词为"额穆"；数字"二"，满语"juwe"，音译词为"朱尔"；数字"三"，满语"ilan"，音译词为"依兰"；数字"四"，满语"duin"，音译词为"对音"；数字"五"，满语"sunja"，音译词为"孙查"；数字"六"，满语"ninggun"，音译词为"宁温"；数字"七"，满语"nadan"，音译词为"纳丹"；数字"八"，满语"jakvn"，音译词为"扎昆"；数字"十"，满语"juwan"，音译词为"专"。

8. 吗法：李田秀《农隐入沈记》载："前明及本朝显灵助阵事迹甚多，征李闯与三藩时，风闻大内称为吗法。吗法，乃清语祖宗之谓。"①

按：吗法，满语 mafa，满语音译词，"祖父"之意，此外还可以指"老年人"。

9. 和硕额驸：韩泰东《两世燕行录》载："曾闻三桂降虏后，清封为平西王，镇云南。其子应雄为和硕额驸，留京师。和硕额驸，清语最大驸马之称也。"②

按：和硕，满语 hošo 的音译，意义为地方、地域。额驸，满语"驸马"之意。

与"固伦"在满语中所指"国家"不同，"和硕"在满语中说的是"地方"，"和硕"的品阶要低于"固伦"，燕行使韩泰东将"和硕额附"理解为"最大附马"是错误的，应是"地方驸马"。

10. 麻贝：康熙五十二年韩泰东《两世燕行录》载："俄而清汉伏兵将、麻贝（如我国哨官之类）、衙译、博氏、迎送官、章京、笔帖式（如我国书吏之类）、甫十古（如我国队长之类）、甲军数十辈出来。"③ 金景善《燕辕直指》载："衙译者，通官也；麻贝者，迎送官也，或称章京，凤城旗下兵职也。衙译、麻贝各一人，领伏兵将一人、甫古二名、甲军十八名，以护我使之行例也。"④

按：麻贝，朝鲜燕行使对此认识不一，有的认为是"哨官之类"，有的则认为是"迎送官"，本土文献中笔者未见"麻贝"词形，但推测

---

① 李田秀：《农隐入沈记》，《燕行录全集》第 30 卷，第 277 页。
② 韩泰东：《两世燕行录》，《燕行录全集》第 29 卷，第 289 页。
③ 韩泰东：《两世燕行录》，《燕行录全集》第 29 卷，第 263—264 页。
④ 金景善：《燕辕直指》，《燕行录全集》第 70 卷，第 333 页。

应为满语音译词,有待考证。

11. 笔帖式:姜长焕《北辕录》:"通官辈本多我国海西人,而世居栅门,其中有一人自言姓徐,为药峰之后,世为朝鲜通官,敕行及开市时累次出来,其生利专靠我国,德英之子为举人,方为笔帖式云。"①

按:笔帖式,是满语"bithesi"的音译词,指清朝政府中负责文书档案工作的官员,主要负责抄写、翻译满文和汉文。

12. 乌克新:金舜协《燕行录》:"拨什库各统乌克新十名。乌克新者,清语甲军之谓也。……人无贵贱,必以功升迁,故乌克新(即甲军)有至为固山额真(都统)者,即今总督岳钟琪,亦甲军出身云。"②

按:乌克新,满语 uksin,"披甲"、"甲兵"之意,此外也有"铠甲"、"甲胄"、"甲衣"之意。"乌克新",为"甲兵"的满语音译词。

13. 蓶喇/苏喇:金舜协《燕行录》:"固山大,统牛录、章京、蓶喇。章京、牛录者,清语佐领之谓也。蓶喇者,清语散骑之谓也。牛录、苏喇各统拨什库。"③

按:蓶喇、苏喇,满文 sula,"闲散"之意。汉语文献中一般写作"苏拉",如《儿女英雄传》第四十回:"将吃完饭,只见一个军机苏拉进来向他说:'乌大人打发苏拉出来,叫回大人。'"苏拉,为满语音译词。之所以写作"蓶喇",应是"蓶"与"苏(蘇)"字形相近所致。

此外燕行使对满文的书写也有记述,如洪大容《湛轩燕记》载:"拉助教,名永寿,满洲人,沈阳府学助教也。十二月初八日,行到沈阳,主其家。拉有四子皆秀美,长子略解文字。问所业,答曰无所业,惟读满洲四书,以待考试。余请见其书,乃以满字译解四书,如我国谚解,下为汉字,上为满字,皆从左向右,盖满法也。"④

第五节 东西方使行文献对清代满语的认知差异

1793 年英国为建立和扩大与中国的商贸往来,取消清政府在对英

---

① 姜长焕:《北辕录》,《燕行录全集》第 77 卷,第 290 页。
② 金舜协:《燕行录》,《燕行录全集》第 38 卷,第 440 页。
③ 金舜协:《燕行录》,《燕行录全集》第 38 卷,第 439—440 页。
④ 洪大容:《湛轩燕记》,《燕行录全集》第 49 卷,第 99 页。

贸易中的种种限制和禁令，英国派遣了以马戛尔尼为首的庞大使团出使中国，因英国秉持的威斯特法利亚平和外交理念与清王朝的"朝贡体系"存在冲突，具体表现在外交礼仪的形式上产生分歧，最终以失败而告终。这次出使是中英外交关系中的首次相遇，也是中英文化交流史上的热门话题。关于此次使华过程，留下了大量的使行文献，副使乔治·斯当东的 An Authentic Account of an Embassy from the King of Great Britian to the Emperor of China，可谓是最翔实的官方报告。此外，大使马戛尔尼（Macartney）、医官基兰（Doctor Gillan）、使团成员约翰·巴罗（John Barrow）等都留下出使的日记、行纪等，记录了此次出使过程中对中国的观感和调查。其中巴罗的 Travels in China（《中国行纪》）重点在叙述作者旅华期间的见闻，向欧洲介绍对中华帝国及中国人的观察和看法。正如巴罗《中国行纪》第一章提到：

> 该书的主要目标将展示这个特殊的民族本来的面目，而不是按照他们自己道德准则来描述他们，是按他们真实的表现——剥离天朝华而不实的伪装，就像帝国的宫殿，在传教士著作中都被美化一样，我们将竭力描述这个国家的风俗、社会、语言、文字、美术、科学和民间机构、宗教崇拜和思想、人口和农业进步、公民和道德品质。①

从域外文献的视角透视中国、反观中国，巴罗《中国行纪》为我们了解当时社会提供了丰富的材料，具有重要的学术价值。《国家清史编纂委员会·编译丛刊》总序称："由于西方人士观察、思考和写作习惯与中国人不同，他们的记载比较具体、比较广泛、比较注重社会的各个阶层各个方面，因而补充了中国史料记载的不足。"巴罗认为欧洲对中国语言的调查和了解，并未引起人们的关注，"耶稣会士在欧洲公布了中国的辉煌、学术和哲学之后，很少有人去关注这个特殊国家的语言。……在大英帝国，我们对于中国语言和中国文学的认识不会比欧洲

---

① John Barrow, *Travels in China*, London: Printed by A. Strahan, Printers-Street, 1804, pp. 4-5.

大陆更多"。① 因此，巴罗利用大量篇幅向大英帝国及欧洲详细介绍了当时中国语言文字的情况，包括满语的构成。

西方使节出使中国过程中，语言的沟通与交流必不可少，因此对满语感触颇深，也形成了中西方语言的接触和碰撞。巴罗《中国行纪》："皇帝非常喜欢这件藏品，并将它送到圆明园，要求将每幅肖像的名字、品级和官职译成满洲语和汉语。"② 外交文书中更是体现满洲语的权威性，巴罗《中国行纪》："（敕谕）分别由鞑靼语（Tartar）、汉语（Chinese）和拉丁语（Latin）书写，传教士根据最后一种语言如实译出。"③

满洲语虽贵为"国语"，但由于满族人口较少，且与汉族形成杂居格局，必然加速了民族和语言的接触与融合，康熙时期，满洲语的使用逐渐衰落。为了加强统治，避免被汉族所同化，统治者施行各种措施提高满洲语的地位，不断加强满洲语的学习和使用，这一点在西方使行文献中也有论述。巴罗《中国行纪》："事实上，康熙皇帝已做出努力来提高满洲语，并编辑了系统性的词典或辞书，乾隆皇帝明确指出对于那些父母双亲分别来自鞑靼人和汉人的孩子们，应该教授他们学习满洲语，因为利用这种语言他们可能会通过官方的考试。"④

鉴于满语的特殊性，巴罗《中国行纪》简要介绍了满语的性质和结构，这在当时的欧洲是较早的文献记载。巴罗预测如果清王朝继续统治一个世纪，满语很可能取代汉语，或者至少成为官方语言。"现在我尽力用寥寥数语来介绍一个满洲鞑靼文字的性质和结构，如果现在的王朝继续统治一个多世纪，满洲语很有可能取代汉语，或者至少成为官方语言。"⑤

首先，巴罗认为满语与汉语完全不同，属于拼音文字，与欧洲语言

---

① John Barrow, *Travels in China*, London: Printed by A. Strahan, Printers-Street, 1804, pp. 258-259.

② John Barrow, *Travels in China*, London: Printed by A. Strahan, Printers-Street, 1804, p. 115.

③ John Barrow, *Travels in China*, London: Printed by A. Strahan, Printers-Street, 1804, p. 15.

④ John Barrow, *Travels in China*, London: Printed by A. Strahan, Printers-Street, 1804, p. 415.

⑤ John Barrow, *Travels in China*, London: Printed by A. Strahan, Printers-Street, 1804, p. 271.

非常相似。"它是字母式的,或者更恰当地说,是音节式的,语音的不同部分可表达数、格、性、时间,行为、思维和其他事件的方式,这和欧洲语言相类似。它可通过词尾的变化,前置词或插入语来实现。这种文字非常漂亮,像汉语一样从上向下书写,但是从纸张的左边开始,而不同于汉语从右边开始。"① 巴罗的这种认识是建立在对汉语、满洲语和欧洲语言比较的基础上,深刻地指出了满洲语的性质。在 18 世纪的欧洲,对满洲语有如此深刻的认识,实属凤毛麟角,即便是汉字文化圈的朝贡诸国,对满洲语也缺乏深入的分析。

其次,巴罗指出满洲语是由十二类单音或单音节词构成的,即我们通常所说的"十二字头"。"满洲语的基础是由十二类单音,或者单音节词来构成的,通过不同的组合形成满洲语所有的词语。这些单音是通过词尾来相区别的。"② 为了更直观展现巴罗对满洲语十二字头的分析,现将原文抄录如下:

> The first class ends in a, e, i, o, u, pronounced exactly as the Italian.
> The second, in ai, ei, iei, oi, ui.
> The third, in ar, er, ir, or, ur, air, &c.
> The fourth, in an, en, in, &c.
> The fifth, in ang, eng, ing, &c.
> The sixth, in ak, ek, ik, &c.
> The seventh, in as, es, is, &c.
> The eighth, in at, et, it, &c.
> The ninth, in ap, ep, ip, &c.
> The tenth, in au, eu, iu, ou.
> The eleventh, in al, el, il, &c.
> The twelfth, in am, em, im, &c.

---

① John Barrow, *Travels in China*, London: Printed by A. Strahan, Printers-Street, 1804, p. 271.

② John Barrow, *Travels in China*, London: Printed by A. Strahan, Printers-Street, 1804, p. 272.

值得肯定的是，巴罗将十二字头的满文字形抄录下来，为我们了解18世纪的满文提供了丰富的材料。如第一字头：ᡓ（a）、ᡒ（e）、ᡒ（i）、ᡐ（o）、ᡑ（u）。在此基础上，巴罗描述了满洲语的组合方式，"起首的字由不同的符号表示，通常加在顶端，产生所有的单音节词，并且根据不同的组合方式连接构成满洲语所有的词语。"如 pam，满文为ᡓ；pamang，满文为ᡒ。巴罗详细介绍了满洲语的构成及特点，使英国乃至欧洲对这一奇特语言有了更为深入的认识。

无论是西方使节巴罗，还是朝鲜燕行使，出使中国过程中接触了满语，促使他们对中国这一特殊语言进行了描述，但从这些文献来看，东西方语境下对满语的描述是有差别的。燕行文献中主要强调满洲语在清代官方正式场合、外交仪式、奏折文书、政治生活中的重要作用，并未对满洲语进行深入的分析和探究。但巴罗《中国行纪》中除了提及满洲语在清代的重要地位外，还对满洲语的性质、构成和特点进行了详细的描述和分析，这在欧洲汉学界也是凤毛麟角。

究其原因，应归于东西方语言文化的差异。朝鲜、越南与中国同属汉字文化圈，对汉语汉文有浓厚的思想情结，即使满族入主中原建立清朝后，汉语仍是主要的交际语言，汉文甚至成为沟通汉字文化圈诸国的通用文字。朝鲜朝由于长期受程朱理学"华夷观"和"事大至诚"意识的影响，对满族人建立的清朝在民族心理上是无法接受的，对满洲语也蔑称为"胡语"，对满洲语的形容带有轻蔑、厌恶的态度，如李在学《燕行记事》（1793）："汉人虽目不识丁者，其语皆是文字，故语简而音缓，必清浊分明。清语蒙语则冗长无义，我国之语则烦细多曲折。"[①] 因此，这种背景下决定了朝鲜燕行使对满洲语不会，也不可能着更多的笔墨。但英国外交官巴罗则不同，其目的是向大英帝国及欧洲详细介绍当时中国语言文字的情况，因此更能客观分析中国境内语言的情况，特别是通过汉语、满语和欧洲语言的比较，分析满语的性质、构成和特点。这些使行文献为我们提供了清代满语的情况，从域外多文化视角考察满语的兴衰发展，其价值不容忽视。

可见，朝鲜朝汉文燕行文献不仅对清史、满族史、中朝关系史研究

---

① 李在学：《燕行记事》，《燕行录全集》第59卷，第76页。

具有重要价值，而且对清代满语的研究，也提供了宝贵的材料。虽然较为零散，仍透露了当时满语使用的诸多信息，其价值是不容忽视的。如葛兆光所言："真正在中国历史与文化的研究中，既能摆脱'以中国解释中国'的固执偏见，也能跳出'以西方来透视中国'的单一模式，通过周边丰富文献资料和不同文化视角来反观中国，却并不是一件容易的事情。"[①] 因此，我们要深入挖掘燕行文献所蕴含的中国学资料，从域外视角反观当时的中国社会，也许会给我们呈现一个全新的自我。

---

① 葛兆光等：《从周边看中国》，中华书局2009年版，第472页。

第五章

民族融合背景下满族礼俗变迁的域外见证

第一节 异域之眼看清代朝堂礼制的历史变迁

朝觐礼对燕行使来说，是感知异国威仪与朝堂风貌最为直观的形式，明清易代后，踏上中国土地的朝鲜燕行使对于朝觐礼的态度，往往是好奇多于期待，除此之外还夹杂着一丝屈辱与自负。朝鲜王朝的礼仪典制素来承袭儒家传统的礼仪规范，在长达数百年的文化交流与学习中，其礼仪制度、形式规范基本上与儒家经典相差无几，朝鲜燕行使始终恪守儒家礼仪规范的传统，尊明思想亦是严守儒家传统礼仪规范的延续，朝鲜肃宗曾为《大明集礼》制定序言曰：

> 礼也者，寓于至理，日用事物之所当然，而体用备具，小大由之。此所谓天理之节文，人事之仪则，而不可斯须去身者也。予于万几之暇，缮阅方册，得《集礼》一部书，乃大明太祖高皇帝之所撰定也。编帙总四十卷，而上自祀天、祭地、宗庙、社稷之礼，以至朝会、冠昏、朝贡、亲征、吊赙之仪，莫不昭载，纤悉该博。夫以台小子之昧于礼学者，尚且一展了然，多所裨益，然后知是书实礼家之指南，而与我朝《五礼仪》相表里，为万世不刊之典也。惜乎其御府所藏，颇有脱落，不克成帙，爰命玉署，搜取礼部，俾补其缺。又允可儒臣李允修之奏，精写一通，详加校雠，仍付二南，为之剞劂。广布臣邻而寿其传，以申予有庸五礼之意，庶乎有补于

治化之万一云。①

字里行间充满了对大明王朝的崇敬之情，对中华礼制的服膺之意，朝鲜燕行使在此基础上关注及评论满族的朝觐礼，且以朝觐礼的完备与否作为评定满族族群文明与野蛮的重要依据，总体说来朝鲜燕行使起初对满族的整体印象是野蛮而无序的，早在皇太极时期，朝鲜使臣郑文翼曾出使中国，受到皇太极热情款待，作者回归本土后曾上书言其出使经历，写道：

> 午间大海等来言，欲于今日接见，可与俺等偕往。臣等即发负持人，先送礼单，随后进去。则汗设黄色遮日于大庭之中，着黄袍，与诸兄同坐一行，而汗居其中。以中坐为尊，乃其俗也。汗之诸弟诸侄，则与臣等同坐平床之下，因具大宴节次。及进盘，汗先受之，诸王子依次受之，臣等亦依次受之，一行军官及下人，亦在臣等之后，各受盘床。馔品则汗前所进与臣等所受，同其丰俭，少无加减。汗使大海谓臣等曰："我之所把，须尽情卒酌。"其所和颜喜色，见于言笑之间。杯行二巡而罢。其左右之人，进退无礼，杯盘之间，猎犬相杂，至升平床争食盘中之物，而莫之知逐，此所以为胡者也。②

作者对皇太极燕享朝鲜使臣的热情赞誉有加，然而对宴会上毫无章法、尊卑无别的"失礼"行为嗤之以鼻。一句"此所以为胡者也"表明在作者心中，宴会上的杂乱无章似乎是早已预设的想象，完全没有出乎作者的预料，如今不过是进一步证实罢了。与中华礼制背道而驰的满族习俗在燕行使看来是不能接受的蛮夷之举，这大概也是称满族为"胡"的主要原因。

顺治帝时，朝鲜燕行使麟坪大君亲临了朝觐皇帝的盛会现场，目睹了天子威仪四方的盛大场面，并将其详细地记录了下来：

---

① 吴晗编：《朝鲜李朝实录中的中国史料》，中华书局1980年版，第4153页。
② 赵庆男：《乱中杂录》，潘喆、李鸿彬、孙方明编《清入关前史料选辑》第三辑，中国人民大学出版社1991年版，第337页。

俄而礼官分班引入，蒙王从太和夹门入，东方使命从贞庆门入。瞻望太和殿，十丈黄屋，三级石栏，台是三层，高又五丈，日射金碧，光耀夺目，烟浮曲栏，香气袭人，殆非尘里世界。庭列天子旌旗，门排梨园雅乐，门即太和也。礼官引副贰以下列立庭中，卤薄下道。余从蒙王后登御桥西夹桥，使坐台西，从者只徐孝男也。台上卤薄是清制，台边安十二古铜大香炉，高亦过丈，殿檐亦设萧鼓，威仪肃敬。长安门内浑是黄屋，日华浮动，地皆布砖，尘沙不起。钟鼓和鸣，笙簧齐奏，警跸声高。清主高坐，藩汉侍臣鹄立成班行朝谒礼。蒙王三人先行，余从后行礼，副贰以下亦行礼于庭中，拜叩既毕，余从蒙王入坐殿西。细看清主状貌，年甫十九，气象豪俊，既非庸流，眸子暴狞，令人可怕。殿制东西十一间，南北五间，总铺华氍毹，四翼巍巍，檐用层屋，高际云霄。副贰以下亦许上殿，副贰行台中使坐余后，正官十三坐檐外。设宴行茶，别赐羊肉一金盘于余，是款接也。其宴礼也不行酒，乍进乍撤，左右纷纷，专无纪律，酷似华担契会，牛羊骨节堆积殿宇。可惜神器，误归天骄。宴罢次第以出，副贰以下从小西桥下排立庭下如前，余随蒙王出台上复行一叩之礼，仍由御桥西夹以下，蒙王中有讶余面者，以辞致款，北人天性直朴不骄，可见华人见东方衣冠无不含泪，其情甚戚，相对惨怜。率副贰以下从贞庆门午门出，憩曲城，傍卤薄纷纷罢出，具鞍象，驾銮舆，驸马御銮驾，銮铃齐鸣。小国管见来见，天子威仪，可谓盛哉，而恨不得瞻望。明朝文物想像之际，徒切慨惋。①

不难看出，麟坪大君对此次朝觐颇为重视，用严苛和审慎的眼光打量着朝觐之礼的每个细节，入关以来，清朝的礼仪制度日渐完备，此次朝觐盛会，无论规模和仪式都超过了皇太极时期，但是由于习俗旧制不可能在一时间消除殆尽，此次朝觐宴会上，官员聒噪无序，杯盘狼藉的现场还是令麟坪大君厌弃，作者因而发出"可惜神器，误归天骄"的感慨，相较于清朝官员的礼仪乱象，朝鲜使臣的衣冠礼仪则完全沿袭大

---

① 麟坪大君：《燕途纪行》，《燕行录全集》第22卷，第151—153页。

明旧制,朝鲜燕行使骄矜自得的心理通过蒙古使者的搭讪、寒暄,汉族官员的泪目感慨等细节淋漓尽致地展现出来。

入关后,满族统治者积极效慕华制,炮制仪礼制度,营造等级分明、秩序井然的环境,是以摆脱"蛮夷之邦"的帽子,衣冠服制是礼仪制度的外在体现与重要标志,因此首先引起统治者的重视,试图借衣冠制度的改革打造上下有序、繁而不乱的"新满洲"形象。《老稼斋燕行日记》载:

> 胡人常时所服皆黑色,贵贱无别。至是日,皆具冠带。所谓冠带,有被肩,接袖,马蹄胸等名。其帽顶带版,坐席,补服,各以品级不同。盖帽顶,以衔红石为贵,其次蓝石,其次小蓝石,其次水晶,其次无衔为下。带版,玉为贵,其次起花金,其次素金,其次羊角为下。坐席,有头爪虎皮为贵,其次无头爪虎皮,其次狼,其次獾,其次貉,其次野羊,其次狍,其次白毡为下。夏则三品以上红毡,四品以下皆白毡云。补服,文禽武兽,悉遵明制。里衣,其长及踝,狭袖而阔裾。表衣,其长至腰,两袖及肘,是谓接袖。圆裁锦幅,贯项加肩,前后蔽领,是谓披肩。披肩及表里衣皆黑,而其绣以四爪蟒为贵。补服在表,束带在里。文武四品以上方许挂数珠,拴马蹄胸。马蹄脑,未详其制。此等服色,虽非华制,其贵贱品级,亦章章不紊矣。我国自谓冠带之国,而贵贱品级之别,不过在带与贯子。至于补服,不曾分文武贵贱。副使亦用仙鹤,与伯氏同其文,紊乱可笑。此处人身材长大,姿貌丰伟者居多。而顾视我国人,本自矮细,又道路风尘之余,三使臣外,率皆黧黑,所穿衣帽,又多来此而贳者。袍则长短不中,纱帽宽或至眼。望之不似人,尤可叹也。[①]

《老稼斋燕行日记》是18世纪初期朝鲜学者金昌业以子弟军官的身份来中国使行的全程纪录。此时,正值康熙盛世,满族官员等级分明的衣冠制度令他赞赏不已,并喟然感叹于朝鲜虽一直以"小中华""冠带

---

① 金昌业:《老稼斋燕行日记》,《燕行录全集》第33卷,第17—18页。

之国"自居,然而在等级昭然的满族官员面前却显得相形见绌,狼狈不堪。这大概也是作者出使中国之前从未曾想过的一幕。反映了满汉一体化的进程下,满族对汉族礼制文化的接受与服膺,力度空前且效果显明。

康熙五十九年(1720)出使中国的李宜显详细记录了康熙帝接见外国使节的情形:

> 俄而通官导一行入左右掖门,门在午门之东西。东班从左,西班从右,余辈从西班而入,坐于太和殿庭西南隅,距殿上百余步也。望见殿上,设大香炉五六双,状如钟,殿阶左右,排水晶杖数双,竖黄盖于所谓御路上,石阶三层,俱设大香炉,左右烛笼各数十双,黄红黑白旗,或金织成龙,或画日月星辰,金椎金钺之属,不知其数,而远不能谛记。鼓声出而鸣鞭三,即所谓跸也。传言皇帝出就榻,东西班趋入内庭,一时跪坐。殿上有一人读文,似是陈贺表也。其声高大,在庭者皆闻之。读毕,乐作于楼上,东西班随胪声行三拜九叩头之礼,拜跪与俯,无一参差。礼罢,通官引我一行,立西庭八品前行礼,品牌皆以石斫成,体小头尖,插于砖石上,俾不得转移。跸声又三发,胡皇入内坐,远不见其出入,且闻诣太庙时于端门内,开黄屋前面,出首周视云,而亦不得细见其形状之如何矣。闻前日受贺时,多烧沉檀于殿上,香臭遍于阙庭云,而今无此事,未可知也。行礼时,阁老以下皆不带傔仆,只一驺从持席而入,立班后出送,无一纷耺声,可见纪律犹未颓坏也。今年则我国使臣之外,他国无入贡者,独蒙古累十人来参。我国使臣例坐蒙古之下。通官辈引余辈稍问之曰:"例虽上下联坐,而彼秽甚,不可使衣裾相接也。"盖通官是我国人之子孙,故凡事颇为我国地,其言如此矣。所谓蒙古,广颧隆颊,容貌诡异,衣表粗污,恶臭袭人,虽间席而坐,心中甚觉秽恶。①

自乾隆时期,燕行使笔下的清朝朝觐礼仪已经发生明显改观,礼仪

---

① 李宜显:《庚子燕行杂识》,《燕行录全集》第35卷,第382—385页。

制度完备，天子威仪不减，盛会现场井然有序。乾隆四十二年（1777），出使中国的燕行使李押描述了乾隆皇帝的出行仪仗：

> 于是皇帝乘步辇以入，夫舆之由端门而入，辇舆军卒之服色如我国扈辇队，皆衣黄，插黄羽。黄凉伞一柄在前，礼官侍卫前引，王公驸马公卿作队乘马后跟而来，威仪整肃，不闻喧哗，只有马蹄声而已。卤薄仪仗及煌煌角灯两行排立于午门之外，龙凤伞扇在前，其次各色幢幡旗帜，其次各项金银爪钺及铁枪大刀，其次棍棒。而金玉杖朝天镫鸾章金干玉戚之属数为九百云，而多不能尽记。仪仗军卒则身着红纹绣衣，头插黄羽。辇舆之制，天盖帷帐皆用黄色，外垂珠帘，帝座隐隐，未见其颜面，而近至两使，垂手跪坐，依例行三叩头，仍为退出。①

乾隆四十八年（1783），73岁的乾隆皇帝驾诣盛京，恭谒祖陵，朝鲜方面派出了以李福源为首，包括李晚秀、李田秀兄弟在内的使团前往沈阳问安，《农隐入沈记》详细记录了使臣与清朝官员陈贺的经过：

> 五鼓，使臣正官、随官诣阙参陈贺，入太清右翊门内排班，崇政殿前设豹尾枪、曲柄伞，太清门外亦设曲柄伞、日月扇、金银瓜镫，两傍排行达于宫南影壁，殿阶东西设轩悬。随驾官、盛京官皆具蟒袍补服立于西庭下，殿上时闻环佩声，炉香扑鼻。俄而丹阶乐作，鸣鞭三下，乐声甚细而长，鞭声如炮响而大。皇帝升殿，乐止，百官入，仪仗内随驾官列东班，盛京官列西班，使臣正官随盛京官之后，行三跪九叩头礼，阶上宣表，以满语翻读，而声动殿阶。遥望殿上设金榻，前交两金龙，皇帝如坐塑佛，肃穆无一声。礼罢还仗外，礼部官即引正、副使升殿，参赐茶礼，书状以下正官皆不得从。俄而伯父回班，教以只赐酪茶一钟。皇帝举钟，亲王以下始举钟，茶罢即下，终始无一语云。礼毕，乐作鸣鞭，皇帝还宫。②

---

① 李押：《燕行记事》，《燕行录全集》第52卷，第454—455页。
② 李田秀：《农隐入沈记》，《燕行录全集》第30卷，第314—316页。

此次朝鲜使臣的进贺地点虽然是在陪都盛京，然而进贺仪式排场的讲究、礼制的完备、纪律的整肃都给使团人员留下深刻印象，丝毫不亚于北京的朝觐盛会。

不难看出，满族礼制相较于汉人来说少了等级贵贱，更多体现人与人之间平等关爱之情，即便皇帝巡幸游览、宫廷盛宴的盛大场面，也少了许多庄重，而多了几分温情与平等，反映了满族先祖遗留下来的游猎民族的传统风俗，谈迁《北游录》记载皇帝赐宴百官：

> 百官候午门外。有顷。吏部传各尚书、侍郎。内院学士詹事。都察院左副都御史。大理、太常、太仆寺卿。国子祭酒。各科都给事中。掌河南道、京畿道御史。会东阙。移时御殿。诸王各官朝贺讫。大宴。且退。又传前诸臣暂止午门内。尚书吏部高尔俨、礼部胡世安、兵部金之俊、刑部李化熙、侍郎吏部孙承泽、成克巩、户部王永吉、赵继鼎、礼部张端、吕崇烈、兵部张鼎延、刑部孟明辅、工部刘昌、学士刘正宗、魏天赏、詹事薛所蕴、左副都御史傅景星、大理卿王邦柱、太常寺卿段国璋、太仆寺卿黄熙胤、祭酒李奭棠、都给事中吏科魏象枢、户科杨璜、礼科高桂、刑科袁懋功、工科刘显绩、掌河南道御史朱鼎延、京畿道御史吴达侯。内院大学士六人至。引入序列。立殿下左墀。上御露辇。自殿侧东门出。黄盖曲柄。二金炉。导入太和殿。内大人二。传诸臣入。各手携坐毡。升自左阶。历太和中和二殿。至位育宫前。东侍。大学士范文程先入。传赐序坐。文程又传问各年贯宦履。转奏讫。于是进御几。几蒙袱。饰以金宝。去袱。俱黄金器。命诸臣馔。银器。米长粒甘香。不知所产。进满洲舞。凡二三十人北面立。衣文豹者持彩篦一。背画虎头。最西一人。少前而歌。篦人齐以杖扛其背。戛戛有声。作磬折状。以太常武舞。用干者又少前。衣貂锦朱顶金带者四人。结队舞。低昂进退有度。一队毕。辄更一队。四更队乃已。又进鱼皮舞。皮支部乐也。舞亦四人。旁四人佐以琵琶胡琴。又进高丽人觔斗之戏。上大欢笑。又进关东乐。继以教坊司乐。每奏技。文程传谕。此某部伎也。又优人演杂剧。偏酌金觥。薄暮彻

席。赐诸臣携回。①

相较于强调等级、尊卑有序的汉族礼制，早期满族礼制则更多体现在主仆的平等，衣冠礼制更无等级差别，燕行使来华途中发现满族人无论贵贱，皆喜欢着黑色衣衫，不仅如此，朝鲜使者申忠一还记载了满族先祖建州女真除了衣衫颜色以外，衣服材质、图案也无等级差别："佟羊才曰：'你国宴享时，何无一人穿锦衣者也？'臣曰：'衣章所以辨贵贱，故我国军民不敢着锦衣，岂如你国上下同服者乎？'羊才无言"。② 二十四年后李民寏在其《建州见闻录》中也提到建州女真"衣服则杂乱无章，虽至下贱，亦有衣龙蟒之绣者"③。反映了满族先祖骨子里游牧民族爽朗、随性，不被中华礼制所束缚的自由观念。这种自由的观念使得满族君臣、主仆之间的关系异常亲密，常常是同吃同住。因此，燕行使来华经常看到满族主仆同乘一辆车子，而这也恰恰成为遵守中华礼制的燕行使诟病其无礼的重要表现，朝鲜燕行使韩泰东记载康熙皇帝"夏间幸沈之时，不由修治正路，跃骑驱驰上下山坡，日以涉猎为乐，及到辽东，设打鱼之戏，皇帝着拒水裤袜，戴小帽，亲入水叉鱼，大臣明珠及诸王以下皆令执罟沾体涂足，丧失威仪，近处军民许其聚观，不使拘呵。且言皇帝能砲善射，每当游猎，勇前当兽，发必命中云，可见其自轻无度之实矣。"④ 在作者看来，康熙皇帝亲水叉鱼，又许军民聚而观之的举动完全丧失了君主威仪，甚至认为是"荒淫成性，盘游无节"，然而细思起来，这未尝不是游猎民族天性使然。不仅如此，比利时人南怀仁描述康熙皇帝并不以天家威仪束缚己身，甚至不拘小节，他在《鞑靼旅行记》里写道：

> 皇帝自身为了狩猎，常离开大道，在稀有人踪的山中，开辟小道前进，就是和后妃们一道前进时，他为了不损坏大道，也带着他那一队人马，离开大道前进。……皇帝一到江畔，立刻下马，面南

---

① （清）谈迁：《北游录》，中华书局1960年版，第349—350页。
② 《建州纪程图记校注》，辽宁大学历史系，1978年，第20页。
③ 《建州闻见录校释》，辽宁大学历史系，1978年，第43页。
④ 韩泰东：《两世燕行录》，《燕行录全集》第29卷，第246页。

向山，为祭山和祭祖而三叩首。然后，乘坐金轿，在亲卫武官的簇拥中进入吉林城。他为了让任何人都能看见自己，如同在北京的惯例一般，禁令卫兵们不准不让百姓靠近。全体人民无论男女，都以为他们的主宰是降自天上，因为，他们的眼光表明一切喜悦，是为迎接皇帝而跑来的。对他们来说，中国皇帝亲临此地，是前所未闻之事。皇帝特别满意其臣民赤诚的真实表露，尽行撤去一切尊严的夸示，让靠近，以此向臣众显示祖先的朴素。[①]

在南怀仁笔下，彼时君临天下的康熙皇帝似乎更像一个出色的令人敬仰的优秀猎手，而并非万人之上的君主。可见东西方使臣视野中的康熙皇帝同样少了作为君主的威仪，却多了平凡人的可亲之态。由于东西方传统礼俗文化的差异性，朝鲜使者将康熙皇帝的"平易近人"视为鲜有礼仪威仪的野蛮之举，语气中带有轻蔑的口吻，而意大利人南怀仁则用客观的描述方式再现了作为君王的康熙皇帝的普通与平凡。小说《红楼梦》中，也有主事奶奶王熙凤与通房大丫鬟平儿同睡的描写，顺治时期，日本人写的《鞑靼漂流记》也记载了满族主仆的亲密关系："他们那里，主人和奴仆的关系，好像父子那样亲密。对待奴仆像对待子女一样。仆人也关心主人，像侍候父母那样侍候主人。上上下下，表现出一番亲密的情景。"[②] 正如雍正十年（1732）出使中国的韩德厚所言：满族"上下无章，闾巷贱隶被服锦绣而无禁。奴主父子同车而卧，并骑而驰，无等分别上下。自皇帝王公以至使星诸官，骑无牵御"[③]。

第二节 "满汉混俗，杂用其制"的社会呈现

朝觐礼的不断完善与改进是满汉民族融合进程中重要一环，也带给了朝鲜燕行使最直观最深刻的感受，实际上，除了朝觐礼，满族固有的礼俗也在民族融合的进程中悄然发生着变化，然而这些变化并非在朝夕之间完成，"满汉混俗，杂用其制"的社会呈现是满汉民族长期互相影

[①] 杜文凯编：《清代西人见闻录》，中国人民大学出版社1985年版，第73—77页。
[②] 《汉译〈鞑靼漂流记〉》，辽宁大学历史系，1978年，第58页。
[③] 韩德厚：《承旨公燕行日录》，《燕行录全集》第50卷，第268—269页。

响、融合的结果,这些都为朝鲜燕行使关注且记录下来,是清代满汉关系演进的域外旁证,如满族丧葬习俗的变化即是显证,一直以来满族先祖承袭的丧葬方式具有多样化特点,有火葬、树葬以及天葬等,与汉族稳定的农耕生活方式不同,这些丧葬方式与渔猎、游牧的生活方式紧密相关,既有宗教信仰的含义,同时又有对天气、地理环境、战争等实际因素的考量。据《北史·契丹传》记载:契丹先民"父母死而悲哭者,以为不壮,但以其尸置于山树之上,经三年后乃收其骨而焚之"。不仅如此,死者的衣物、马匹甚至珍奇玩好也统统会被付之一炬,供死者在另一个世界继续享用,这与汉族"入土为安"的方式大相径庭,这令秉承儒家传统的朝鲜燕行使大吃一惊,也令西洋人感到好奇不已,朝鲜使臣金昌业目睹了满族丧家"门外燃一堆火,有四五素服女,自外而来,皆振衣于火,然后入去"①。《朝鲜成宗实录》也有关于满族丧礼上,亲人将死者所乘之马杀之,去其肉而葬其皮的记载,无独有偶,意大利传教士卫匡国也记载:"按照鞑靼的风俗,一个贵人死后,要把他在另一个世界生活所需的仆人、妇女、马匹和弓箭投入他的火葬堆。"②

在燕行使随行日记中,对于满族火葬的记载不胜枚举,康熙八年(1669)出使中国的闵鼎重写道:"胡俗本用火葬,以烬余纳之缸器,置之别舍,以奉祭祀。顺治之丧,汉人以为若不埋土不得地利,遂以烬余盛玉缸埋之。"③

不难看出,满族火葬本出于民族风俗信仰与实际因素的考量,但随着民族融合日久,满汉习俗的融合趋势愈加明显,火葬后"烬余盛玉缸埋之"的做法很显然是受到了汉族入土为安观念的影响,乾隆皇帝甚至曾颁布诏令,效仿汉制,令旗人实行土葬,《高宗实录》卷五载乾隆皇帝诏令:"本朝肇迹关东,以师兵为营卫,迁徙无常,遇父母之丧,弃之不忍,携之不能,故用火化,以便随身捧持,聊以遂其不忍相离之愿,非不得已也。自定鼎以来,八旗蒙古,各有宁居,祖宗墟墓,悉隶乡土,丧葬可依古以尽礼。……嗣后除远乡贫人,不能扶柩回里,不得

---

① 金昌业:《老稼斋燕行日记》,《燕行录全编》第 2 辑第 5 册,广西师范大学出版社 2010 年版,第 60 页。
② 杜文凯编:《清代西人见闻录》,中国人民大学出版社 1985 年版,第 6 页。
③ 闵鼎重:《老峰燕行记》,《燕行录全集》第 22 卷,第 356 页。

已携骨归葬者，姑听不禁外，其余一概不许火化。倘有犯者，按律治罪。"① 虽然上有诏令，下必应之，但习俗改变并非朝夕之间完成，丧葬习俗的变化也随着地域的影响而差异明显，雍正十年（1732）出使中国的韩德厚记载："丧制则有财者，敛以画棺露置于田野道路之间，任其风摩雨洗，或一二年后野烧之，收其余灰，培以拳土而已。沈以外皆然，至沈则或有成坟者，间亦有古颛人墓而皆葬野中，或路傍焉。遭丧者，无缞麻之制，只加以白衣巾。而所谓丧中用绵布全幅而为之，盖甚高，加之秃头中自倒垂，见之可笑。一人遭丧则一村邻里虽非亲戚，尽皆缟巾素带三日。然后已及葬则以素簟围裹其门，大张鼓吹，村人执粉幡列于街巷以从之。"② 1780年出使北京的燕行使洪明浩写道：

> 自凤城至山海关外，民俗蠢强，专尚弓马。父母之丧，火葬者多。或暴骸原野，视若寻常，殊未可以人理责之。关内则人物丰硕，稍有敦庞之风。然汉人皆苛刻，清人多纯朴。而婚丧之礼，不遵文公家礼，自王公及庶人，悉用时制。盖最尊佛道，次敬关王。③

燕行使韩德厚与洪明浩提及的沈阳、凤城及山海关是满族人的聚居区，满族民俗保留的相对完整，但也因满汉混居，而使丧制呈现满汉丧葬混俗的遗迹。而汉族土葬的习俗也受到了满族火葬习俗的冲击，火葬的形式在民间也广泛铺展开来，燕行使李宜显《庚子燕行杂识》记载：

> 清人皆火葬，汉人则否，而近来颇有火葬者，盖染胡俗而然也。虽火葬而皆入棺烧火，收其骨，纳于器而埋之。聚土为小堆，城邑村落及佛寺，多有露置之柩，或于柩外，累砖而灰涂之，或只以石块压其上，任其朽败者有之，此则贫无葬地，或客死不能归者，而毕竟归于烧化，见村落间祭先之处，无神主，只画像于片纸，贴于梁壁之间，前置一板，列排炉盒之属，以时焚香而已。坟

---

① 《清实录》第九册，中华书局1985年版，第241页。
② 韩德厚：《承旨公燕行日录》，《燕行录全集》第50卷，第267页。
③ 吴晗编：《朝鲜李朝实录中的中国史料》，中华书局1980年版，第4688页。

墓寺观及路边堂院，多立碑碣而深其中，如神主陷中者，亦或有之。①

不难看出，在长期民族融合的过程中，满族的丧葬方式因受到汉族的影响而发生了逐步的变化，这既是民族融合的必然结果，也是满族入关建立清王朝之后实际因素的客观考量，不同时期朝鲜燕行使的详细记录恰好反映了满族礼俗的动态变迁过程，如康熙十六年（1677），出使中国的孙万雄记载了关于满族丧礼："问胡人亦服丧乎？答以清人服白衣过百日后即脱，虽亲死之日，饮酒食肉，男婚女嫁无所不为。而汉人则为父服丧二十五月，为母服丧二十七月，或七日葬或九日葬，而过葬则饮酒食肉婚嫁等事少无所忌。所谓服丧者，只白衣而已，至于被虏人则三年之服一如朝鲜云。"② 乾隆十四年（1749）出使中国的俞彦述记载：

> 丧服之制一依家礼，以白大布为之，其典礼虽如此而多不能用之。父母丧未殡，水浆不入口，既殡，则饮酒食肉如常。或云汉人尚用三年之制，清人用易月之制，清人皆火葬，汉人不火葬云。而近来则汉人亦或火葬，虽火葬者皆入棺烧火，收其骨纳器埋之，聚土为小堆而祭之。凡城邑村落多有露处之棺，或于棺上压之以石，任其朽败者有之，此是贫不能葬，或客死不能归者也，此则毕竟皆烧火云。棺制前低后高，有若舟形，高可二尺，长则一丈余。天板则中厚而杀其两傍，夹板则皆用附板，盖取其高也。地板下设附足，或全棺加漆，或只于上下两头雕镂施彩而已。闻清人则临死预纳棺中，故务取其高大，又于棺之一头穿穴使通风，凡棺椁皆用杂木及桧木，而松木绝无云。虽父母之丧在远则无专人通讣之事，在官者遇丧过百日即为行公云，或云文官递职终丧，武官用百日之制云，出于重金革之意耶？《会典》有父母丧斩衰三年之制，而习俗如此，制礼之意安在，可笑可骇。③

---

① 李宜显：《庚子燕行杂识》，《燕行录全集》第35卷，第463—464页。
② 孙万雄：《燕行日录》，《燕行录全集》第28卷，第322—323页。
③ 俞彦述：《燕京杂识》，《燕行录全集》第39卷，第296—297页。

嘉庆时期燕行使李海应详细记载了满汉丧服之制的差别：

> 丧服之制，自天子达于庶人，皆以二十七日为公除之限，然汉人能守制三年，既葬则除大布衣，衣帽皆用玄色，而维不服绮罗，以别于平人。满人则父母及伯叔父母同丧三年，祖父母伯兄及妻父母、妻祖父母皆服百日，从父兄及堂叔堂兄皆服二十七日以下，妻子及弟妹则俱无服。遭丧之家，以簟盖屋，屋脊飞檐甚奇巧，大门外亦皆达簟门，门楣结簟为字曰"西方正路"，仿戟门之制而旁置钟鼓笳铉之属，必于簟屋作乐，用以作佛事迎吊客，及送葬，大吹擂，烧纸币，魂马魂舆及红伞锦扇幢幡纛牌皆僭用公家之制，男女乘素车随后，或丧人在柩前步行，两人扶之。女子虽服素服者，必傅粉涂朱，或老妇两眼垂泪而口含烟竹，所见甚可笑。①

道光八年（1828）出使中国的李在洽恰巧路遇满族丧葬出殡队伍，详细记录了这一过程：

> 丧车用采帛结绷，造若层楼复檐，八角流苏累累，高可丈半，蒙以绣帐。棺制太高，上头作添顶，附板高起，涂以朱黑，绘用金银，棺皆附板体高。道见置柩高床之上，妇女抚柩而哭，哭声如田中歌曲，节音哀怨，专用诉话。迁柩载舆长杠之间，结以大缆，另以短杠对对肩担，丧主在舆前，排立步行，白木衣巾。柩前罗列诸具，不可胜记。若灵屋车衣衾皆五色纸造成者，而香亭子、彩舆、书籍、册匣、笔砚、文匣、笔筒、盆花、尘尾、旌旗、幢幡、官牌。旄纛羊、马、狮、虎、鹿、猫、神仙鬼刹等属，无不诡形，或用杠对担而行，或轮舆而转。又有童子乐一队，妇女及送葬之车，在后骈阗，金钲锣吹，轰轰前导。葬处不过野中，若欲择山则广漠之地，除非千里内外则决难致之，所以田中路左沟边墙曲，皆可以窀之也。②

---

① 李海应：《蓟山纪程》，《燕行录全集》第66卷，第574—575页。
② 李在洽：《赴燕日记》，《燕行录全集》第85卷，第147—148页。

综上可知，满族治丧过程和礼节，某些方面往往与传统的汉族丧制迥然有别，甚至背道而驰，如守丧时日、娱尸、丧期饮酒吃肉、吹鼓弄乐，女子傅粉施朱，口含烟竹等，这些也因此遭到了秉承中华传统的朝鲜士大夫的诟病。由于皇帝及满洲贵族对保留民族特性的考量，以及民族礼俗长时期相对稳定的延续性特征，加之对佛教、道教的服膺与推广，对萨满教的笃信与支持，使满族的丧制与礼俗既融合吸收了汉族的方式，同时又在一定程度上保留了本民族的特征，且呈现了浓厚的宗教多元化色彩。

明清易代后，满族在与汉族长期的接触过程中，逐渐被汉化，最终融入了汉族文化体系，朝鲜燕行文献作为外交使节在中国的沿途见闻，尽管书成众手、记事的侧重点各不相同，但却以邻国的视角更真实地描述了清代满汉民族融合的全部历程，礼俗作为彰显民族特征的标志性元素，在融合过程中体现的变化最为显著，其过程是漫长而曲折的，朝鲜燕行文献作为一定时期创作主体经历、生活与精神面貌的再现，域外视角与政治使命的设定使这些吉光片羽的记载不仅仅是本土材料的有益补充，更承担了不同文化间彼此想象、接触与互动的历史使命。这既有朝鲜士大夫对固有印象的恪守与突破，也展现满汉两个民族间的接受与互融。因此，以域外汉籍燕行文献为材料，在东亚视域下通过不同文化视角，挖掘清代满族礼俗在异域人眼中的整体呈现，将"他者"视野与"我者"记忆相互观照，不仅可以丰富满族族群特征自身变化的轨迹，亦可以重现清代满汉民族融合历程在汉字文化圈曾经的"印记"。

第六章

清代满族女子的域外镜像

满族是一个历史悠久的民族，满族女性是构筑满族文化符号不可或缺的重要组成部分，从女性视角展现了民族文化的精神风貌和生活轨迹，在当今汉族文化体系中，满族文化符号已成为亟待拯救的文化遗产，满族女性文化也随着民族融合与时代变迁的脚步而与其原始样貌渐行渐远。朝鲜时代《燕行录》以异域视角记录了清代满族女性迥然有别于汉族女子的生活习俗、个性气质、社会地位等诸多内容，保存了大量关于清代满族女子社会生活的符号印记，这种以域外文献为参照的文化梳理，不仅能唤回百年前满族女性音容笑貌的历史追忆，更可以丰富包括朝鲜在内东亚朝贡诸国对满族族群特征的认知和观感。

朝鲜半岛作为古代东亚"朝贡体系"最重要的组成部分，长期以来就与中国交流频繁，往来密切，特别是明清时期，高丽及其后的朝鲜作为中国的藩属国，每年都会定期派使者来华朝见，少则一年二次，多则一年六次，这些外交使节及随行人员将沿途见闻以日记、小说、杂录等形式记录下来，这些体裁各一，内容驳杂的记录统称燕行文献，其笔触范围几乎涉及当时中国社会的各个领域，燕行途上那些关于满族的逸闻趣事绝不仅仅是朝鲜使臣一时间心血来潮的产物，更是他们目及所思，旁观所感的真实写照，他们在改朝换代的历史空间里仔细回忆往昔，在汉文化扎根已久的广袤土地上寻求史书中，头脑里曾经熟悉的中华印记，他们打量对方，也审视自己，对新政权的建立者——满族族群，充满了想象与好奇，更多的则是鄙视与不甘，朝鲜燕行使韩德厚曾感慨：

"以我衣冠礼容，屈膝于犬羊之庭，追念皇明盛时，感愤之怀，自难抑也。"① 这几乎也代表了清朝建立之初所有燕行使的心声，因此入清燕行使以十分细密而挑剔的眼光审视着满族群体的方方面面，而迥然有别于汉女习俗的满族女子则以精致的妆容，奇特的服饰，洒脱的个性，尊贵的地位引起了朝鲜使臣的格外关注，那些关于满族女性新鲜而又有趣的记录是燕行日记中最生动的一部分，它将百年前满族女子的音容笑貌，喜怒哀乐清晰而完整地展现出来，俨然是一部清代满族女子生活的域外观察史。

第一节　民族特性与满族女子日常生活的域外剪影

《燕行录》内容繁复，书成众手且前后相袭的情况频现，燕行使对于满族女子的描述大多较为零散，缺乏统一性与整体性，常常呈现片段式的描写特征，梳理其中，将这些零散的印记勾连起来，不难发现朝鲜使臣的关注焦点，而这恰恰又是满族女子特有民族风貌的再现。

一　"花"与满族女子的不解之缘

"满鬓插花"是朝鲜燕行使对满族女子的第一印象，花与满族女子结下了不解之缘，不仅生活中养花，市肆中卖花，且头簪花、衣绣花、鞋带花。"满鬓插花"的习俗源自对自然生活的热爱以及花朵有驱邪作用的虔诚信奉。满族民居庭院内花草丛生，甚至富贵大家还有专门的花草舍。乾隆四十三年（1778），出使中国的朝鲜使臣朴趾源记述在栅外寓居的满族鄂姓人家的庭院布局时写道："北庭平广，葱畦蒜塍，端方正直。苽棚匏架磊落，荫庭篱边红白蜀葵及玉簪花盛开。檐外有石榴数盆及绣球一盆，方秋海棠二盆。鄂之妻手提竹篮，次第摘花将为夕妆也。"② 道光二年（1822）出使中国的徐有素记载富贵大家不仅有祭祀之室，迎客之馆，"又有燕饮别堂，行淫密屋及酒房记室漏室，梅榭莲亭，禽兽圈、花草舍此等别屋无数"③。事实上，回顾燕行途中的满族

---

① 韩德厚：《燕行日录》，《燕行录全集》第50卷，第243页。
② 朴趾源：《热河日记》，《燕行录全集》第53卷，第292页。
③ 徐有素：《燕行录》，《燕行录全集》第79卷，第148页。

人家，放眼望去，庭院中皆是护阶绿竹、花草盈园等自然景观。庭院中的鲜花自然成为满族女子日常装扮的绝佳佩饰，如"以茉莉、兰馨、野蔷薇、蕙兰为主。鲜花具有多种象征意义……在祭祀中，族众戴花环。其他野花，如芍药花是驱除恶魔的吉祥物，声息花则用来敬神，寓含人类对神灵的虔诚"①。不难看出，满族妇女的爱花习俗不仅体现了对美的追求，也反映了满族热爱自然的民族天性，她们依山而居，常日与山林花草为伴，有条件朝夕观赏自然，有闲暇种花弄草，更有兴致以花为饰，在对自然以及美的追求和宗教祭祀文化的双重影响下，庭院种植花草、女子满鬓插花的习俗早已成为满族独特的生活习惯。燕行使来华，发现途中"卖花者极多"，且"通州之花精巧艳丽，殆胜于京师，而关外之花则粗劣甚矣"。②花草铺与酒肆、书店、毛皮铺子、药铺等一齐呈现了市井奢丽，车马骈阗的大都会气象，鲜花不仅可以用来插在鬓上作装饰之用，还可以制成香粉、胭脂涂于脸上，因此"厚涂真粉，满鬓簪花"的满族女子便成为朝鲜使臣燕行途中的一道靓丽风景，满族"女子无论贵贱长幼，无不靓妆，服饰必欲华丽，虽白发老妪及行乞之女，皆傅粉簪花，其俗然也，故所见绝不见貌丑者"③，嘉庆二十三年（1818）出使中国的成祐曾写诗言道："红是芙蓉白水仙，簪花色色斗婵娟，问尔村婆倭堕髻，缘何霜鬓学青年。"④ 由此可见，"鲜花满鬓，香粉傅面"使得满族女子在与汉女杂糅的人群中格外亮眼，燕行使李海应认为相对于形态袅娜的汉女，"满女容姿举多娇艳，而亦丰厚硕大，间或有丈夫之像"⑤，朴趾源则直接得出"满女多花容月态"的结论。

满族女子同男子一样喜欢着黑色长衫，燕行使来华，途中所遇满人第一印象便是衣着尚黑，乾隆五十八年（1793）来中国出使的李在学观察到满族男女喜穿黑衫的习俗，"村中诸人群集纷耶，俱服黑色长衣，莫辨其男女"⑥，为此作者还作诗打趣道："银钗乱插又花枝，面皱头蓬

---

① 刘铮：《燕行与清代盛京——以〈燕行录〉为中心》，九州出版社 2019 年版，第 201 页。
② 李押：《燕行记事》，《燕行录全集》第 53 卷，第 43 页。
③ 徐有素：《燕行录》，《燕行录全集》第 79 卷，第 152 页。
④ 成祐曾：《茗山燕诗录》，《燕行录全集》第 69 卷，第 186 页。
⑤ 李海应：《蓟山纪程》，《燕行录全集》第 66 卷，第 572 页。
⑥ 李在学：《燕行日记》，《燕行录全集》第 58 卷，第 41 页。

尚粉脂。一样长衣浑黑色，似乌谁得辨雄雌。"① 显然，满族女子头上五颜六色的鲜亮花饰在黑衫的映衬下显得更加夺人眼球，甚至成为一眼望去，满是黑色簇拥的人群中，区分性别的重要标志。花枝招展的满族女子常令朝鲜使臣印象深刻，使臣李海应在《蓟山纪程》中记载："女人被绮罗，涂粉簪花。"② 洪大容亦曾指出，满族女性"总发为髻，穹其中，而盘其端，可三四旋焉。周簪小笄以安之，遍插彩花，虽老寡妇不去也"。③ 事实上，满族女子的发饰则根据年龄的差别呈现不同的样貌，对此朝鲜使臣观察到少儿"十数岁以上，惟留顶后数百茎，分三条为辫子，贵贱同然"④；"满洲女孩婚前多梳辫，额头留'刘海儿'"⑤。出嫁后的女子头饰为"围髻"，如朴趾源就曾遇到一位满族女性，依据其"髻发中分绾上"的发饰特征，确定其为待字闺中的少女。但无论年龄大小、发式如何、婚姻与否，满族女子"满鬓插花"的习俗都不会因为上述条件的变化而发生改变。朴趾源在通远堡见到一位年近五旬的满族主妇，"满髻插花，金钏宝珰，略施朱粉"⑥。在塔铺遇到老妪，头插红白葵花，随正使在一鄂姓满族人家，发现主人母亲年近七旬，犹"满头插花，眉眼韶雅"⑦，甚至"巅发尽秃，光赭如匏，寸髻北指"的老妪，"犹满插花朵，两耳垂珰"。⑧ 小说家曹雪芹作为包衣的后代，在《红楼梦》的创作中留存了诸多满族文化的印记，其中就有关于以鲜花制香粉、簪花等情节的描写，主人公贾宝玉就曾将茉莉花制成香粉赠予平儿使用，刘姥姥喜游大观园时，适逢下人将刚采摘的鲜花奉于年迈的贾母，伺候其簪花，王熙凤则故意将五颜六色的鲜花插于姥姥头上，引众人大笑不止。实际上，"头插乱花"的现象何止出现在小说里，据燕行使崔德中记载："宁远以东多是胡女，而不分内外，露面出见，唐女

---

① 李在学：《癸丑燕行诗》，《燕行录全集》第 57 卷，第 480 页。
② 李海应：《蓟山纪程》，《燕行录全集》第 66 卷，第 574 页。
③ 洪大容：《湛轩燕记》，《燕行录全集》第 42 卷，第 446 页。
④ 洪大容：《湛轩燕记》，《燕行录全集》第 42 卷，第 441 页。
⑤ 刘小萌：《清代北京旗人社会》，中国社会科学出版社 2008 年版，第 95 页。
⑥ 朴趾源：《热河日记》，《燕行录全集》第 53 卷，第 316 页。
⑦ 朴趾源：《热河日记》，《燕行录全集》第 53 卷，第 289 页。
⑧ 朴趾源：《热河日记》，《燕行录全集》第 53 卷，第 324 页。

则内外甚密,而胡女头插乱花,金玉饰头,着长衣缓缓往行。"① 可见满族妇女无论年龄大小,皆以插花为美,以簪花为俗。

满族女子善养花、常簪花,也爱绣花,满族衣饰、鞋靴,包括秀囊都十分讲究绣花纹样,事实上,着绣花纹样衣饰的传统由来已久,《金史》曾载:"妇人服襜裙,多以黑紫,上编绣全枝花,周身六襞积。上衣谓之团衫,用黑紫或皂及绀,直领,左衽,掖缝,两傍复为双襞积,前拂地,后曳地尺余。带色用红黄,前双垂至下齐。年老者以皂纱笼髻如巾状,散缀玉钿于上,谓之玉逍遥。此皆辽服也,金亦袭之。"② 满族女子喜爱穿绣花纹饰的衣裙,连老妇亦不例外,如朴趾源在塔铺便遇到一位满族老妪,"衣一领鸦青桃花绣裙"。不仅如此,满族男子衣饰也着绣花纹样,如作者在栅门遇到的"胡商",亦有身着"秀花绸衣"者。精致考究的绣花纹饰非常吸引朝鲜使臣的目光,燕行使途中常常看到忙于刺绣的满族女子,如咸丰五年(1855),以姜长焕为书状官的朝鲜使团行抵沈阳时,见"胡人凡大小事役,男子悉任其劳,凡织布、裁缝、舂米、炊饭等事,亦皆为之。女子则不过缝鞋底,或刺绣而已"③。不同于汉族女子全面操持家务的繁重活计,刺绣女工则是满族女子日常居家生活最主要的任务,而在汉族男子看来本应为女子所做之事,如裁缝、舂米、做饭甚至织布等活动在满族百姓生活中,则由男子承担。正如洪昌汉《燕行日记》所载:"胡人之女,工针履底而已,无服之事,汲水、炊饭之事,皆男胡为之。"④ 精湛的刺绣工艺令一向崇尚简朴的朝鲜文人大开眼界,道光二年(1822)出使中国的徐有素记载:"世间之物无不可绣者,其精丽犹胜于笔墨,人物之毛发、颜色,禽兽之毫羽、文采,与夫花果草木之文理色态,笔画之所不能尽处,以绣则无不臻其妙。"⑤ 同时,绣技的高超还体现在秀囊的制作和使用上,"绣囊,俗名荷包,或称凭口子。烟袋、烟包、槟榔、茶香之类装焉。斑布、洗

---

① 崔德中:《燕行录》,《燕行录全编》第 2 辑第 6 册,广西师范大学出版社 2012 年版,第 414 页。
② (元)脱脱等撰:《金史》卷四三,中华书局 1975 年版,第 985 页。
③ 姜长焕:《北辕录》,《燕行录全集》第 77 卷,第 343 页。
④ 洪昌汉:《燕行日记》,《燕行录全集》第 99 卷,第 426 页。
⑤ 徐有素:《燕行录》,《燕行录全集》第 79 卷,第 192 页。

巾、扇袋、妆刀、火镰具焉。"① 使臣李田秀《农隐入沈记》中也有详细的记载："囊制有二：其一制小，以红锦为之，而刺彩绣，佩之袍带者也；其一制大，向外者以朱皮为之，加黑缘，向内者以白皮为之，而括口，如我国烟囊，系之裤带者也。"② 李海应还将满族秀囊与其国作了对比，指出："囊子大略如我国之制，然甚小而必以纹绣，又有烟竹囊，烟茶囊，而此则多用皮革，左右佩绶，可谓累累若若矣，谓荷苞者此也。"③ 事实上，佩戴绣囊是始自满族先民的一种风俗，满族人无论男女老少，都喜欢佩戴绣囊。徐有素《燕行录》描述满族男子"衣之内外，遍佩荷包香囊，内储香，香气常逼人"④。朴趾源《热河日记》在栅外对所见满人有这样的描述："群胡观光者，列立栅内，无不口含烟竹，光头摇扇。或黑贡缎衣，或绣花绸衣，或生布生苎，或三升布，或野茧丝。裤亦如之。所佩缤纷，或绣囊三四，小佩刀。皆插双牙箸，烟袋如胡芦样，或绣刺花草禽鸟。又古人名句。"⑤ 不难看出，满族男女对绣有花纹饰样的衣服、秀囊等精美物件的喜爱。

和喜欢穿绣花的衣衫一样，对绣有花草蜂蝶的鞋或靴，满族女子也是青睐有加，燕行途中，朝鲜使臣所遇到的绣花藤于靴鞋的满族女子比比皆是，雍正七年（1729）出使中国的金舜协记载："其俗男子躬为女工，而女子则无织絍针线供馈之事，只作绣花女鞋及缕绯靴底而已。盖其男女所着靴鞋等，皆以黑缯为之，而罕用皮物，至于靴底则元不用皮，而以布屦缕绯造成，故家家女人惟造此物而已。"⑥ 作者燕行途中曾"夜宿于张俊云者家，见胡女服饰与男不相远，足着花鞋，身着长衣，其制下尖而无领，纽而有单枢焉"⑦。朴趾源《热河日记》描述满族女子："满髻插花，金钏宝铛，略施朱粉；身着一领黑色长衣，遍锁银细；足下穿一对靴子，绣得草花蜂蝶。盖满女不缠脚，不着弓

---

① 金景善：《燕辕直指》，《燕行录全集》第72卷，第281页。
② 李田秀：《农隐入沈记》，《燕行录全集》第30卷，第356—357页。
③ 李海应：《蓟山纪程》，《燕行录全集》第66卷，第537页。
④ 徐有素：《燕行录》，《燕行录全集》第79卷，第157页。
⑤ 朴趾源：《热河日记》，《燕行录全集》第53卷，第276—277页。
⑥ 金舜协：《燕行录》，《燕行录全集》第38卷，第438页。
⑦ 金舜协：《燕行录》，《燕行录全集》第38卷，第219—220页。

鞋。"① 满族女子喜欢穿高厚如屐的鞋子，这种鞋子既牢固又美观："鞋之底以木为之，其法于木底之中部，即足之重心处，凿其两端，为马蹄形，故呼曰马蹄底。底之高者达二寸，普通均寸余。其式亦不一，而着地之处则皆如马蹄也。底至坚，往往鞋已敝而底犹可再用。"② 花枝招展的满族女子配上花盆底的鞋子，走起路来自然是袅袅婷婷，摇曳多姿。

二 "金银"与满族女子的喜好装饰

满族是个天生爱美的民族，对于金银饰物格外青睐，雅好文玩更是满洲贵族的习性。"穿金戴银"的民风习俗历史悠长，据《三朝北盟会编》载女真"妇人辫发盘髻，男子辫发垂后，耳垂金环，留脑后发，以色丝系之，富者以珠玉为饰"③。《金史》载妇人"年老者以皂纱笼髻如巾状，散缀玉钿于上，谓之玉逍遥。此皆辽服也，金亦袭之"④。清朝建立后，满人不仅享有政治特权，经济上也受到额外的优待，事实上"从入关时起，宣布永远免征八旗人丁的差徭、粮草、布匹，从此只承担兵役。在圈占京畿汉民土地分给旗人的同时，禁止旗民交产（实际上只禁止民人购买旗地，对旗人购买民地却并不禁止）"⑤。据嘉庆二十三年（1818）出使中国的成祐曾记载："满人生才十余岁属之旗下，皆有银料，故满人皆不贫。"⑥ 燕行使徐有素也了解到："凡满人无论京乡皆入于仕籍、旗籍，各有恒产，故所至，见满人其衣服外样，皆非贫窭者。"⑦ 这项举措也为满族女子穿金戴银的需要提供了稳定的物质保障。

满族女子酷爱金银玉饰，"妇女则专用花饰，或生或彩，簪篦珠贝之属，满头缠插，老少同然。"⑧ 李民寏《建州闻见录》记载："女人之髻，如我国女之围髻，插以金、银、珠、玉为饰。耳挂八、九环，鼻左

---

① 朴趾源：《热河日记》，《燕行录全集》第53卷，第316页。
② （清）徐珂编：《清稗类钞》第十三册，中华书局1986年版，第6212页。
③ （宋）徐梦莘：《三朝北盟会编》卷三，上海古籍出版社1987年版，第17页。
④ （元）脱脱等撰：《金史》卷四三，中华书局1975年版，第985页。
⑤ 刘小萌：《清代北京旗人社会》，中国社会科学出版社2008年版，第28页。
⑥ 成祐曾：《茗山燕诗录》，《燕行录全集》第69卷，第199页。
⑦ 徐有素：《燕行录》，《燕行录全集》第79卷，第129页。
⑧ 李在洽：《赴燕日记》，《燕行录全集》第85卷，第143页。

傍亦挂一小环，颈、臂、指、脚皆有重钏。"① "金钏宝铛"的满族女子常令朝鲜使臣感慨不已，徐有素发现：满族"妇人所着花冠，仿佛以珠翠金银遍饰之，一冠之费至千金云"②。满族女子的珠翠满头令金昌业"眼眩不可谛视"③。使臣金舜协描述满族女子："头发则作髻于后，以黑纱覆之，而玉簪银钗横插，纵插真珠彩花，烂熳凝妆。"④ 使臣崔德中的描述更加细致："路逢一队胡女，则皆挂黑长衣，至踵而止。下着黑裤如男裤，纳唐鞋袜子，亦以青布造作。毋论老少，皆耳挂双珠珰，指着白铁环，而以黑帽罗裹头，或编发作环，如我国之制。不裹头者，或当脑妆以铅钿，状如圆镜，络以真珠，厚涂真粉。"⑤ 由此可见，满族对金银的喜爱不分男女、老少、等级贵贱。贵者"穿金戴银"不仅是民俗与礼俗的标志，数量的多寡也是等级地位的象征。贫者就算老妪也仍是涂脂抹粉，珠玉满珰。满族女子不仅头饰金银，指环、手镯、耳饰也常常为金银珠玉所制，据燕行使徐有素记载："所着指环名曰约指，多水晶之属，侈者或金玉，而只单环，不用双环，或以银为长爪，冒于指头指环，则男子或有着之者，女子两臂或贯青玉大环。"⑥ 至于耳饰，"而耳环则虽乞人亦皆悬之者，多或悬三四个，至于幼稚男子或有穿耳而悬者"，燕行使李在学对此俗非常好奇，"问之，皆以为如此，则俗称长寿，故悬之云"。⑦ 不仅如此，"萨满教认为人有三魂，即命魂、真魂和游魂，其中游魂是最为活跃的，可以脱离人体而活动，而耳环能卫护游魂以保证人的神安志名，所以满族先民视耳环为平安避邪的灵物"。⑧ 可见扎耳眼、穿耳环，不仅寄寓了佩戴者长寿健康的美好愿望，更是满族女子所秉承的信仰风俗，尤其是满族女子的"一耳三钳"更加引起了燕行使的格外注意，李在洽《赴燕日记》载妇女"耳珠作数

---

① 《建州闻见录校释》，辽宁大学历史系，1978年，第43页。
② 徐有素：《燕行录》，《燕行录全集》第79卷，第158页。
③ 金昌业：《老稼斋燕行日记》，《燕行录全集》第33卷，第36页。
④ 金舜协：《燕行录》，《燕行录全集》第38卷，第220页。
⑤ 崔德中：《燕行录》，《燕行录全编》第2辑第6册，广西师范大学出版社2012年版，第272—273页。
⑥ 徐有素：《燕行录》，《燕行录全集》第79卷，第157页。
⑦ 李在学：《燕行记事》，《燕行录全集》第59卷，第42页。
⑧ 刘明新：《解读满族服饰习俗的文化内涵》，《中央民族大学学报》（哲学社会科学版）2006年第5期。

三孔，穿以珰环"①。李海应的《蓟山纪程》也载女子"穿耳悬铛，至三四环"②。"一耳三钳"是满族妇女的特有装饰，《大清会典事例》曾载乾隆皇帝言："旗妇一耳带三钳者，原系满洲旧风，断不可改。昨朕选看包衣佐领之秀女，皆带一坠子，并相沿至于一耳一钳，则竟非满洲矣。"③可见，随着满汉一体化进程的加快，从宫廷到民间，满汉审美方式、生活习俗互相影响渗透，尽管这种变化是满洲最高统治者极不情愿看到的，然而却无法避免地继续下去，满族女子"一耳三钳"到"一耳一钳"的变化即是显证。不仅饰品如此，就连纽扣有时也为金银珠玉所制，如李宜显就曾发现，"男女衣俱无衽，内外所着，又无敛结之带，皆以小团珠无数纽缀"。④金昌业在京城就曾注意到京旗提督之子的衣服无比奢华，其上衣"内系青丝广组，其左右前后皆有镂金带眼，以前眼锁之，制作奇巧"。⑤朴趾源在京城也遇到一位着衣"遍锁银纽"的满族妇人。

　　金银珠玉除了作为衣饰头饰、耳饰外，还同象牙等珍品一道用来制成精巧的文玩，令满人尤其是贵族及富商大贾爱不释手，洪大容《湛轩燕记》记载满族"佩用多品，左右绣囊，俗名荷包，或称凭口子，烟袋、烟包、槟榔、茶香之类装焉；斑布、洗巾、扇袋、妆刀、火镰具焉。妆刀多用鱼皮牙骨，双筯插于外。皇城人多以铁锁为系，不然行道必见盗剔也。其满洲多佩鼻烟壶，学生辈学为诗句者，又佩袖珍诗韵也"⑥。吸食鼻烟是从国外传过来的习惯，进入中国后，曾在满族、蒙古族等草原民族间流传，后来鼻烟成为明清皇帝打赏王公贵族的礼物。作为鼻烟的盛器，鼻烟壶自然也成了权贵炫耀的玩物，更能显示主人的格调，水晶、玛瑙、玉器、象牙等各种贵重材质都被用来当容器，壶上加以绘画、书法、雕刻等。如朴趾源于栅门所遇见的"胡商"，则"无不口含烟竹，光头摇扇……所佩缤纷，或绣囊三四，小佩刀，皆插双牙

---

① 李在洽：《赴燕日记》，《燕行录全集》第 85 卷，第 143 页。
② 李海应：《蓟山纪程》，《燕行录全集》第 66 卷，第 573 页。
③ 光绪《大清会典事例》第 1114 卷，台北：新文丰出版公司 1976 年版印本，第 15 页。
④ 李宜显：《庚子燕行杂识》，《燕行录全集》第 35 卷，第 452 页。
⑤ 金昌业：《老稼斋燕行日记》，《燕行录全集》第 33 卷，第 64—65 页。
⑥ 洪大容：《湛轩燕记》，《燕行录全集》第 42 卷，第 443—444 页。

箸。烟袋如胡芦样,或绣刺花草禽鸟,又古人名句"。① 不难看出,这些满族商人雅好精巧,品位不凡。

三 "车马"与满族女子的奔走出行

生长于白山黑水之间的满族,以游牧、打猎为生,习武骑射也被作为满族传统而流传,所以满族人给人的印象常常是彪悍、英武、善于骑射。满族人认为万物有灵,在围猎、放牧和采集之前都有祭奠神仙的传统,在满族看来是山神保佑了其围猎的安全,使他们获得很多猎物。一个满族男人从出生开始就被寄予射鹄之志。"凡生男儿,则悬弓矢以门前志喜,六七岁时,即以木质弓箭练习射鹄……女人之执鞭驰马,不异于男。十余岁儿童,亦能配弓箭驰逐。少有暇日,则至率妻妾畋猎为事,盖其习俗然也。"②

骑射成为满族人代代相传的民族习俗殆非偶然,既是日常生活所需,也是维护政权所系,无论男女老幼,都以精湛的骑射技艺为荣,且早年女真人多以打猎为生,以猎物果腹。为方便骑射游猎,他们住毡庐,穿皮毛。一方面是源于满族人世代依山林而居的地理环境因素,另一方面也与统治者推崇"国语骑射"的方针政策有关。清军在崛起和入关时,其军队主力即为骑兵,所以八旗兵必须具备精湛的骑术。崇德元年(1636),皇太极就曾有"恐日后子孙忘旧制,废骑射以效汉俗"的忧虑,并于三年后重申"我国武功首重习射,不习射之罪,非用烟之可比也。用烟之禁,前因尔等私用,故不能治人,至于射艺,切不可荒废,嗣后尔等当严加督率,相互激劝"。③雍正、乾隆两代皇帝曾多次下达谕旨强调"骑射国语,乃满洲之根本,旗人之要务"。在皇帝的倡导和呼吁下,骑射之俗,蔚然成风。《农隐入沈记》记载公主"今方十一岁,亦能跨马而来","诸军聚会试射如前,问日日如此,则答如是云"。④崇武善射之风,可见一斑。

燕行使来中国常见满人有骑马者,皆不用人牵马,大抵是骑术纯

---

① 朴趾源:《热河日记》,《燕行录全集》第53卷,第276—277页。
② 《建州闻见录校释》,辽宁大学历史系,1978年,第44页。
③ 《清实录》第三册,中华书局1985年版,第729页。
④ 李田秀:《农隐入沈记》,《燕行录全集》第30卷,第257、178页。

熟，风俗使然，且汉人不许乘马，故而燕行使常见胡人骑马者则不足为奇了，骑马不仅仅是满族出行方式，更是必备技能，甚至是谋生之术。燕行使到达中国之后，遇见诸多表演骑射技艺的满族女子，骑术精湛，令人叹为观止。而技艺女子大多年轻，或迫于生计，或习俗使然。如权拨《朝天录》记载蓟州"段家岭铺有二女，年才十五六，被彩衣，骑大马，按辔徐行，行数步，跃马而来，于马上起舞，或以手攀马鬃，横载而驰，倒首于鞍上，两足向上，千变万殊，倏忽如神，观者如堵，争以钱购"①。

满族虽擅长骑马，然而以马驮载者绝少。稍有钱财者皆不乘马，可见日常道路出行则专仗车制，正如雍正二年（1724）来中国出使的金舜协所言"地宜使车，故毋论远近，凡有出入者必乘车焉，凡有运输者必用车焉"②。京城尤是如此，"北京市中，最多驾车，必以马，否皆骡，骡力大故也。将车者持丈余鞭，坐车上，鞭不尽力者，众马齐力，车行如飞"③，真可谓"车辙满路，纵横如织"。如道光二年（1822）出使中国的徐有素记载："城内咫尺之地，出必乘车，故京城街路上罕见步者，妇人则虽至贱流绝无步行者，又不见骑牛骑驴者，皆其所耻也。"④ 根据《燕行录》记载，太平车是最为常见的运送客人的交通工具，满族女子尤其是贵族女子常常乘之，燕行途中，朝鲜使臣经常看到乘坐太平车的满族贵妇，她们打扮光鲜，穿着考究，端庄持重，贵气逼人。如金昌业描述路遇皇族女子的经过："有屋车三个来，而胡人五六双骑马先之，后从亦可数十人而皆骑，在前者辟行人，贵同与湾上军官皆下马，立道左。自车中似出女子语音，从者搴车帷，年少女子坐着露面视外，而珠翠盈头，眼眩不可谛视，其后二车侍女所乘云矣。"⑤ 燕行使李遇骏记载："每于路上见乘车者，辄有姿色，车中坐者或至数三人，前揭门帘，全露身面，衣妆鲜华，略不谛视，颇有贞静之态，此皆朝士家妇女云。"⑥ 嘉庆八年出使中国的李海应记载："女子出入乘太平

---

① 权拨：《朝天录》，《燕行录全集》第 2 卷，第 289 页。
② 金舜协：《燕行录》，《燕行录全集》第 38 卷，第 432 页。
③ 李宜显：《庚子燕行杂识》，《燕行录全集》第 35 卷，第 454 页。
④ 徐有素：《燕行录》，《燕行录全集》第 79 卷，第 152 页。
⑤ 金昌业：《老稼斋燕行日记》，《燕行录全集》第 33 卷，第 36 页。
⑥ 李遇骏：《梦游燕行录》，《燕行录全集》第 77 卷，第 35 页。

车，贵主命妇亦然，男子骑从之，往往露面朝外而坐，或深闭帘帷，而衣髻妆严，皆从玻璃露现，盖汉女避人，清女不甚避人云。"① 道光二年出使中国的徐有素记载：满族"妇人之乘车出行，无不珠翠满身，香闻于远端，坐车上少不飞目邪视，惟逢我人或暂时开视之"②。同治五年出使中国的柳厚祚记载："皇城之内，盛妆女子乘太平车，不垂面帐，或追从女子凭轼而行，此是朝士家妇人之类也云。"③ 由此可见，太平车设计精巧，实用美观，且因有窗、有盖，形似坐落在车轮上移动的房屋，因而也称"屋车"，满族女子乘之者非富即贵，既彰显了身份，又满足了乘者隔尘观光的需要。

第二节 "贵女"习俗与满汉女子社会地位的域外考察

不同于汉女的地位卑下，满族由于受到萨满教及母系社会的影响，加之女子数量较少，女子地位往往较高，这令有着男尊女卑传统的朝鲜使臣非常惊奇，详细记录了燕行途中满族女子优越地位的种种表现：书状官俞彦述记载："我国则凡街路市肆之间，男女几乎相半，而彼国则皆是男子，绝无女人往来，或于路上见之，而必三三五五同乘一车而过，或于村巷之间见女人往来而皆簪花曳履，虽其盛服饰不似下贱者，见人亦不回避，盖其国俗然也。以其女子绝少之故，家贫者则或终身不得娶妻云。"④ 燕行使韩德厚《承旨公燕行日录》记载："其俗大抵贵妇女而卑男子，虽遐乡下户之女华衣饰、静红粉、安坐闲游。汲水、炊饭之役，皆男子为之。"⑤ 李遇骏《梦游燕行录》记载："女子盛服明妆，非游赏则罕出门外，所业不过缝靴底，而男子则大小事役悉任其劳，如舂米、汲水、织制等事，无所不为。"⑥ 同治五年出使中国的柳厚祚记载："织锦、汲水、炊饭等事，皆男子为之，女子则抱幼儿，横竹长游

---

① 李海应：《蓟山纪程》，《燕行录全集》第66卷，第572页。
② 徐有素：《燕行录》，《燕行录全集》第79卷，第152页。
③ 柳厚祚：《燕行日记》，《燕行录全集》第75卷，第376页。
④ 俞彦述：《燕行杂识》，《燕行录全集》第39卷，第298页。
⑤ 韩德厚：《承旨公燕行日录》，《燕行录全集》第50卷，第268页。
⑥ 李遇骏：《梦游燕行录》，《燕行录全集》第77卷，第35页。

戏于门内而已。"① 不同于汉女操持家计的奔忙，满族女子的生活显得闲适而肆意，引发了朝鲜使者"生于此土者，反是为女好矣"的感慨。于是男子织布往往成为朝鲜使臣燕行途中所遇的常见景观，如乾隆四十二年（1777）出使中国的李㧾记载："今日店中适见店主男子方织布，其机轴之制、投梭之法与我国大概相同，而但以两匹互引机绳，用力颇省矣。问之曰：男耕女织，各有其任，今汝何为而织云？尔则答谓此土女子虽或纺织，亦不能工，故男子多为之者云。"② 生活居家的满族女子日常所做不过炊饭、缝履底而已，除此干活少，满族女子家庭生活的优越地位还体现在日常服饰上，据李宜显《庚子杂识》记载："男子衣服，除富奢者外，悉用大布，虽北京亦然。女子衣服，贫寒者外，悉用绮罗，虽穷村亦然。女人无论老少，并收发作髻，裹以黑缯之属，额贴玉版，被绮縠，涂粉簪花，而其夫则衣服敝恶，面貌丑陋，乍见，皆认为奴。"③ 引发同样感慨的还有乾隆十四年（1749），出使中国的书状官俞彦述，其《燕行杂识》记载："女子皆被服绮罗，涂粉安坐，而其夫则衣服褴褛，面貌粗恶，初见者皆认以为奴。凡樵、采、耕、种、舂、织、汲、炊等事，皆男子为之，女子则罕出门外，所业不过缝鞋绣履而已。"④ 燕行使李㧾记载："男子富贵者外皆服大布，女子虽贫皆服缎衣，凡大小事皆责于男子，如汲水、舂米、洒扫、织锦等事，无不为之。坐贾行商，日不暇给，而亦未沐洗，故尘垢满面，衣裳褴褛，作人兼极粗劣，其妇缎衣粉面，头花耳珰，不治女红，倚门冶容，虽至贫且贱者，不过炊饭、缝履底而已。视其夫不啻奴主，其女对我人亦羞称以家夫。"⑤ 由此可见，男女服饰材质的差别显示了满族男女地位的差异，不同于汉族女子以夫为尊的传统，满族女子常有视夫为奴，甚至轻贱其夫之事。

日常生活中，满族女子不仅可以和男子一样列坐而食，还可如男子一般骑马、吸烟，出入人前。吸烟是满族的传统习俗，同治五年

---

① 柳厚祚：《燕行日记》，《燕行录全集》第75卷，第374页。
② 李㧾：《燕行记事》，《燕行录全集》第52卷，第367—368页。
③ 李宜显：《庚子燕行杂识》，《燕行录全集》第35卷，第451页。
④ 俞彦述：《燕行杂识》，《燕行录全集》第39卷，第298—299页。
⑤ 李㧾：《燕行记事》，《燕行录全集》第53卷，第44—45页。

(1866)出使中国的柳厚祚记载:"南草,男女老少至于三四岁儿,无不吃焉,虽处女佩南草小囊,囊中必插短竹矣。"① 嘉庆二十三年(1818)出使中国的成祐曾作诗言道:"人人囊插一烟袋,时匈东方狼怕香,童女老婆临大路,湘江斑竹尺余长。"② 燕行使李海应甚至发现在满族人丧礼上"女子虽服素者,必傅粉涂朱,或老妇两眼垂泪而口含烟竹"③,令他哑然失笑不止。因为家庭地位高,故而满族女子日常生活所受禁忌相对较少,个性大胆而爽朗,燕行使李押记载:"汉女则避外人,而胡女则不知避,虽诸王卿相之妻皆乘车以行,遇我国人必驻车褰帷而见之,胡女日冷则或着其夫之红帽子以御寒,汉女则终不着。"④ 朴趾源也记载:"每近村间,辄令军牢吹起呐叭,四个马头合唱劝马声,家家走出妇女,阗门观光,无老无少,装束皆同,妆花垂珰,略施朱粉,口皆含竹,手持靴底所衲连针带线,骈肩簇立,指点娇笑,始见汉女,汉女皆缠足,着弓鞋,姿色不及满女,满女多花容月态。"⑤ 女子出行不仅不避生人,反主动与生人搭讪,甚至与男子杂坐吸烟,接膝交手。燕行使成祐曾载:"每使行所过,妇女萃观,虽老婆贫女头必插花,面必傅粉,语笑自若,或有乞烟茶丸药者,有自囱户而窥者,乘车之女亦从琉璃而见其面矣。"⑥ 金昌业《老稼斋燕行日记》亦记载:"行数里遇胡人,所骑马善步,昌晔换马,余又与昌晔换骑。走极快,先至三里堡,坐店房待行次至,以马还昌晔。路遇胡女八九人步行,元建问何往,一女答曰,为观高丽人,盖戏之也。元建曰好生不安,群女皆笑。"⑦ 开朗大方、毫无扭捏造作之态的满族女子反倒令朝鲜使臣感到局促不安,为此嘉庆六年(1801)出使中国的柳得恭作《满女》诗云:"大鞁宽衫雌满洲,野花红压玉搔头。儿啼稳放腰车里,对客求药了不羞。"⑧ 这里的"腰车"即是摇车,是满族女子常用的育

---

① 柳厚祚:《燕行日记》,《燕行录全集》第75卷,第374—375页。
② 成祐曾:《茗山燕诗录》,《燕行录全集》第69卷,第188页。
③ 李海应:《蓟山纪程》,《燕行录全集》第66卷,第575页。
④ 李押:《燕行记事》,《燕行录全集》第53卷,第44页。
⑤ 朴趾源:《热河日记》,《燕行录全集》第53卷,第348页。
⑥ 成祐曾:《茗山燕诗录》,《燕行录全集》第69卷,第186页。
⑦ 金昌业:《老稼斋燕行日记》,《燕行录全集》第32卷,第399页。
⑧ 柳得恭:《辽野车中杂咏》,《燕行录全集》第60卷,第43—44页。

婴工具，对此朝鲜使臣李宜显详细记载道："孩儿之不能坐立者，例盛以大篮，篮底铺以褥褓，而垂索悬挂于梁间，如秋千戏状，左右摇飏，俾令儿快爽止啼，放二便则出而洗涤，更以他褥而盛之，终日摇之不已。"① 摇车操作简单便宜，即缓解了满族女子日常抱子的辛劳，又因为摇晃而易使婴儿入睡，从而使满族女子有更宽裕的时间从事刺绣缝鞋的工作，这令朝鲜使臣称赞不已，如李田秀《农隐入沈记》载摇车之制："儿啼则纳于此而推之，使即止啼，久则辄睡，故乳子者依旧作日用事，不如我国之汩于调护，无暇及他矣。"② 可见，满族女子既不必为繁重的家庭活计所扰，亦不必为辛劳育子所累，日常生活的悠然自在由此可见一斑，且个性爽利，开朗直率，如果说汉女以温婉含蓄为美，那么满女的动人之处则往往体现在不遮不掩，干脆利落之时。然而受男尊女卑思想的影响，朝鲜使臣认为女子应以贞静为美，而满族女子大方爽朗的个性常常令使臣们侧目甚至厌弃，如使臣金昌业见满族女子不避生人，认为此举"盖去禽兽无远矣"。③

同汉女相比，满族女子既不必受缠足之苦，亦可免堕入风尘之忧，"缠足"与否似乎成为朝鲜使臣区分满汉女子的重要标尺。《农隐入沈记》朝鲜使臣诗云"不及弓鞋在，犹分汉女来"。④ 不仅如此，朝鲜使臣还对汉女"缠足"的由来非常感兴趣，如李遇骏《梦游燕行录》记载："汉女缠足，着尖头短靴，行步摇摇，如不自立。满女不缠而着高靴，按南唐李宵娘俘入宋宫，宫人争效其小脚尖尖，勒帛紧缠，遂成风俗，故元时以小脚弯鞋为目标，异鞑女嗤以为诲淫则冤矣。"⑤ 徐有素记载："汉女必缠足，盖自始生之初已缠其足，足不能长，虽体大之女，其足则仅十余岁儿，惟其紧缠，故其足自曲，而袜鞋亦随而曲如弓样，唐人所谓弓鞋者，岂此之谓与？其曲处支小球于鞋底，使之践履不窘，然行步似不便，甚者杖然后仅行。其足虽父母昆弟间不许开视，惟成婚生子后暂视其夫云。满女则不缠足，此无乃汉人旧俗耶？或云此法自三代时已有。妲己本狐精也，狐虽化人不能变其足，恐露其本形缠裹之，

---

① 李宜显：《庚子杂识》，《燕行录全集》第35卷，第453页。
② 李田秀：《农隐入沈记》，《燕行录全集》第30卷，第366—367页。
③ 金昌业：《老稼斋燕行日记》，《燕行录全集》第33卷，第25页。
④ 李田秀：《农隐入沈记》，《燕行录全集》第30卷，第477页。
⑤ 李遇骏：《梦游燕行录》，《燕行录全集》第77卷，第34—35页。

时人以为宫样效之。"① 朴来谦记载朝鲜使臣与汉臣的对话:"陈书示曰:'中华风俗自潘妃步莲以后,竟向织步,妇女皆缠足、弓鞋,习以成俗。东国亦有此俗乎?'余书示曰:'东国则不然,曾闻明时网巾出后,人称头厄,烟茶出后,人称口厄矣,今见中华妇女,可谓足厄也。'因相与呵呵大噱。"② 无论缠足是起于"南唐李宵娘之说",还是"妲己说",抑或是"潘妃说",都表现了朝鲜使臣对女子缠足行为的格外关注,字里行间也充满了对汉族女子的同情。朝鲜使臣李押对缠足行为不仅嗤之以鼻,甚至有些愤慨,他说:"汉女自幼裹足,束之甚紧,便作髑髅,色丑臭恶,足端虽尖细如针,而其胫则壅肿浮大,故常深藏密护裤袜之上,必以色布坚裹之,昼夜不解,虽情人不得见,或云此法出于妲己,或云始于唐时,有未能的知,而足形之丑恶既如此,羞令人见之,又甚艰于行步,有若凫趋雀步,路中遇风则辄颠仆,而三寸金莲尚且歆艳,稍大则反以为耻,今天下被发已百年,惟此一节坚守不变者,何也?"③ 另据朝鲜使臣观察,满族女子不仅无须缠足,而且若满女与汉族男子通婚,"则女不得缠足,子属于旗下,欲其久而成俗。然汉人之自好者,则至于今绝不相婚云"。④ 满族女子的天足令汉族女子羡慕不已,随着清末有识之士对汉女缠足恶习的批判,汉族女子也开始自觉抵制缠足行为,如风行一时的《劝行放足歌》便是鼓励妇女放足的重要步骤,"照得女子缠脚,最为中华恶俗,幼女甫离提抱,即与紧紧缚束。身体因之羸弱,筋骨竟至断缩;血气既未充盈,疾病随之暗伏。轻者时呼痛苦,重者直成废笃;举动极为不便,行走尤形踯躅;懿旨屡屡诚谕,士民尚不觉悟;人孰不爱儿女?微疾亦甚忧郁。惟当缠足之时。任其日夜号哭,对面置若罔闻,女亦甘受其酷!为之推原其故,不过狃于世俗,意谓未此不美,且将为人怨讟。不知德言容工,女诫所最称述,娶妻惟求淑女,岂可视同玩物?"⑤ 至于娼妓一事,汉女则多迫于生计使然,而满族女子则可免此患也。朝鲜使臣燕行途中常常遇到汉女

---

① 徐有素:《燕行录》,《燕行录全集》第79卷,第158—159页。
② 朴来谦:《沈槎日记》,《燕行录全集》第69卷,第86页。
③ 李押:《燕行记事》,《燕行录全集》第53卷,第41—42页。
④ 李海应:《蓟山纪程》,《燕行录全集》第66卷,第571—572页。
⑤ 转引自刘小萌《清代北京旗人社会》,中国社会科学出版社2008年版,第639页。

为娼妓者，且深以为耻，为此常有感于满汉女子地位和命运的不同，如朝鲜使臣李遇骏在京城时，发现衣着华丽的满族女子常常是朝士家的命妇，举止端庄，颇有贞静之态；而琉璃厂附近则多有娼妓，号曰"养汉的"，足见时人对其轻蔑的态度，"倚门娇笑少无耻"是燕行使对这些女子的直观印象，他还记载道："我人若独往，则必锁门留之，一宿之后，尽取货包以去，往往空手垂橐而归，故不敢辄往云"。① 可见朝鲜使臣认为沦落于娼妓的汉族女子不但地位卑贱而备受歧视，其行强盗之举更为人所不齿。相对于李遇骏的时时警惕，厌恶排斥，朝鲜使臣李押的记载则显得更加平实客观："汉女虽艳，目皆直视，是以见者每以胡女为胜。尝见《皇明稗记》以为燕山妇女虽曰秾丽，十三辄嫁，三十而憔悴。译辈亦云汉女无非海淫，故皆有眼疾，岂或然耶？又闻明时燕山娼妓皆以子为名，若香子、花子之类甚多，无寒暑必系锦裙，而北京中娼家设东西教坊，以仿金陵十六楼之制，实犹唐宜春苑遗意。皇明则其盛如此，而康熙时京城娼妓绝禁，凡天下清女之为妓者则论以一律，惟汉女则无禁，故历路三河、蓟州之间，或有养汉妓，而萧凋特甚。闻江南板桥诸院亦皆鞠为茂草，无复旧日佳丽云，盖考南京之板桥、唐之宜春苑，其制极盛，号称风流薮泽，未知果如何也。"② 作者遥想明朝时期，京城多娼妓而江南地区尤盛，清朝建立后，满族女子作为政权胜利果实的分享者，地位尊贵。而沦为娼家的汉族女子，其地位却在满族女子的对比下显得更加刺目，平和的叙述中暗含着一丝卑贱者的苍凉和胜利者的骄矜。

满族的"贵女"习俗还体现在满族女子的婚嫁上，嫁女儿的满族人家所备嫁具、礼品一应俱全，如果是官宦或富商之家，嫁资更是丰厚无比，朝鲜使者洪大容曾就满族的婚嫁费用问询于人，得到的回答是："随其家力无定数。女婚倍于男婚，如我家亦不下数百两银子，所以家有两女已壮，而尚未出门。仍指屋内诸器物曰：'此两子妇家婚具也，纹木大柜子一部、画皮小柜子一双、琴床、洗脸器具、铜盆其他衣服、铺盖、帽笼、倚卓之属，却一不可，此中生计亦难矣'。"③ 婚嫁之资

---

① 李遇骏：《梦游燕行录》，《燕行录全集》第 77 卷，第 35—36 页。
② 李押：《燕行记事》，《燕行录全集》第 52 卷，第 45—46 页。
③ 洪大容：《湛轩燕记》，《燕行录全集》第 42 卷，第 161—162 页。

"女婚倍于男婚"的现象，充分证明了满族女子优越的社会地位，不仅为娘家所珍，更为夫家所重；不仅高于满族男子，更非汉族女子可比。据燕行使徐文重记载清人"惟与蒙古自相嫁娶，或有送女于远在汉人之家，而常加苛责，夫家亦畏之。汉人之仕宦者多置金帛，而清人贫甚第。清人婚需之费，大家或至五六百金，而汉人则不然"①。满族人家嫁女不仅嫁资丰厚，满族的迎亲礼也相当热闹隆重，乾隆时期出使中国的燕行使朴趾源途径通远堡时，忽闻门前有"萧笳铙钲之声，急出观之，乃迎亲礼也"。对此，作者详细记载道：

> 彩画纱灯六对，青盖一对，红盖一对，箫一双，笳一双，筚筑二双，叠钲一双，中央四人肩担一座青屋轿，四面傅玻璃为窗，四角弹彩丝流苏，轿正腰为杠，以青丝大绳横绞，杠之前后再以短杠当中贯绞，两头肩荷四人，八蹄一行接武不动不摇，悬空而行，此法大妙。轿后有两车，皆以黑布为屋，驾一驴而行。一车共载两个老婆，面俱老丑而不废朱粉，巅发尽秃，光赭如匏，寸髻北指，犹满插花朵，两耳垂珰，黑衣黄裳。一车共载三少妇，朱裤或绿裤，都不系裳，其中一少女颇有姿色，盖老是妆婆乳媪，少的是丫鬟也。三十余骑簇拥着一个胖大莽汉，口旁颐边黑髭松松，褛着九爪蟒袍，白马金鞍，稳踏银镫，堆着笑脸。后有三两车，满载衣橱。②

敲锣打鼓，纱灯彩盖，四抬大轿，乳媪丫鬟，无不透露着喜庆的气氛，而车上满载的衣橱更彰显了新娘子家境的殷实。晚于朴趾源出使的金景善也目睹了满族的迎亲礼，并详细记载：

> 当路见亲迎者，以彩画纱灯六对，青红盖各一对，箫、笳、筚、篥、叠钲各一双前导。其后有青屋轿一座，四面傅琉璃为窗，四角弹彩丝流苏，轿正腰左右有长红杠，以青丝大绳绞红杠之两端，再以两端杠前后贯绞。两头肩荷，四人八蹄，一行接武，不摇不动，悬空而行，此法大妙。其后一车，载两个老婆，不废粉饰，

---

① 徐文重：《燕行日录》，《燕行录全集》第24卷，第216页。
② 朴趾源：《热河日记》，《燕行录全集》第53卷，第324—325页。

髻上满插花朵，两耳垂珰，玄衣黄裳。又一车载三四少女，颇有姿色，衣皆黑色，裤或朱或绿，而都不系裳。盖老婆即妆婆乳媪也，少女即义（丫）鬟也。其后数十骑，簇拥一个新郎。椎着九爪蟒袍，白马金鞭，稳踏银镫，其后数车满载衣服器物。大柜、皮函、椅子、棹（桌）子、衾床、书案、盥盆、洗巾具焉。其大柜之制，外设双扉，竟其长，内为二层或三层，衣服及日用杂物藏焉。柜函之钥皆横锁之，或有威仪不及于此，而人担器物而行者是贫家也。①

不难看出，作者不止一次目睹满族迎亲之礼，钟鸣鼎食之家嫁资丰厚自不必说，就连贫家亦是嫁具齐全，可见倾尽全力为女置办嫁妆是一种普遍的社会现象，而因嫁女而致贫的满族人家亦非鲜见，难怪朝鲜使臣李海应记载："谓女曰贵女，亦曰强盗，以妆奁资送之具，罄尽家产，如盗窃故也。"② 此处的"贵女"之"贵"，不仅是指银钱之多，更诠释了满族女子的地位之尊。

第三节　民族融合与满女生活历史变迁的域外印记

满族女子的形象特征、个性习俗和与之呈现的精神风貌是其在长期民族生活氛围中逐渐形成的，是了解满族民族传统与文化基因的一个重要密码。然而在与汉族长期杂居交融的过程中，满族特有的民族传统、礼仪习俗、生活习惯都在悄然发生着改变，满族女子的民族性特征也因为汉化的影响而逐渐消失，尽管清初的几任皇帝为了保持民族传统、延续民族习性都做出了巨大努力，如重视骑射与满语，优待旗人，首崇满洲等，然而面对人口众多且礼仪文化积淀深厚的汉民族，这些举措还是无法阻止满族汉化的脚步，这大概也是满洲贵族立国之初所未曾预见的结果，个中根由错综复杂且又耐人寻味。

首先是生活环境的改变淡化了满族的旧有习俗，诞生于白山黑水间的满族先祖肃慎、靺鞨、女真都以性勇，劲悍，善射而见长。在长期的狩猎及战争中练就了精湛的骑射技艺，如《满洲源流考》："自肃慎氏

---

① 金景善：《燕辕直指》，《燕行录全集》第 72 卷，第 365—366 页。
② 李海应：《蓟山纪程》，《燕行录全集》第 66 卷，第 573 页。

栝矢石砮，著于周初，征于孔子，厥后夫余、挹娄、靺鞨、女真诸部，国名虽殊，而弧矢之利以威天下者，莫能或先焉。良由禀质厚，而习俗醇，骑射之外，他无所慕，故阅数千百年，异史同辞。"① 由此可见，满族先祖一直处于游牧生活的状态，生活资料的获取多源自狩猎，因此女子精湛的骑射技艺丝毫不亚于男子，为了方便骑射，女子多穿靴，着黑衣，衣袖多为狭袖。清朝建立后，稳定的农耕生活逐渐取代了游牧的生活方式，乘车取代骑马成为满族妇女最主要的出行方式，于是靴子逐渐为鞋子所取代，据朝鲜使臣金昌业观察："男女勿论贵贱，皆穿鞋穿靴，虽驱车者亦皆穿鞋。其鞋皆用布帛造，皮造者无，其麻鞋藁鞋亦无。凤城沈阳之间或穿皮袜，即我国所称月吾只者。胡女不缠脚，抑或穿靴。"② 作者着意提到满族女子有时也穿靴，说明此时满族女子穿靴已不是普遍现象了。雍正七年出使中国的金舜协记载："其俗男子躬为女工，而女人则无织纴针线供馈之事，只作绣花女鞋及缕绯靴底而已。盖其男女所着靴鞋等，皆以黑缯为之，而罕用皮物，至于靴底则元不用皮，而以布屬缕绯造成，故家家女人惟造此物而已。"③ 不难看出，此时作者已经明确写到满族女子只作绣花鞋，而此后《燕行录》中关于满族女子穿靴的记录也并不多见，可见生活环境与方式的改变使得着靴的满族女子逐渐淡出了朝鲜燕行使的视野。

不同于汉族女子的穿红戴绿，满族男女，则皆穿黑衣。金昌业说："男女衣服勿论奢俭，其色尚黑。而汉女不然，穿青红裤者多。"④ 究其原因，燕行使徐文重认为："概以尘埃常满，故皆用黑色云矣。"⑤ 满族先祖一向崇尚俭朴，穿梭于密林间，靠狩猎获取的生活资料来之不易。黑色是很好的隐蔽色，而且又耐脏，可以避免因反复濯浣而导致衣服受损的情形，这种经久耐用的实用性因素确不失为满族喜欢着黑衣的一个主要原因。入主中原后，随着生活环境的改变，满族女子的衣衫颜色也逐渐鲜亮起来，据《啸亭杂录》服饰沿革条记载：

---

① （清）阿桂等撰：《满洲源流考》，第 342 页。
② 金昌业：《老稼斋燕行日记》，《燕行录全集》第 32 卷，第 323 页。
③ 金舜协：《燕行录》，《燕行录全集》第 38 卷，第 438 页。
④ 金昌业：《老稼斋燕行日记》，《燕行录全集》第 32 卷，第 323 页。
⑤ 徐文重：《燕行日录》《燕行录全集》第 24 卷，第 200 页。

色料初尚天蓝，乾隆中尚玫瑰紫，末年福文襄王好著深绛色，人争效之，谓之福色。近年尚泥金色，又尚浅灰色。夏日纱服皆尚棕色，无贵贱皆服之。亵服初尚白色，近日尚玉色。又有油绿色，国初皆衣之，尚沿前代绿袍之义。纯皇帝恶其黯然近青色，禁之，近世无知者矣。近日优伶辈皆用青色倭缎、漳绒等缘衣边间，如古深衣然，以为美饰。奴隶辈皆以红白鹿革为背子，士大夫尚无服者，皆一时所尚之不同也。①

衣衫颜色的丰富显示了物质生活丰裕带来的精神审美品位之变化。与此同时，满族妇女的衣袖也由狭袖渐渐变为宽袖，狭袖与宽袍大袖的传统汉族服制大相径庭，也正是燕行使对满族服饰最直观的印象。朝鲜使臣来到中国，看到的景象往往是"自天子达于庶人，其所着表衣皆夹袖也，阔袖大袍则绝无其制焉"。② 然而随着游猎生活的结束，满族女子的衣袖尺度也日渐宽阔，甚至与汉女无异。衣衫颜色的丰富，衣袖尺度的阔大绝不仅仅标志着满族女子服制形式从实用性到审美性的简单转变，更从侧面暗示着生活环境改变下民族特征的日渐淡化与满汉一体化时代的悄然到来。对此清代诗人得舆在其风俗组诗《草珠一串》中写道："名门少妇美如花，独坐香车爱亮纱。双袖阔来过一尺，非旗非汉是谁家？"

骑射习俗之于满族女子的改变可由靴、衣而观之，而对于男子来说，这种改变带来的影响却更为深远。虽然统治者一直强调弓矢为八旗旧俗，神武乃万世之家风，然而入关后，旗人大多聚居都市，市井闲适与安逸的生活使得他们骑射技艺渐疏，政治环境的安定，经济上的优厚待遇使得旗人奢靡之风渐长，骑射技艺早已不复往日纯熟之态，朝鲜使臣洪大容记载了东安门内数百旗人参加的射箭比赛："射者虚胸实腹，高提后肘，俱有其式，又皆整容审发，极其才力，但终未见一箭中的。不惟不中，且歪横或出十步之外。其误发者，皆失色战掉，若有大利害焉"，这令作者不禁感慨"胡人长在骑射，而疏迂如此，未可知

---

① （清）昭梿：《啸亭杂录》，中华书局1980年版，第455页。
② 徐有素：《燕行录》，《燕行录全集》第79卷，第155页。

也"。① 骑射本是满族先祖的看家本领，是流传在民族骨子里的遗传基因，然而随着生活环境的改变，曾经帮助满族先祖攻无不克，立定江山的骑射技艺逐渐沦落为清末打家劫舍，看家护院的空把式。故而生于咸丰七年的满族学者震钧在《天咫偶闻》中说："昔我太宗创业之初，谆谆以旧俗为重，及高宗复重申之。自我生之初，所见旧俗，已谓其去古渐远。及今而日惜日忘，虽大端尚在，而八旗之习，去汉人无几矣。"

其次是满汉通婚的举措推进了汉化的进程。《清圣祖实录》载顺治帝言："方今天下一家，满汉官民皆朕臣子，欲其各相亲睦，莫若使之缔造婚姻，自后满汉官民有欲联姻好者，听之。"满汉通婚是顺治帝推行满汉一体化进程的重要举措，起初实施起来并不顺利，据乾隆十四年出使的燕行使俞彦述所言：

> 立国之初则满汉不相婚嫁，岁久之后渐与相通。今则婚嫁无所择，而汉人犹以为羞，每对我人则讳其通婚。年前有一南京人来居北京而家甚贫，生女而不裹足，盖欲与满人为婚也。其兄自南京来，闻其将与满人通婚，切责其弟，至于失义不和而去云。以此见之，则其羞与满人婚嫁可知。而俗习渐染，贫富不同，满人之家汉女甚多，诚可怜也。②

由此可见，民族情绪是阻挠满汉通婚的最大障碍，然而随着汉化的加剧以及汉人对满汉通婚功利价值的考量，这种现象逐渐发生了改变，据道光二年（1822）出使中国的徐有素记载："满人之入中国已近二百年……期欲与汉人结婚在前，则汉人颇不肯之。近世则反欲之，盖冀其有助于仕路及生计也。"③ 满汉通婚加速了满族女子的汉化步伐，满汉女子生活习俗互相渗透，彼此影响，旗人家的汉人奴仆，其服饰也多从满俗。而在燕行使看来，早期用来区分满汉女子重要标尺的"缠足"，如今竟也无法泾渭分明地将二者区分开来："清初满洲女子有胆量，能干，性格泼辣，很少会有人东施效颦裹小脚。但世事随迁，随着汉化影

---

① 洪大容：《湛轩燕记》，《燕行录全集》第 49 卷，第 238 页。
② 俞彦述：《燕京杂识》，《燕行录全集》第 39 卷，第 293 页。
③ 徐有素：《燕行录》，《燕行录全集》第 79 卷，第 130 页。

响,竟也有旗女不顾缠足苦痛,甘冒受罚的危险,取仿汉人裹起小脚来。"① 推起根由,或是为了满足汉族丈夫的特殊喜好,或是为了迎合受汉人影响的满族男子的审美趣味。相较于满女的"缠足",汉女的"放足"行为亦愈演愈烈,福格《听雨丛谈》卷七记载:"八旗女子,例不缠足。京城内城民女,不缠足者十居五六,乡间不裹足者十居三四。"一"缠"一"放"之间充分体现了满族文化的包容性与汉族文化的辐射性,故燕行使金昌业也说:"盖以满汉混俗,杂用其制也。"②

再次,受儒学及传统礼教的影响,满族女子的天性逐渐被禁锢,地位不复从前。出于对汉文化的倾慕和巩固统治的实际需要,清朝建立后,皇帝尊崇儒学,慕效华制,吸纳汉人学子为官,如李遇骏《梦游燕行录》记载:"大小官制,满汉参半,而满人独占权要。"③ 虽然"京堂俱一满一汉,印归满官"④。但耳濡目染之下,汉族官员一言一行,习惯喜好等都对满族官员产生不小影响。顺治、康熙都是慕效华制、崇尚儒学的有力推动者,前者对孔子之后人礼待有加,表现对孔圣人的追思,后者则将儒学经典用满文刊印,以教导旗人子弟"讲明义理,忠君亲上"。如此,宗室子弟习汉书、入汉俗,渐忘满洲旧制的现象屡见不鲜。清初的满族学者,被称为大儒的阿什坦曾呼吁"严旗人男女之别",这显然受到了汉人传统礼教的影响,并试图将礼教实施扩展于整个旗人社会。曾几何时,崇武少文,疏于礼制是朝鲜燕行使对满族族群的集体想象,甚至将背离于儒学伦理之外的满族习俗视为与禽兽无异的野蛮之举。于是《燕行录》中,朝堂上交头接耳的满族官员,庙堂上杂乱无章的礼仪制度,剃发左衽的满族男子,抛头露面的满族女性,男女相见的"抱腰"之礼,常常成为燕行使诟病的对象。随着儒家伦理思想的渐入,朝鲜燕行使则改变了对满族的固有印象,康熙五十九年(1720),出使中国的李宜显感叹清代朝服"虽非华制,其贵贱品级,亦章章不紊矣"。⑤ 但是与慕效华制而得来的礼制完备相比,满族女子

---

① 刘小萌:《清代北京旗人社会》,中国社会科学出版社2008年版,第638—639页。
② 金昌业:《老稼斋燕行日记》,《燕行录全集》第33卷,第329页。
③ 李遇骏:《梦游燕行录》,《燕行录全集》第77卷,第34页。
④ (清)谈迁:《北游录》,中华书局1960年版,第349页。
⑤ 李宜显:《庚子燕行杂识》,《燕行录全集》第35卷,第450页。

的大胆泼辣、无拘无束的天性却遭受了前所未有的禁锢与冲击，尤其是朝士家的贵族妇女，抛头露面、肆意攀谈仅仅成为残存于过去自由生活中的美好记忆，取而代之的是太平车上的隔窗观望，体态仪表的典雅端庄。汉族女子的含蓄矜持正在慢慢地浸染着满族女子大胆豪放的天性特征。入关前，满族接面抱腰的礼节并没有男女的限制，它仅仅表示见面时的亲热与尊敬，"在后金及清朝的史籍当中，可以发现妇女行跪拜礼的记载逐渐替代了行抱见礼的记载，而在经过康熙、乾隆时代修撰的官书实录中，早期抱见礼的记录基本上被修改和隐讳掉了。这个变化多少反映出清代的满族统治者逐渐接受封建礼教观念，认为妇女行抱见礼，不大符合男尊女卑或'男女授受不亲'的伦理规范。"[1]

男尊女卑思想也给满族女子的优越地位带来不小的震动，为此嘉庆二十三年（1818）出使中国的成祐曾写道："曾闻燕俗女人则但缝袜底，不事女红，沿路所见或有爨薪而炙肉者，或簸米于驴磨之旁，或担水，或担粪，则传闻者多非实也。"[2] 在作者的固有观念里，闲适与安逸才是满族女子的生活状态，毕竟早于他出使的前辈们的日记里大多是这样记载的，然而实地考察后的客观事实却并非如此，足见满族女子地位之转变并非朝夕之间，而是长期与汉族杂居交融过程中，受男尊女卑思想影响下的必然结果。除此之外，长期禁锢汉族妇女的贞洁观也以其强大的征服力向满族女子袭来，乾隆时期"从《钦定八旗通志》所载八旗节妇烈女人数来看，已经超过顺、康、雍三朝的总和，有九千五百名之多，而前三朝总计不过两千余人"[3]。可见，礼仪的规范、身体的劳作毕竟只是对满族女子日常行为的约束，而汉人的贞洁观才是对满族女子精神上的极大残害。

第四节　燕行使多重身份与满族女子域外镜像的建构

"我们都知道，制作一个异国'形象'时，作家并未复制现实。他筛选出一定数目的特点，这是些作家认为适用于'他'要进行的异国描述

---

[1] 周虹：《满族妇女生活与民俗文化研究》，中国社会科学出版社2005年版，第212页。
[2] 成祐曾：《茗山燕诗录》，《燕行录全集》第69卷，第191页。
[3] 刘小萌：《清代北京旗人社会》，中国社会科学出版社2008年版，第649页。

的成分。"① 《燕行录》对满族女子杂冗繁多的描述和记载表现了朝鲜士大夫对满族族群的高度关注，然而条分缕析的历史还原却掺杂了众多情感元素，丙子之乱的不堪记忆，"以夷变夏"的惨烈现实是朝鲜士大夫内心久久不能平复的伤痛，"胡皇""胡俗""胡女"这些称呼的背后是对满族族群整体的排斥与鄙夷，而反复详细的描写则正体现了朝鲜士大夫的好奇与不甘，对满族群体的集体想象是残暴无礼甚至是妖魔化的，似乎一切与中华文明相契合的衣冠制度、礼仪文明均与这个民族没有关联，这种预设的思维定式甚至在很长一段时间主导了燕行使的情绪与判断，甚至在实地考察后刻意地去对号入座，于是同被冠之"民俗蠢强，专尚弓马"的满族男子一样，满族女子的"奇装异行"也同样受到朝鲜燕行使的质疑与批评，在他们看来，女子本该以贞静贤淑含蓄为美，然而满族女子却插花戴柳，抛头露面，随意与男子攀谈，甚至大胆好奇地去观察燕行使的举动；女子本该侍夫为尊，以针织女红、相夫教子为己任，然而满族女子却安坐闲游，春米、汲水、织制等事皆由男子代劳。就如同燕行使经常用汉族文士的噤若寒蝉来比较满族男子的骄横无礼，汉族女子的卑微也常用来衬托满族女子的优越。于是，便有了明末清初江南才女季文兰题壁诗蜚声于朝鲜文坛的特殊现象，这位名不见经传的汉族女子因为被旗兵掳掠北上的悲惨境遇，唤起了许多燕行使的痛苦记忆，朝鲜使者申晸、金锡胄、金昌业、朴趾源、李宜显等人都在其燕行日记中记载了对季文兰题壁诗的深切感受。"季文兰情结"唤起了朝鲜燕行使的黍离之悲，在这种情绪的感染和驱使下，拒绝满汉合婚的事件常常被写进《燕行录》中，如乾隆十四年（1775）出使的燕行使俞彦述记载：

> 立国之初则满汉不相嫁娶，岁久之后渐与相通。今则婚嫁无所择，而汉人犹以为羞，每对我人则讳其通婚。年前有一南京人来居北京而家甚贫，生女而不裹足，盖欲与满人为婚也。其兄自南京来，闻其将与满人通婚，切责其弟，至于失义不和而去云。以此见之，则其羞与满人婚嫁可知。而俗习渐染，贫富不同，满人之家汉

---

① ［法］巴柔：《从文化形象到集体想象物》，孟华主编《比较文学形象学》，北京大学出版社2001年版，第138页。

女甚多，诚可怜也。①

不难看出，燕行使在意并关注满汉通婚的背后，往往是对固有文化传统的捍卫和对皇明王朝的追思，饱含对神州陆沉的慨叹，《燕行录》满族女子群像的构建在一定程度上折射了朝鲜燕行使不甘屈辱的抵触情绪。

由于燕行使角色的多重性，导致其对满族女子的评价也呈现出多面性特征。抵触情绪影响下的使臣身份使他们始终用挑剔苛刻的眼光审视满族女子的服饰外貌、生活习俗、个性特征，而知识分子细腻的人文关怀又使他们对汉族女子的卑微地位寄寓无限同情，对满族女子闲适悠游的生活羡慕不已，引发"生于此土者，反是为女好矣"的无限感慨，士大夫的审美情趣又对花枝招展的满族女子赏心悦目、赞赏有加。由此，燕行使笔下的满族女子往往是主观情绪描摹与客观具体陈述综合作用的结果，看似矛盾的描述实则真实，全面地呈现了清代满族女子的社会生活。它体现了不同历史时期多重角色影响下的朝鲜燕行使对描述对象的多棱透视，展现了满族女子从族群特质凸显到个性气质模糊甚至消失的全过程。满族女子的域外镜像也正是在燕行使复杂的情感、冷峻的观察，集体的想象与客观的陈述中逐渐构建起来的，因此相较于冷峻的文献记载，有温度、有情绪、有变化的文学描述则更接近历史的全貌。

作为满族族群重要组成部分的满族女子，是满族文化呈现民族特征的重要标志之一，以往学术界关于满族女性文化的研究基本上依靠本土材料，包括历史典籍及满文档案，而对于域外文献则关注较少。朝鲜作为我们的邻国，与中国有着同源的文化背景，朝鲜王朝对中国的变化反应最直接，感触最灵敏，印象也最深刻。尤其中国作为当时汉文化圈的中心，对周边各国的辐射作用是巨大的，清朝建立后，朝鲜使臣常常在燕行途中格外关注新政权的建立者——满族的一言一行，对迥然有别于汉女的满族女子的日常生活充满了好奇和新鲜感，常常将细致入微的观察融入《燕行录》的记载中，其内容包罗万象，从衣食住行到风俗礼制，从个性情感到社会地位均有不同程度的体现。《燕行录》时间跨度

---

① 俞彦述：《燕京杂识》，《燕行录全集》第39卷，第293页。

长，作者身份驳杂，决定了燕行使笔下的满族女子群像必定充满了动态的变化元素。它随民族融合的进程而变，随燕行使的心理而变，随中朝关系而变。集体想象的偏失与个体亲历的真实共同打造了燕行使眼中的满女形象。《燕行录》满族女子域外镜像的构建不仅仅还原了作为民族特征标志性存在的历史印迹，还见证了民族融合背景下满女特征逐渐消失的历史进程，突显汉文化的强大辐射性与满族文化的包容性。因此以域外文献《燕行录》为材料，挖掘整理其中关于清代满族女性生活的描写及评述，丰富、还原从而重现清代满族女性社会生活的全貌与历史"记忆"，这将为满族文化的综合研究提供一个全新的视角。

结　语

　　民族学的研究不仅需要历史学、语言学、社会学等多种学科的密切结合，在研究范围上更需要突破地域范围，打破以"本土"研究"民族"的限制，在民族赖以生存的母国外，寻求和找回民族文化发展的域外印迹，满族文化的域外观察表面上看是跳出了本土的界限，实际上跳出的目的是反观，是通过与异文化之间的接触展现和完善满族文化史的自我认知。燕行文献保留了大量的异国使臣有关满族民俗文化的见闻和记忆。这种文化差异上的"他者"对于有着同源文化的朝鲜、越南等东亚各国来说，其冲击力显然是巨大的。本书以朝鲜燕行使为例，突出异国使臣在不自觉地观察满族的同时，对比和观照本国的习俗，从日常生活的衣食住行，到民风民俗展现的社会风貌，从语言接触中的满汉语地位的考察，到民族融合背景下满族礼制风俗的变迁，从文化传统折射的满汉女子地位之差异到对满族女性的综合评判，甚至从生产工具到劳动方式都进行了细致的比对与观察，精微之处，不一而足，对满族群体来说，这是一次从具象到宏观的域外历史书写，对燕行使来说，这是一次不同文化之间碰撞与融合后的情感表达，是洗礼更是反思。因此这种以周边邻国为参照的文化互动与反思无疑更能唤回满族文化的历史记忆，丰富满族风貌的文化内涵。

　　首先，映入燕行使眼帘的是迥然有别于汉族的满族群体的生活方式，衣色尚黑，喜爱皮毛，偏好肉类，食多油腻无不昭示着这个民族游猎基因的传承与延续，衣服上的花饰以及对金银的偏好又体现了民族特有的审美与信仰；篱笆围墙，炕舍井然显示了满族族群亲近自然，就地取材的民族智慧，太平车的平稳、屋车的实用彰显了善于学习，勤于思考，积极借鉴的民族习性。然而对这些迥然有别于汉族的生活方式，燕行使对此颇多微词，如将满族无身份、性别差异的"尚黑"传统，视为无礼之举，但其后亦不得不承认这是"节俭"之策，他们对代表着大明礼制的戏台上的宽袍大袖恋恋不已，对狭袖马褂嗤之以鼻但又不止一次地盛叹其实用功能，对火炕、屋车的好处更是赞赏有加，进而发出"利用厚生"的慨叹！燕行使记录的文字始终游走在夸张失实与客观评述之间，然而这并不矛盾，体现了朝鲜燕行使对于满族族群从集体想象到亲历真实的转变过程。燕行文献的价值就在于作为情感的载体，丰富了记录的视角，潜藏其中的沉思与转变勾勒出了历史的足迹。

如果说对满族生活的观察是燕行使目之所及的记录，那么对满族民风的感受则是亲历接触的体验，与目之所及的记载一样，亲历接触的满族民风同样打破了燕行使的固有想象，长久以来被妖魔化了的满族人长着一张令人骇眼的恐怖面容，沉痛的历史记忆与数代燕行使的记载使满族族群早已被贴上了丑陋、无礼、野蛮、粗暴的标签，然而在经过广泛的交流与接触后，燕行使们发现面容丑陋的满族人往往是品格淳实的良善之辈，想象中粗暴横行经常被慷慨热情所取代，野蛮无礼之举也常常被眼前勤于力役之态所取代，想象中的满族人也并不都是目不识丁的无知之人，市井中，朝堂上并不缺乏学富五车的高才秀士。与其说这是满人形象与品格的颠倒错位，倒不如说这是燕行使想象与亲历的差异呈现。

满族文化符号是民族的象征，体现了民族文化的核心，满语是满族文化的载体，满族入主中原，提高满语的地位，有清一代被称为"国语"，成为清代重要的交际工具。朝鲜燕行使出使中国，首先遇到的即是语言交际，因此对于清代当时使用的"国语"——满语有较深的认识和感知。燕行文献真实记录了朝鲜燕行使对清代满语的态度和认知，以异域视角呈现了清代不同时期满语的使用范围及社会地位，体现了满语在有清一代兴衰变迁的过程。无独有偶，西方使节也同样对满语非常重视，由于东西方文化传统、交往目的与实际需要的差异导致二者对满语的认知差别非常鲜明，朝鲜燕行使的皇明情节导致其对满族族群存有天然的敌对态度，对满语的厌恶之情也显而易见，称满语为"胡语"，其对满语的记载掺杂了诸多的负面情绪，但以英国外交官巴罗为代表的西方使节则不同，其目的是打开中国的市场，因此急于详细了解当时中国语言文字的情况，故而更能客观分析中国境内语言的情况，特别是通过汉语、满语和欧洲语言的比较，分析满语的性质、构成和特点，较多地呈现出满语调查与研究的理性关照。但不管怎样，东西方使行文献都从多个文化视角为我们考察清代满语的情貌，兴衰与发展，提供了有利的域外旁证。

满族入主中原，满汉关系问题不仅是清王朝面临的首要问题，更引起了东亚各国的广泛关注。满族在长期的接触过程中，逐渐被汉化，最终融入了汉族文化体系，特别是满族礼俗作为民族特征的外在表征也逐渐在与汉文化的交融中，悄然发生着变化，朝觐礼作为国家政权的象征，燕行使对其始终保持着无与伦比的关注度，从简单到繁缛，从平易到复杂，燕行使笔下满族朝觐礼的变化充分体现了满汉民族融合历程在东亚汉文化圈的折射与印记，除此之外，婚礼、丧礼等礼俗也参与到民族融合的进程中来，以汉籍燕行文献为"异域之眼"揭示并复原清代满汉民族礼俗融合的整体历程，重新审视和观照东亚不同文化间的交流与互动，正是域外汉籍燕行文献学术价值的重要体现。完全可以将其视为窥探与见证清代满汉民族融合历程的域外之窗，在此基础上将其与本土文献相互观照，相互印证，综合考察清代满汉民族融合的完整"印记"，清晰全面地展现清代以域外为视角的满汉民族取长补短、融会贯通的文化互动之路。

朝贡体系的更迭对东亚文化圈影响巨大，与满族突如其来的"相遇"也放大了朝鲜使节的瞳孔，引起了朝贡诸国的关注，燕行文献作为朝鲜使者使行中国的重要写实性作品，以生动而广博的笔触描绘了有清一代满族生活的真实状况，是对包括皇帝、各级官员、文士以及普通民人在内的满族群像的整体记忆，这其中，女性是燕行途中一道奇特的风景线，较之于汉族女子的谨小慎微，亦步亦趋，她们不仅有着花枝招展的装扮，更有着潇洒爽朗的个性，她们不仅可以同男子一样骑马射箭，流连市井，驻足戏台茶馆，家庭生活中还可以同男子一样列坐而食，甚至驱使自己的丈夫，这在有着"男尊女卑"传统的朝鲜燕行使看来，完全是无法想象的出格之举，因此他们以详细的笔触展现了清代满族女子的鲜活面貌，以细腻的情思玩味着满族女性的社会生活，贬斥中不乏欣赏，批评中夹杂着称许，慨叹中裹挟着羡慕，燕行使复杂的情绪连同满族女性丰富的面貌一齐被记录在浩瀚而庞杂的燕行文献中，成为一部翔实而生动的清代满族女子生活的域外观察史。

  通过对朝鲜燕行文献的系统梳理，不仅可以全面回溯历史满族与文化满族的完整印记，更可以呈现一部异域视角下清代满汉民族融合的自我认知史，习近平总书记强调各民族之所以团结融合，多元之所以聚为一体，源自各民族文化上的兼收并蓄、经济上的相互依存、情感上的相互亲近，源自中华民族追求团结统一的内生动力。民族文化是构建文化自信的重要组成部分，近年来国家各级政府高度重视文化认同下的民族团结工作，切实加大投入，不断加强多元一体的理念，以燕行文献呈现清代满族文化印记的完整历程，反观满汉两个民族在域外"他者"形象的构建，全面回溯满汉民族融合的历史轨迹，展现满汉民族融合在东亚周边诸国的认知与接受情况，可以更好地去找寻民族融合与民族文化传播的历史印记，符合国家长远的民族政策与发展战略，必将为树立新时期有机统一的民族观提供参考价值。

参考文献

学术专著

（清）阿桂：《钦定盛京通志》，凤凰出版社 2009 年版。

（清）阿桂等撰，孙文良、陆玉华点校：《满洲源流考》，中国国际广播出版社 2016 年版。

［法］白晋撰：《康熙皇帝》，赵晨译，黑龙江人民出版社 1981 年版。

陈尚胜：《朝鲜王朝（1392—1910）对华观的演变："朝天录"和"燕行录"初探》，山东大学出版社 1999 年版。

常瀛生：《北京土话中的满语》，北京燕山出版社 1993 年版。

《朝天录》，台北：珪庭出版社 1978 年版。

东北文史丛书编辑委员会：《奉天通志》，辽海出版社 1983 年版。

定宜庄：《满族的妇女生活与婚姻制度研究》，北京大学出版社 1999 年版。

丁海斌、时义：《清代陪都盛京研究》，中国社会科学出版社 2007 年版。

杜宏刚、邱瑞中、韩登庸、刘羚、阎崇东：《韩国文集中的明代史料》，广西师范大学出版社 2008 年版。

杜文凯编：《清代西人见闻录》，中国人民大学出版社 1985 年版。

［日］夫马进、［韩］林基中：《燕行录全集日本所藏编》，首尔：东国大学校文学研究所 2001 年版。

［日］夫马进：《朝鲜燕行使与朝鲜通信使》，伍跃译，上海古籍出版社 2010 年版。

富育光、赵志忠：《满族萨满文化遗存调查》，民族出版社2010年版。

复旦大学文史研究院，韩国成均馆大学东亚学术院大东文化研究所合编：《韩国汉文燕行文献选编》，复旦大学出版社2001年版。

（清）福格：《听雨丛谈》，中华书局1984年版点校本。

葛兆光：《想象异域：读李朝朝鲜汉文燕行文献札记》，中华书局2014年版。

葛兆光等：《从周边看中国》，中华书局2009年版。

葛兆光：《宅兹中国》，中华书局2011年版。

（清）和邦额：《夜谈随录》，中州古籍出版社1993年版。

弘华文主编：《燕行录全编》，广西师范大学出版社2010—2016年版。

［韩］林基中编：《燕行录全集》，首尔：东国大学校出版部2001年版。

柳岳武：《清代藩属体系研究》，人民出版社2016年版。

刘为：《清代中朝使节往来研究》，黑龙江教育出版社2002年版。

刘广铭：《朝鲜朝语境中的满洲族形象研究》，光明日报出版社2013年版。

刘小萌、定宜庄：《萨满教与东北民族》，吉林教育出版社1990年版。

刘小萌：《清代北京旗人社会》，中国社会科学出版社2008年版。

刘小萌：《满族的社会与生活》，北京图书馆出版社1998年版。

刘铮：《燕行与清代盛京——以〈燕行录〉为中心》，九州出版社2019年版。

李燕光、关捷：《满族通史》，辽宁民族出版社2003年版。

江帆：《满族生态与民俗文化》，中国社会科学出版社2006年版。

金基石：《朝鲜韵书与明清音系》，黑龙江朝鲜民族出版社2003年版。

满族社会历史调查编写组编：《满族社会历史调查》，辽宁人民出版社1985年版。

孟森：《满洲开国史》，上海古籍出版社1992年版。

邱瑞中：《燕行录研究》，广西师范大学出版社2010年版。

[英]乔治·马戛尔尼、约翰·巴罗：《马戛尔尼使团使华观感》，何高济、何毓宁译，商务印书馆2013年版。

《清实录》，中华书局1986年版。

孙卫国：《大明旗号与小中华意识》，商务印书馆2007年版。

孙文良主编：《满族大辞典》，辽宁大学出版社1990年版。

商衍鎏：《清代科举考试述录》，故宫出版社2014年版。

（元）脱脱等撰：《辽史》，中华书局1974年版。

（元）脱脱等撰：《金史》，中华书局1975年版。

（清）谈迁：《北游录》，中华书局1960年版。

王钟翰辑录：《朝鲜李朝实录中的女真史料选编》，辽宁大学历史系，1979年。

王崇实等选编：《朝鲜文献中的东北史料》，吉林文史出版社1991年版。

王钟翰：《满族历史与文化》，中央民族大学出版社1996年版。

王钟翰：《中国民族史》，中国社会科学出版社1994年版。

王钟翰：《满族史研究集》，中国社会科学出版社1988年版。

吴晗编：《朝鲜李朝实录中的中国史料》，中华书局1980年版。

[日]武田昌雄：《满汉礼俗》，上海文艺出版社1989年影印本。

吴政纬：《从汉城到燕京——朝鲜使者眼中的东亚世界（1592—1780）》，上海人民出版社2020年版。

（宋）徐梦莘：《三朝北盟汇编》，上海古籍出版社1987年版。

（清）徐珂：《清稗类钞》，中华书局1984年版。

徐东日：《朝鲜朝使臣眼中的中国形象》，中华书局2010年版。

杨雨蕾：《燕行与中朝文化关系》，上海辞书出版社2011年版。

杨英杰：《清代满族风俗史》，辽宁人民出版社1991年版。

杨锡春：《满族风俗考》，黑龙江人民出版社1991年版。

（清）杨宾：《柳边纪略》，辽沈书社1985年版。

中国第一历史档案馆编：《清代中朝关系档案史料汇编》，国际文化出版社1996年版。

中国第一历史档案馆编：《满文老档》，中国社会科学院历史研究所译注，中华书局 1990 年版。

中国第一历史档案馆编：《英使马戛尔尼访华档案史料汇编》，国际文化出版公司 1996 年版。

［日］中岛干起：《清代中国语满洲语词典》，东京：东京外国语大学亚非语言文化研究所 1998 年版。

（清）张廷玉等：《明史》，中华书局 1974 年版。

（清）昭梿：《啸亭杂录》，中华书局 1997 年版。

（清）震钧：《天咫偶闻》，北京古籍出版社 1982 年点校本。

赵展：《满族文化与宗教研究》，辽宁民族出版社 1997 年版。

（清）赵尔巽主编：《清史稿》，中华书局 1976 年版。

赵阿平：《满族语言与历史文化》，民族出版社 2006 年版。

赵志忠：《满族文化概论》，中央民族大学出版社 2008 年版。

庄吉发：《满汉异域录校注》，台北：文史哲出版社 1983 年版。

张辉：《朝鲜朝汉语官话语音"质正"制度研究》，厦门大学出版社 2015 年版。

张杰：《韩国史料三种与盛京满族研究》，辽宁民族出版社 2009 年版。

张杰、张丹卉：《清代东北边疆的满族（1644—1840）》，辽宁民族出版社 2005 年版。

张杰：《满族要论》，中国社会科学出版社 2007 年版。

张佳生：《满族文化史》，辽宁民族出版社 1999 年版。

张伟、李学成：《满族生活风俗变迁史》，辽宁民族出版社 2013 年版。

张伯伟：《朝鲜时代书目丛刊》，中华书局 2004 年版。

张伯伟：《域外汉籍研究入门》，复旦大学出版社 2012 年版。

张伯伟：《域外文献里的中国》，上海文艺出版社 2014 年版。

张伯伟：《〈燕行录〉研究论集》，凤凰出版社 2016 年版。

张伯伟：《域外汉籍研究论集》，北京大学出版社 2011 年版。

张丽娜：《〈热河日记〉研究》，上海辞书出版社 2011 年版。

期刊论文

长山：《清代满语文教育与黑龙江地区的满语》，《满族研究》2012

年第 4 期。

陈力：《清代旗人满语能力衰退研究》，《中央民族大学学报》（哲学社会科学版）2011 年第 4 期。

陈尚胜：《明代时期的朝鲜使节与中国见闻——兼论〈朝天录〉和〈燕行录〉的资料价值》，《海交史研究》2001 年第 4 期。

刁书仁：《朝鲜使臣所见的建州社会——兼论后金建国前后与朝鲜的关系》，《满族研究》2001 年第 2 期。

范立君、谭玉秀：《衰微与融合：论东北地区满语的文化走向》，《社会科学战线》2013 年第 11 期。

范立君、肖光辉：《清代盛京地区的满语文教育》，《吉林师范大学学报》（人文社会科学版）2014 年第 6 期。

范立君、杜春杰：《满语使用及其衰微研究——以清代黑龙江地区为例》，《贵州民族研究》2014 年第 11 期。

范立君、齐英男：《清代吉林地区满语的使用及其衰微》，《满族研究》2014 年第 3 期。

范立君、逄金雪：《清代盛京地区满语的使用及其衰落》，《兰台世界》2014 年第 3 期。

［日］夫马进：《1765 年洪大容的中国京师行与 1764 年朝鲜通信使》，蔡亮译，《复旦学报》（社会科学版）2008 年第 4 期。

［日］夫马进：《朝鲜洪大容〈乾净衕会友录〉与清代文人》，张雯译，《聊城大学学报》（社会科学版）2012 年第 5 期。

费驰：《从清代东北居民宗教信仰管窥文化之多元变迁》，《学习与探索》2010 年第 5 期。

付优、黄霖：《混响的声音：朝鲜朝燕行使与安南、琉球使者的文学交流——以李睟光〈安南使臣唱和问答录〉和〈琉球使臣赠答录〉为中心》，《东疆学刊》2018 年第 1 期。

高艳林：《明代中朝使臣往来研究》，《南开学报》（哲学社会科学版）2005 年第 5 期。

葛兆光：《从"朝天"到"燕行"——17 世纪中叶后东亚文化共同体的解体》，《中华文史论丛》2006 年第 1 期。

葛兆光：《预流、立场与方法——追寻文史研究的新视野》，《复旦学报》（社会科学版）2007 年第 2 期。

葛兆光：《揽镜自鉴——关于朝鲜、日本文献中的近世中国史料及其他》，《复旦学报》（社会科学版）2008 年第 2 期。

葛兆光：《朝贡、礼仪与衣冠——从乾隆五十五年安南国王热河祝寿及请改易服色说起》，《复旦学报》（社会科学版）2012 年第 2 期。

关亚新：《朝鲜使臣眼中的清代辽东民居》，《沈阳师范大学学报》（社会科学版）2013 年第 1 期。

关亚新：《清代凤凰城边门考》，《北京师范大学学报》（社会科学版）2014 年第 2 期。

黄锡惠：《文献中以地形地貌的形象特征为名之满语水体考释》，《满语研究》1991 年第 1 期。

黄雅诗：《朝贡与恩赐：从康熙朝燕行录看朝贡制度的真相》，《中国典籍与文化》2017 年第 3 期。

韩梅：《韩国古代文人眼中的中国——以〈朝天记〉〈朝京日录〉〈农隐入沈记〉为中心》，《东岳论丛》2010 年第 9 期。

韩东：《韩国燕行文献研究综述》，《中国文学研究》2015 年第 1 期。

刘雅琴：《满族文化传承与保护研究》，《黑龙江民族丛刊》2015 年第 6 期。

刘静：《从燕行录看 18 世纪中国北方市集——兼论中朝文化交流与文化差异》，《北京社会科学》2006 年第 3 期。

刘为：《朝鲜赴清朝使团的文化交流活动》，《中国边疆史地研究》2001 年第 3 期。

李无未、张辉：《朝鲜朝汉语官话质正制度考论——以〈朝鲜王朝实录〉为依据》，《古汉语研究》2014 年第 1 期。

李得春：《朝鲜王朝的汉语研究及其主要成果》，《民族语文》2003 年第 6 期。

李善洪：《明清时期朝鲜对华外交使节初探》，《历史档案》2008 年第 2 期。

李敦球：《论 18 世纪后期朝鲜进步文人的中国外交使行》，《世界历史》1998 年第 3 期。

李岩:《朴趾源〈热河日记〉的北学意识和实业方略》,《东疆学刊》2007 年第 1 期。

李越、程芸:《天涯知己与知识迁移——清代中后期汉阳叶氏家族结交朝鲜文人考述》,《人文论丛》2018 年第 2 期。

李英姿、刘子琦:《谈清朝的满语推广政策》,《满族研究》2014 年第 1 期。

柳岳武:《清代朝鲜人对"清国"宗教信仰的考察、评价与取舍》,《宗教学研究》2019 年第 2 期。

陆小燕:《康熙十三年安南使者的中国观感与应对——兼和朝鲜燕行文献比较》,《域外汉籍研究集刊》第十辑。

罗乐然:《朝鲜时代汉语教科书与译官赴华使行知识的掌握——以〈象院题语〉为研究中心》,《域外汉籍研究集刊》第十三辑。

廉松心:《18 世纪中韩文人学士之间的友好交流》,《北华大学学报》(社会科学版)2006 年第 2 期。

廉松心:《〈热河日记〉与清代民族政策研究》,《北华大学学报》(社会科学版)2007 年第 1 期。

刘广铭:《〈建州纪程图记〉中的女真人形象》,《东疆学刊》2004 年第 4 期。

刘广铭、徐东日:《〈建州闻见录〉中的女真人形象》,《延边大学学报》(社会科学版)2006 年第 1 期。

刘广铭:《〈老稼斋燕行日记〉中的康熙形象——兼与同时期欧洲语境中的康熙形象比较》,《解放军外国语学院学报》2006 年第 2 期。

刘广铭:《〈老稼斋燕行日记〉中的满族人形象——兼与其中的汉族人形象比较》,《延边大学学报》(社会科学版)2008 年第 2 期。

刘明新:《解读满族服饰习俗的文化内涵》,《中央民族大学学报》(哲学社会科学版)2006 年第 5 期。

金基石:《韩国李朝时期的汉语教育及其特点》,《汉语学习》2005 年第 5 期。

金基石:《崔世珍与韩国李朝时期的汉语文教育》,《汉语学习》2006 年第 4 期。

金宽雄:《图们江沿岸朝鲜民族传说中的满族形象》,《东疆学刊》

2003 年第 1 期。

金圣七：《燕行小考——朝中交涉史一瞥》，《历史学报》1960 年第 12 期。

季永海：《从接触到融合（上）——论满语文的衰落》，《满语研究》2004 年第 1 期。

季永海：《从接触到融合（下）——论满语文的衰落》，《满语研究》2005 年第 1 期。

姜少峰：《浅析清代汉军旗人的满语使用情况》，《环球人文地理》2014 年第 22 期。

［美］马克·欧立德：《清代满洲人的民族主体意识与满洲人的中国统治》，华立译，《清史研究》2002 年第 4 期。

朴雪梅：《〈热河纪行诗注〉对东亚文化模式的批判》，《延边大学学报》2013 年第 3 期。

朴香兰：《由笔谈管窥中朝文人文化意识的差异——以朴趾源、洪大容等人为例》，《东疆学刊》2014 年第 3 期。

漆永祥：《关于"燕行录"界定及收录范围之我见》，《古籍整理研究学刊》2010 年第 5 期。

漆永祥：《关于〈燕行录全集〉之辑补与新编》，《文献》2012 年第 4 期。

任桂淳：《试论十八世纪清文化对朝鲜的影响——以李朝出使清朝的使节问题为中心》，《清史研究》1995 年第 4 期。

宋基中、李贤淑：《朝鲜时代的女真学和清学》，《满语研究》2004 年第 2 期。

孙德彪：《柳得恭与清朝文人的诗歌交流》，《延边大学学报》2016 年第 1 期。

孙卫国：《〈朝天录〉与〈燕行录〉——朝鲜使臣的中国使行记录》，《中国典籍与文化》2002 年第 1 期。

孙卫国：《乾嘉学人与朝鲜学人之交游——以纪昀与洪良浩之往来为中心》，《文史哲》2014 年第 1 期。

孙卫国：《清道咸时期中朝学人之交谊——以孙曜孙与李尚迪之交往为中心》，《南开学报》（哲学社会科学版）2014 年第 5 期。

孙成旭：《十九世纪燕行录解题》，《域外汉籍研究集刊》第十辑。

韦旭升：《中朝文士之间的交游——读柳得恭〈燕台再游录〉》，《国外文学》1991年第3期。

王广义、许娜：《朝鲜"燕行录"文献与中国东北史研究》，《学术交流》2011年第5期。

王国彪：《朝鲜"燕行录"中的"华夷"之辨》，《外国文学评论》2017年第1期。

王元周：《朝鲜开港前中朝宗藩体制的变化——以〈燕行录〉为中心的考察》，《中山大学学报》2011年第1期。

王元周：《华夷观与朝鲜后期的小中华意识》，《韩国学论文集》2003年第12辑。

王政尧：《〈燕行录〉初探》，《清史研究》1997年第3期。

王政尧：《18世纪朝鲜"利用厚生"学说与清代中国——〈热河日记〉研究之一》，《清史研究》1999年第3期。

王振忠：《朝鲜柳得恭笔下清乾嘉时代的中国社会——以哈佛燕京图书馆所藏抄本〈泠斋诗集〉为中心》，《中华文史论丛》2008年第2期。

王振忠：《18世纪东亚海域国际交流中的风俗记录——兼论日、朝对盛清时代中国的重新定位及其社会反响》，《安徽大学学报》（哲学社会科学版）2010年第4期。

王振忠：《朝鲜燕行使者所见18世纪之盛清社会——以李德懋的〈入燕记〉为例（上）》，《韩国研究论丛》2010年第1期。

王振忠：《朝鲜燕行使者所见十八世纪之盛清社会——以李德懋的〈入燕记〉为例（下）》，《韩国研究论丛》2012年第1期。

王振忠：《琉球汉文文献与中国社会研究》，《海洋史研究》2017年第1辑。

王硕：《从燕行录看清前期的满与汉》，《历史文献研究》2008年第27辑。

汪如东：《朝鲜人崔溥〈漂海录〉的语言学价值》，《东疆学刊》2002年第1期。

汪银峰：《域外汉籍〈入沈记〉与清代盛京语言》，《满族研究》

2013年第1期。

汪银峰:《满族学者在近代语音研究的贡献之一》,《满族研究》2010年第3期。

汪银峰:《朝鲜朝燕行文献与清代前期语言的使用》,《域外汉籍研究集刊》第十辑。

汪银峰、姚晓娟:《朝鲜朝燕行使笔下的满语》,《满语研究》2014年第2期。

汪银峰:《域外汉籍"燕行录"与东北方言研究》,《长春师范学院学报》2014年第1期。

汪银峰:《域外视角下朝鲜燕行使对清代汉语的认知与观感》,《湖北社会科学》2015年第7期。

许放:《略论〈热河日记〉的经典化过程》,《域外汉籍研究集刊》第十八辑。

徐毅、李姝雯:《论十八世纪中朝文人交流的原因》,《东疆学刊》2014年第3期。

徐毅:《十八世纪清鲜文人往来书札考论》,《域外汉籍研究集刊》第十一辑。

徐诚:《清中叶中韩学人交游与书籍传播的学术意义——以洪大容为中心的考察》,《中国典籍与文化》2021年第1期。

徐东日:《试论朝鲜朝燕行使臣眼中的满族人形象》,《东疆学刊》2011年第4期。

徐东日:《朝鲜朝使臣眼中的满族人形象——以金昌业的〈老稼斋燕行日记〉为中心》,《山东社会科学》2011年第10期。

徐东日:《朝鲜朝燕行使臣眼中的中国北方市镇形象》,《东疆学刊》2014年第1期。

徐东日、张雨雪:《论朝鲜文人李德懋与中国文人间的文学交流》,《东疆学刊》2015年第3期。

谢士华:《域外汉籍〈燕行录〉所记录的朝鲜服饰词集释》,《楚雄师范学院学报》2018年第4期。

谢士华、王碧凤:《〈燕行录〉中的韩国固有汉字研究》,《大理大学学报》2018年第7期。

谢士华：《韩国燕行文献所记录的语言现象撼析》，《广西科技师范学院学报》2016年第1期。

谢士华：《韩国燕行文献中的满语词研究》，《满族研究》2016年第2期。

谢士华：《燕行文献中羼入的朝鲜语词汇撼析》，《新疆大学学报》2016年第6期。

谢士华、王碧凤：《从燕行文献的餐食词语看朝鲜文人对汉语的接受与创新》，《域外汉籍研究集刊》第十八辑。

杨凝凝：《从洪大容〈京城记略〉看乾隆时期北京的社会生活》，《百科知识》2019年第12期。

杨军：《〈燕行录全集〉订补》，《古典文献研究》2009年第1辑。

杨雨蕾：《18世纪朝鲜北学思想探源》，《浙江大学学报》（社会科学版）2007年第4期。

杨雨蕾：《明清时期朝鲜朝天、燕行路线及其变迁》，《历史地理》2006年第21辑。

于冬梅：《〈热河日记〉与清代汉语官话史研究》，《东北师大学报》（哲学社会科学版）2013年第6期。

姚晓娟：《朝鲜时代〈燕行录〉与清代满族女子的域外镜像》，《湖北民族大学学报》2020年第6期。

姚晓娟：《满族服饰文化的域外折射——以朝鲜时代〈燕行录〉为视角》，《南都学坛》2020年第4期。

姚晓娟、汪银峰：《海外珍藏燕行文献与清代满族文化的挖掘》，《满族研究》2015年第3期。

姚晓娟、赵阳：《〈农隐入沈记〉与清代满族群像的域外书写》，《满族研究》2018年第3期。

姚晓娟、赵阳：《18世纪东西方使行文献对满洲语的认知与观感》，《满族研究》2019年第1期。

姚韫、杨艾璐：《从子弟书语言看清代满语被汉语替代的流变过程》，《满族研究》2014年第2期。

易国才：《从〈燕行纪〉看朝鲜使者徐浩修对清朝官员的评价》，《湖北社会科学》2013年第8期。

左江：《〈燕行录全集〉考订》，《域外汉籍研究集刊》第四辑。

左江：《清代朝鲜燕行使团食宿考》，《域外汉籍研究集刊》第三辑。

左江：《许筠、李廷龟与丘坦的交游》，《域外汉籍研究集刊》第十八辑。

左江：《簪花·弓鞋·横竹——朝鲜中国行纪中的明清女性》，《域外汉籍研究集刊》第二十辑。

赵志忠：《新与旧：满族的历史定位》，《社会科学战线》2008年第4期。

赵阿平：《满族语言与萨满文化》，《西北民族研究》2010年第4期。

张晓明：《朝鲜使臣视角下的明代辽东民俗——以燕行录记载为中心》，《鞍山师范学院学报》2011年第5期。

张伯伟：《关于"燕行录"整理与研究诸问题之我见》，《域外汉籍研究集刊》第七辑。

张伯伟：《作为方法的汉文化圈》，《中国社会科学报》2010年第4期。

张伯伟：《再谈作为方法的汉文化圈》，《文学遗产》2014年第2期。

张伯伟：《文明对话与文化比较》，《深圳大学学报》（人文社会科学版）2015年第3期。

张伯伟：《东亚文人笔谈研究的回顾与展望》，《人文中国学报》2016年第1期。

张伯伟：《新材料·新问题·新方法——域外汉籍研究三阶段》，《史学理论研究》2016年第2期。

张伯伟：《从新材料、新问题到新方法——域外汉籍研究的回顾与前瞻》，《古代文学前沿与评论》2018年第1期。

张辉、李无未：《朝鲜朝汉语声调标记"质正"》，《古汉语研究》2016年第1期。

张辉：《朝鲜朝〈老乞大〉汉语官话"质正"》，《域外汉籍研究集刊》第十四辑。

张辉：《朝鲜朝汉语官话华人"质正官"考》，《国际汉学》2018年第1期。

张辉：《朝鲜朝汉字"质正"——以〈朝鲜王朝实录〉为依据》，《中国文字研究》2017年第1期。

张辉：《朝鲜朝汉语音韵"质正"辑略》，《语言研究》2017年第3期。

张辉、李雯婧：《〈老乞大〉与"燕行录"》，《华夏文化论坛》2017年第1期。

张辉：《朝鲜朝汉语官话明使"质正"——以〈朝鲜王朝实录〉为中心》，《青海民族大学学报》（社会科学版）2017年第2期。

张杰：《清朝与朝鲜间的文化交流——以盛京地区为例》，《东北史地》2015年第2期。

周俊旗：《韩国版〈燕行录〉全集对中国史研究的史料价值》，《天津师范大学学报》（社会科学版）2013年第3期。

后 记

本书是2017年教育部人文社会科学青年基金项目的结项成果，项目名称为"域外汉籍燕行文献与清代满族印记的整理与研究"，这一项目的研究，从选题、文献资料的梳理到期间相关论文的刊发，书稿的筹备完成，花费了数年的时间。此前，2016年吉林省教育厅项目"海外珍藏《燕行录》所见清代满族文化"作为该课题的一部分，为本课题的完成提供了良好的研究基础。域外汉籍燕行文献作为"异域之眼"视角反观中国社会的宝贵文献，越来越多地受到来自各个专业学者们的热切关注，吉林是满族文化的重要发源地，满族文化也是吉林文化的一个重要组成部分，我所在单位设有满族文化研究所、萨满文化研究所等专门从事满族文化研究的科研机构，学术水平高，藏书丰富，加之地缘优势，因此我对燕行文献中构筑的满族形象产生浓厚兴趣，并坚信以东亚文化圈作为背景，考察历史满族与文化满族在异域"他者"形象的构建，将会为满族文化的研究提供一个重要视角。域外汉籍燕行文献具有体裁多样、作者层次广、年代跨度大的特点，这无疑增加了全面整理和深入研究的难度，且民族学的研究非常需要历史学、语言学、社会学等多种学科的密切结合，由于笔力不逮，才情有限，故尽管拙作已经出版，但仍然留下些许欠缺之处。满族文化记忆是一个综合体，怎样挖掘东亚朝贡诸国满族"他者"形象构建的差异及背后的社会因素，这将是一个非常有意义且难度不小的论题，虽然艰辛但非常值得深入探究，期待在后续的研究中精加工、细琢磨，弥补缺憾，完成心愿！

围绕域外汉籍这一研究方向，我所指导的硕士研究生在选题方面，全部都选择了以《燕行录》为材料依托与研究视角开展相关论题的研究，一开始，大家有畏难的心理，想过放弃，但学术研究之路就是苦辣与甘甜并至，艰辛与喜悦同存，师生在教与学的过程中，互相启发，彼此鼓励，灵光闪现，乐在其中。现如今，已有3名同学顺利毕业，3名同学获得优秀硕士学位论文，还有2名同学，他们的论文选题及写作进程都比较顺利，也即将迎来毕业答辩，祝他们好运。衷心感谢我的研究生们：赵阳、赵庆、杨光、王小芳和李书放，他们与我一道在域外汉籍研究的道路上并肩前行，彼此助力，书稿的完成，离不开他们认真细致的基础工作，也感谢她们在我写作陷入瓶颈时提供的智慧与巧思。

著作能够顺利出版还要感谢课题组成员汪银峰教授，在域外汉籍对清代满语的呈现与研究方面有诸多成果，著作第五章内容燕行使所见清代满语之兴衰，就是与汪老师共同合力完成的。

中国社会科学出版社慈明亮老师作为本书的责任编辑，认真负责，耐心细致，对慈老师的热心帮助，我深表谢意！非常感谢长春师范大学文学院对本书的慷慨资助，感谢贺萍院长、钱立贤书记的支持与关怀，感谢文学院同事们的鼓励，这个温暖的大家庭为本书的写作创造了宽松的环境，提供了便利的条件，大家的无私帮助，我将永远铭记于心！

姚晓娟
2022年6月于长春